Während Albin Leclerc die Flitterwochen auf Martinique verbringt, hat es in der Heimat ein Scharfschütze auf Radsportler abgesehen. Castel und Theroux haben keinen Schimmer, wer hinter den Taten steckt. Als Leclerc von der Reise zurückkehrt, nimmt er sogleich die Ermittlungen auf. Er befürchtet, dass es der Schütze auf die Tour de France abgesehen hat, die in Kürze durch Carpentras führen wird. Ein Rennen um Leben und Tod beginnt, bei dem sich herausstellt: Die Hintergründe sind finsterer als gedacht ...

Ex-Commissaire Albin Leclerc ermittelt in der Provence – die Provence-Krimi-Reihe.

Band 1: Tod in der Provence
Band 2: Blutrote Provence
Band 3: Mörderische Provence
Band 4: Schatten der Provence
Band 5: Düstere Provence
Band 6: Eiskalte Provence
Band 7: Trügerische Provence
Band 8: Gnadenlose Provence
Band 9: Unheilvolle Provence
Band 10: Bedrohliche Provence

Pierre Lagrange ist das Pseudonym eines bekannten deutschen Autors, der bereits zahlreiche Krimis und Thriller veröffentlicht hat. In der Gegend von Avignon führte seine Mutter ein kleines Hotel auf einem alten Landgut, das berühmt für seine provenzalische Küche war. In dieser malerischen Kulisse lässt der Autor seinen liebenswerten Commissaire Albin Leclerc gemeinsam mit seinem Mops Tyson ermitteln.

Weitere Informationen finden Sie auf www.fischerverlage.de

Pierre Lagrange

GNADENLOSE PROVENCE

Ein neuer Fall für Albin Leclerc

FISCHER Taschenbuch

MIX
Papier | Fördert
gute Waldnutzung
FSC® C083411

Erschienen bei FISCHER Taschenbuch
Frankfurt am Main, Mai 2024

Dieses Werk wurde vermittelt durch die
Literarische Agentur Thomas Schlück GmbH, 30161 Hannover.

Redaktion: Susanne Kiesow
Satz: Dörlemann Satz, Lemförde
Druck und Bindung: CPI books GmbH, Leck
ISBN 978-3-596-70647-1

1

Das war kein Tag zum Sterben, dachte Gaspard Lacroix und ließ sich bergab rollen. Graue Felsen strichen an ihm vorbei, sattgrüne Pinien. Er ließ den Lenker für einen Moment los und fühlte sich frei wie ein Vogel. Nichts als das Sirren der Rennradreifen war zu hören. Die Sonne glühte am strahlend blauen Himmel über der Provence. Gleichzeitig war die Luft frisch und angenehm, was bei der anhaltenden Hitzewelle in diesem Sommer ausschließlich am Fahrtwind lag. Er strich wie ein Seidentuch über Lacroix' verschwitzte Haut. Sie war braun gebrannt und mit einigen Altersflecken gesprenkelt.

Wenn er sich auszog, um zu duschen, wirkte sein Teint manchmal albern, denn natürlich gelangte die Sonne nicht an die Stellen, die vom Trikot und der Radlerhose, den Socken und Schuhen bedeckt waren. Seine Frau Louise hatte längst aufgegeben, darüber Witze zu machen und ihn mit einem dieser Models zu vergleichen, die an Pigmentstörungen litten und wegen der besonderen Färbung ihrer Haut in Szene gesetzt wurden. Lacroix sah seit Jahren so aus – spätestens, seit er nach der Pensionierung wieder obsessiv radelte: braune Arme und Beine, braunes Gesicht – und der Rest kalkweiß.

Nein, kein Tag zu sterben, sagte er sich erneut und ignorierte den stechenden Schmerz im Brustkorb. Er kam und ging, wie es ihm gefiel. Gaspard Lacroix beruhigte sich meist damit, dass oft Rückenmuskeln oder Wirbel solches Stechen auslösen konnten. Sein Arzt hatte es ihm erklärt: Der Körper war es nicht gewohnt, Schmerzen im Inneren zu verorten. Wenn es Probleme auf der außen liegenden Seite eines Muskels gab, spürte man das am Rücken. Traten Probleme auf der inneren Seite auf, spürte man das in der Brust. Mit seiner Pumpe sei jedenfalls alles in Ordnung und Radfahren auch mit knapp siebzig Jahren gut fürs Herz und den Kreislauf, wenn man es nicht übertrieb. Denn sonst könnte es durchaus bedenklich sein.

Gaspard Lacroix aber hatte es sein Leben lang übertrieben. Schon seit seiner Jugend, was sich irgendwann rächen würde, das war ihm klar. Aber er konnte nicht anders. Das Radfahren war eine Sucht, körperlich und mental. Als er noch in Avignon bei der Polizei gewesen war, hatte es ihm stets geholfen, eine Runde zu radeln, um zu entspannen und sich abzulenken.

Sich auf andere Gedanken bringen – das sollte er nun ebenfalls tun, dachte er und bewegte den Kopf nach links und rechts, ließ es im Nacken knacken, streckte die Schultern nach hinten und spürte, dass das Stechen nachließ. Also wieder einmal falscher Alarm, wie hätte es auch anders sein sollen?

An diesem Morgen drehte Lacroix seine übliche Runde von knapp vierzig Kilometern, die von Carpentras über Mazan, Mormoiron, Caromb und wieder zurück führte. Anschließend würde er sich mit Louise ein zweites Frühstück gönnen, etwas im Garten arbeiten und abends dann noch eine Runde drehen. Was sollte er auch schon groß anderes anstellen mit seiner vielen freien Zeit?

Immerhin warf ein großes Ereignis seinen Schatten voraus, die Tour de France, und die sorgte wenigstens im Moment für Abwechslung. Lacroix verfolgte sie im Fernsehen und in anderen Medien. Als junger Mann wäre er selbst gerne ein Profi geworden, aber dazu hatte es nicht gereicht.

In diesem Jahr stand ein besonderes Ereignis an. Die Tour würde die Mont-Ventoux-Etappe fahren. Sie stand nicht oft auf dem Programm, aber sie war legendär. Genauso wie der legendäre Berg selbst, der wie ein grauer Riese über der Provence thronte. Lacroix war selbst einige Male hinauf auf den Gipfel gefahren – so wie zahllose andere Hobbyradler. Es war ein harter Kampf, den Berg zu bezwingen, und umso süßer war der Sieg. Im Jahr 1951 stand der Mont Ventoux erstmals auf dem Programm der Tour, seither insgesamt siebzehnmal, und stets hatte der Ventoux für absolute Höhepunkte gesorgt. Aber auch für Tiefpunkte, allen voran der Tod von Tom Simpson, der kurz vorm Ziel dehydriert gestorben war – eine Folge von Alkohol und Aufputschmitteln. Selbst den legendären Eddy Merckx hatte der Berg geschafft: Er brach 1970 auf dem Gipfel zusammen und musste ins Sauerstoffzelt.

Die Route verlief bei dieser 12. Etappe der Tour von Nîmes über Sorgues und Carpentras nach L'Isles-sur-la-Sorgue, wo sie eine große Kurve beschrieb und dann über Pernes-les-Fontaines, Saint-Didier, Mazan und Bédoin zum Ventoux führte, was rund hundertfünfzig Kilometer waren.

Wer den Berg hinauffuhr, der wusste, worauf er sich einließ – ob Profi oder Amateur. In Bédoin wimmelte es an manchen Tagen nur so von Radfahrern aus aller Herren Länder. Lacroix hatte einmal die Zahl von siebenhunderttausend Radlern pro Jahr gelesen, die den Ventoux bezwingen wollten und sich auf die zweiundzwanzig Kilometer lange Fahrt bei einer durchschnittlichen Steigung von acht Prozent begaben, wobei insgesamt eintausendsechshundertsiebenundsiebzig Höhenmeter zu überwinden waren. Man brauchte dazu körperliche Fitness, viel Wasser und einen eisernen Willen. Und auf den letzten Kilometern, hoch oben in dem grauen Geröllfeld, das für den Berg so typisch war, war man ganz mit sich allein, da lenkte kein Baum und kein Strauch mehr ab. Man fühlte sich wie auf dem Mond und fuhr direkt in den Himmel hinein. Es gab keinerlei Schatten, die Sonne flirrte über dem glühenden Asphalt, es war ein Kampf Mensch gegen Natur und Mensch gegen sich selbst.

Abgesehen von der Legende Ventoux brachte die Tour sowieso jede Menge Trubel mit sich. Es war ein irrer Zirkus, und die Gastronomen, Hoteliers und Fremdenverkehrsverbände rieben sich bereits die Hände. Das Medienecho war gigantisch. Die PR, das Marketing und das Renommee, ein Ort der Tour zu sein, waren enorm. Jedes Dorf und jede Stadt entlang der Strecke hatten die Chance, sich von der besten Seite zu präsentieren und in den Medien erwähnt oder sogar mit kurzen Clips porträtiert zu werden. Abgesehen davon, von einem Millionenpublikum weltweit gesehen zu werden, schrieb man sich in die Annalen der Sportgeschichte ein und bot den Rahmen für Zigtausende von Zaungästen, die die Tour live miterleben wollten.

Ein solcher würde Gaspard Lacroix ebenfalls sein. Er hatte sich noch nie eine Ventoux-Etappe entgehen lassen, wenn die Tour schon einmal direkt vor seiner Haustür vorbeiführte. Und, zum Teufel, er freute sich darauf, in diesem Jahr noch mehr als sonst, was seine Gründe hatte, denn natürlich würde er Benny Boux die Daumen drücken und ihn anfeuern – so wie jeder aufrechte Provenzale, das war ja wohl klar. Der Junge war knapp über zwanzig Jahre alt, fuhr seine erste Tour und galt als eine große Hoffnung. Außerdem kam er von hier, genauer gesagt: aus Bédoin, und war ein sympathischer junger Mann, der viel für den Sport tat und den Nachwuchs förderte. Immer wieder besuchte er seine Heimat im Vaucluse und warb an Schulen für das Radfahren, ließ sich mit Kindern fotografieren, spendete Geld und aktivierte bei seinen Sponsoren Fördersummen, damit sich Jugendliche aus benachteiligten sozialen Schichten in Radlergruppen formieren konnten. »Besser im Sattel auf der Straße als woanders«, sagte Benny stets. Zudem war er ein hübscher Bursche, ein echter Medienliebling, der gelegentlich mit Fotomodels gesehen wurde und außerdem für einen sauberen Radsport eintrat.

Ob es das überhaupt gab im Profibereich? Lacroix wollte seine Hand nicht dafür ins Feuer legen. Kaum vorstellbar, dass derart übermenschliche Leistungen, wie sie heutzutage bei der Tour de France und anderen Rennen gefordert wurden, ohne Hilfsmittel abrufbar waren. Und natürlich waren einige Präparate sogar erlaubt. Vielleicht reichte es also aus, sich vorzustellen, dass sich alles, was in Benny Boux' Team geschah, wenigstens innerhalb der legalen Grenzen bewegte.

Lacroix ließ sich noch einige Meter rollen. Das Engegefühl in der Brust war gänzlich fort. Also trat er wieder in die Pedale, denn nach einer sanften Kurve folgte nun ein Anstieg, der sich über ein paar Kilometer erstrecken würde und seine ganze Aufmerksamkeit verlangte. Ein Trecker, der einen mit Lavendel beladenen Anhänger zog, kam ihm entgegen und hüllte ihn in eine intensive Duftwolke ein. Lacroix beschleunigte und hielt den Atem an, bis er sicher sein konnte, dass der Geruch wieder verflogen war. Mormoiron hatte er hinter sich gelassen und fuhr jetzt auf der D224, der Route de Saint-Pierre, in Richtung Saint-Pierre-de-Vassols. Das schmale graue Band der Straße durchschnitt die grüne und an einigen Stellen von Felsen gesprenkelte Landschaft wie eine Narbe. Schließlich erreichte er nach der Steigung eine langgezogene Gerade und konnte wieder etwas lockerlassen. So war es doch stets im Leben, oder nicht? Ein Wechselspiel aus Anstrengen und Lockerlassen. Erst wurde es stets schlimmer, bevor es wieder besser wurde. Ein beständiges Auf und Ab.

Genau, dachte Gaspard Lacroix, als ihn ein Lichtblitz von links irritierte.

Es war das Letzte, was er sah, bevor er begriff, dass heute doch ein Tag zum Sterben war.

2

Castel schob einen Kaugummi in den Mund, zerknüllte das Papier und ließ es in der Jeanstasche verschwinden. Sie schob die Pilotenbrille ins Haar, das sie inzwischen halblang trug. Der etwas femininere Touch gefiel ihr gut. Sie hatte genug von dem Tomboy-Schnitt der vergangenen Jahre. Die alten Chucks trug sie aber immer noch. Ebenso das schlichte, helle Longshirt mit der Knopfleiste. Die Ärmel waren hochgeschoben. Über dem rechten hatte sie die signalrote Binde mit der Aufschrift »Police« befestigt.

An der linken Hand trug sie einen silbernen Chronographen mit Metallarmband, der das arabische Tattoo auf der Innenseite des Handgelenks verdeckte. Sie hatte keine Lust mehr, ständig darauf angesprochen zu werden. Ihr war nichts Besseres eingefallen, als es mit einer fetten Uhr zu verdecken. Der Zeitanzeiger hatte ihrem Kollegen Alain Theroux Respekt eingeflößt, der auf solche Dinge abfuhr. Er stand drüben bei den anderen Polizisten und trug ebenfalls eine Armbinde, außerdem eines dieser Hemden mit zahllosen Aufnähern, die Anfang des neuen Jahrtausends einmal modern gewesen waren. Gerade ließ er sich irgendetwas erklären, wozu er sich Notizen machte.

Castel rollte den Kaugummi von der einen Backe zur anderen, kickte einen Stein zur Seite und schob die Hände in die Gesäßtaschen der Jeans. Sie sah nach links, nach rechts, drehte sich um die eigene Achse und ließ den Blick über ein Weinfeld schweifen, das an die ihr gegenüberliegende Straßenseite angrenzte. Hinter ihr ging es hangaufwärts. Rechts führte die voll gesperrte Straße nach Saint-Pierre, links ging es nach Mormoiron. Vor ihr auf dem Asphalt lagen das Rennrad und sein Fahrer in einer getrockneten Blutlache.

Die Spurensicherung untersuchte das Umfeld, während der Fundort bereits wieder freigegeben war und die Rechtsmedizin ihre Arbeit verrichtete. Berthe und ihr Team waren aus Nîmes gekommen, um das Offensichtliche zu bestätigen: Ein Radfahrer war getötet worden, und zwar durch einen seitlichen Schuss in den Kopf. Gemäß der Ausrichtung des Körpers und des Fahrrads war der Mann, den Cat auf Mitte sechzig schätzte, auf dem Weg nach Saint-Pierre gewesen. Was bedeutete, dass der Schütze wohl aus Richtung des Weinfeldes geschossen haben musste.

Es war noch völlig unklar, ob er ein Gewehr oder eine Pistole benutzt oder womöglich sogar aus einem fahrenden Auto geschossen hatte – zum Beispiel aus der Gegenrichtung kommend oder bei einem Überholvorgang.

Die Leiche war von einem Lkw-Fahrer entdeckt worden, der zunächst von einem Unfall mit Fahrerflucht ausgegangen war. Aber vor Ort hatte die Gendarmerie sehr schnell gesehen, dass der Radfahrer erschossen worden war, eine entsprechende Meldung abgesetzt und die Straße abgesichert. Schließlich waren Castel und Theroux angerückt, die sich eigentlich gerade mit einer Einbruchsserie in leer stehende Ferienhäuser befassten und zu einigen Zeugenbefragungen aufbrechen wollten. Aber das musste nun warten.

Castel machte mit dem Kaugummi eine Blase, ließ sie platzen. Theroux war mit seiner Unterhaltung fertig und kam herüber. Obwohl er eine übergroße Sonnenbrille mit goldglänzendem Gestell trug, war ihm der Schlafmangel anzusehen. Er war kürzlich erneut Vater geworden. Die Belastung setzte ihm offensichtlich zu. Die Kleine trug den Namen Valerie. Castel erinnerte sich gut daran, wie Theroux freudestrahlend bei der Hochzeitsfeier der Leclercs aufgetaucht war und die frohe Botschaft verkündet hatte.

Heute Morgen hatte Alain bereits sein Leid darüber geklagt, dass Valerie Verdauungsstörungen habe und die Nächte die Hölle waren. Zu allem Überfluss hatte sich auch noch sein Sohn beim Skateboardfahren vorgestern das Schienbein gebrochen, und außerdem war zu Hause die Klimaanlage ausgefallen, was bei dieser Gluthitze kein Vergnügen war.

Theroux blähte die Backen, nahm die Sonnenbrille ab und rieb sich die Augen. »Gaspard Lacroix, verflucht noch eins.«

Castel kaute. »Und?«

»Wie und?«

Castel zuckte mit den Achseln. »Ist das der Name des Toten?«

»Habe ich doch gesagt.«

»Du hast nur den Namen erwähnt. Was weiß ich, das könnte ja jeder sein, zum Bespiel einer der Gendarmen.«

Theroux blickte Castel an, als habe sie ihm gerade eine Dreisatzaufgabe mit vier Unbekannten aufgegeben. Er war ein ausgezeichneter Polizist, aber manchmal stand er ziemlich auf der Leitung. Dann war es so, als würden Informationen wegen irgendeiner gebrochenen Lötstelle in seinem Gehirn falsch übersetzt oder nicht ankommen.

»Nein«, erwiderte er, »die heißen anders. Steht doch auf ihren Namensschildern.«

»Alain …«

»Was gibt's denn da noch mehr zu sagen?«

»Alain, können wir uns …«

»Gaspard Lacroix, habe ich gesagt. Ist doch klar, was ich damit meine.«

Castel machte noch eine Kaugummiblase und ließ sie erneut platzen. »Also, der Tote ist ein Mann namens Gaspard Lacroix.«

»*Der* Gaspard Lacroix.«

Castel zuckte wieder mit den Schultern. »Den Namen habe ich noch nie gehört.«

»Was?«

»Nein, noch nie gehört.«

Theroux dachte kurz nach, nickte dann und sagte: »Okay, das muss vor deiner Zeit in Carpentras gewesen sein, als du noch in Marseille gearbeitet hast. Gaspard Lacroix ist ein früherer Kollege, ein Expolizist.«

»Oh«, machte Castel. »Nicht gut.«

»Ganz und gar nicht gut«, sagte Theroux. »Er hatte seine Papiere dabei, sein Handy ebenfalls. Wir haben ihn eindeutig identifiziert. Berthe kennt ihn auch. Er ist vor drei Jahren in Pension gegangen, hat zuvor bei der Police Municipale in Avignon gearbeitet, lebte aber in Carpentras.«

Ein getöteter Kollege, ob Ex oder nicht – das setzte

bei der Polizei eine ganz andere Dynamik in Gang als bei sonstigen Mordfällen. Es weckte den Korpsgeist und eine große interne Anteilnahme. Natürlich war es nicht so, dass sich die Polizei sonst weniger Mühe gab. Doch wenn es einen Kollegen erwischte, hatte es einen *von ihnen* erwischt. Es war persönlich.

Schließlich merkte Castel auf, als sie eine Geste von Berthe sah, die sie und Theroux zu sich winkte. Beide traten zu ihr und zu der Leiche, die gerade von Berthes Assistenten gefilmt wurde wie zuvor schon von der Spurensicherung – es war später immer besser, Standbilder von Videos als einzelne Fotos zu haben.

Berthe nahm ihre Lesebrille ab und tauschte sie gegen das Modell mit dem knallroten Rahmen. Die Sonne schien ihr nichts auszumachen. Einen Moment später kam auch Bruno Grinamy herüber, der die Spurensicherung leitete. Er trug einen weißen faserfreien Overall. Der Reißverschluss war aufgezogen und darunter ein pinkfarbenes Poloshirt zu sehen. Grinamy schwitzte. Eigentlich wollte er schon längst im Ruhestand sein. Aber man hatte ihn gefragt, ob er nicht noch etwas verlängern wollte, weil es personelle Probleme gab. Grinamy hatte eingewilligt, aber angekündigt, dass in diesem Jahr endgültig Schluss sei und er nicht länger den potenziellen Nachfolgern im Wege stehen wolle. Seine Glatze glänzte in der Sonne.

»Also«, sagte Berthe, »nach der Erstbeschau würde ich sagen, dass uns später bei der Obduktion keine größeren Überraschungen ins Haus stehen sollten. Ich bin der Meinung, dass der Mann links oberhalb des Ohres von einem Schuss getroffen wurde, der seinen Helm auch beim

Austritt durchdrang. Dann stürzte er tot vom Rad. Das Ereignis dürfte vielleicht zehn Meter von unserem Standort entfernt stattgefunden haben. Dann ist er – je nach Tempo – noch etwas gerollt und über die Straße geschlittert. Er war in jedem Fall sofort tot. Da es ein Durchschuss war, müsste es noch ein Projektil geben.«

Grinamy nickte und seufzte. Das bedeutete für sein Team, dass sie eine Nadel im Heuhaufen suchten. Dennoch klang er zuversichtlich und sagte: »Auf der anderen Straßenseite ist ja ein Felshang. Das sollte nicht allzu schwer werden. Die Kugel dürfte sich in den Stein gebohrt haben, oder sie ist abgeprallt.« Immerhin besser und chancenreicher, dachte Castel, als ein leeres Feld oder einen Wald absuchen zu müssen, was Tage dauern konnte.

Theroux wandte sich an Berthe: »Gibt es eine Vermutung, welche Art Waffe verwendet wurde?«

»In Anbetracht der Verletzungen würde ich annehmen, dass es eine Waffe mit hoher Durchschlagskraft war. Also eher ein Gewehr als eine Pistole.«

Castel drehte sich in Richtung des Weinfeldes und deutete dorthin. »Also hielt sich der Schütze vermutlich im Weinfeld zwischen den Rebstöcken auf und hat von dort aus auf Gaspard Lacroix geschossen. Das nächste Gebäude dort hinten ist einige hundert Meter entfernt.«

»Einige hundert Meter«, sagte Grinamy, »sind mit dem richtigen Gewehr keine Entfernung.«

Castel nickte. »Aber von dort aus wäre der Winkel ein anderer gewesen, oder? Wäre der Schütze dort gewesen, dann hätte der Schuss eher die Stirn getroffen.«

»Richtig«, sagte Grinamy und sah sich um. »Sehen wir doch mal gemeinsam nach«, meinte er dann, zog zwei Packungen mit Überziehern für die Schuhe aus der Tasche und gab sie Castel und Theroux.

Ein paar Minuten später gingen sie durch das Feld, nachdem Grinamy auf der Fahrbahn die Zone markiert hatte, in der Lacroix wohl von der Kugel getroffen worden war. Die übrigen Forensiker hatten bereits begonnen, in diesem Abschnitt an den Felsen nach dem Projektil zu suchen, und nutzten dazu auch ein Metallspürgerät.

Im Weinfeld nahm sich Castel eine Furt vor, Grinamy und Theroux jeweils die parallel verlaufenden. Castel fixierte den Blick auf die trockene Erde, ohne dass ihr etwas auffiel. Sie gingen etwa zweihundert Meter weit, bis sie das Ende erreichten, wechselten dann auf drei neue Furten und gingen wieder zurück.

»Stopp«, sagte Grinamy nach zirka zehn Metern. Offensichtlich hatte er etwas bemerkt. »Sieht so aus«, sagte er, »als ob sich hier zertretene Erde befindet.« Castel drängte sich zwischen einigen Rebstöcken hindurch zu Grinamy und sah, was er meinte: zerbröselte Krume. Theroux steckte seinen Kopf durch die Blätter und sah es nun ebenfalls. Schließlich gingen sie zu dritt seitlich der betreffenden Furt, um dort keine Spuren zu zerstören, spähten zwischen den Reben hindurch, bis Grinamy schließlich ein Stoppzeichen gab. Er deutete auf einen sehr deutlich zertretenen Bereich. Cat schätzte, dass er sich etwa hundert Meter von der Straße entfernt befand.

»Könnte sein«, sagte Grinamy, »dass wir den Standort des Schützen gefunden haben. Ich lasse das gleich alles sichern und von meinen Leuten untersuchen.«

Castel nickte und blinzelte in Richtung Straße. Mit einem Gewehr und einem darauf montierten Zielfernrohr wäre es durchaus möglich, jemanden zu treffen – wenn der Radler in einem mittleren Tempo fuhr und man Übung beim Schießen hatte.

Dennoch fragte sie Grinamy: »Muss man ein Profi sein, um aus dieser Entfernung ein Ziel zu treffen?«

»Nicht unbedingt«, sagte Grinamy. »Ein sauberer Kopfschuss bei einem sich bewegenden Ziel allerdings – tja, das spricht durchaus für Erfahrung. In jedem Fall braucht man ein gutes Gewehr mit einer entsprechenden Zielvorrichtung und etwas Übung. Ein Jäger vielleicht. Möglicherweise wurden auch mehrere Schüsse abgefeuert.«

Castel nickte. »Ein Jäger … Kann das ein Unfall gewesen sein?«

»Das wäre schon ein ziemlicher Zufall. Der Schuss ist zu gut platziert, Cat.«

»Wenn der Schütze hier auf der Lauer gelegen hat«, sagte Theroux, »muss er gewusst haben, dass Lacroix entlang der Straße radeln wird. Vielleicht ist das seine übliche Route. Was wiederum bedeuten würde, dass der Schütze Gaspard Lacroix entweder gekannt oder genau studiert hat. Vielleicht jemand, der aus alten Tagen noch eine Rechnung mit ihm offen hat?«

»Kann sein«, meinte Castel. »Vielleicht ging es aber auch nur darum, irgendwen zu treffen.«

Der Gedanke, dass jemand einfach so auf einen beliebigen Radler geschossen haben könnte, war erschreckend. Denn bei einem gezielten Mord war mit dem Tod des Opfers die Angelegenheit für den Täter in der Regel erledigt. Außerdem gab es Motive, die man ermitteln konnte, was irgendwann zum Täter führte. Aber wenn jemand wahllos schoss, ging es um pure Mordlust, und der Täter würde erneut zuschlagen. Solche Heckenschützen tauchten als Serientäter gelegentlich auf – vor einigen Jahren war in den USA ein Sniper-Team unterwegs gewesen, das viele Menschen getötet oder schwer verletzt hatte.

Castel fragte: »Sind Scharfschützen nicht oft zu zweit? Einer, der schießt, ein anderer, der spottet?«

»Durchaus«, meinte Grinamy. »Aber nicht zwingend. Als Jäger bist du auch allein unterwegs, und wir haben es hier nicht mit einer Distanz von mehreren hundert Metern zu tun, wo du alles Mögliche wie den Wind berechnen musst.«

Castel nickte erneut, kaute auf ihrem Kaugummi, beobachtete, wie Grinamy sich streckte und ins Kreuz fasste.

»Verdammte Bandscheibe«, murmelte er. »Wird Zeit, dass ich meinen Hintern in einen Liegestuhl am Strand schwinge und mich nicht mehr bücken muss.«

»Ende des Jahres ist es so weit?«, fragte Castel.

Grinamy nickte. »Ja. Dann lasse ich es mir endlich gutgehen. Auf Martinique.«

3

Martinique.

Insel der Träume.

Weiße Strände und türkisfarbenes Wasser mit einer Temperatur von siebenundzwanzig Grad. Lächelnde Menschen in bunter Kleidung, Palmen, Regenwald und ein Vulkan im Zentrum. Ein kleines Stück Frankreich mitten in der Karibik, voller Lebensfreude, fernab von allem Wahnsinn und Stress. Tropisches Eiland mit Rumdestillerien und Bananenplantagen, wo Kokosnusswasser direkt aus der geknackten Frucht serviert wurde und die kreolische Küche ein tägliches Festmahl lieferte. Die Krebse, Fische und Langusten waren so frisch und köstlich, dass man denken konnte, sie wären freiwillig direkt aus dem Wasser auf den Teller gehüpft – mit einem kurzen Umweg über Kochtopf oder Pfanne. Gleichzeitig waren Käse, Wein und Baguette so selbstverständlich wie in Frankreich. Man konnte in der Landessprache reden, mit Euros bezahlen und das Savoir-vivre mit karibischer Lässigkeit garnieren.

Die Unterwasserwelt war faszinierend. Von Tunneln durchzogene Korallenriffe, Schwämme, üppige Gorgonien, knallbunte Fische, Rochen, Delfine, Schildkröten – ein wahrer Garten Eden mit zahlreichen Tauchrevieren. Die Natur über dem Wasser war nicht viel schlechter.

Dreihundertfünfzig Kilometer Küste und über tausend Meter hohe Berge vulkanischen Ursprungs, Urwälder und Palmen, Palmen und Palmen. Es gab weiße Sandstrände, es gab schwarze Sandstrände. Und von den Hängen des erloschenen Vulkans Montagne Pelée stürzten Wasserfälle in die Tiefe. Zahllose Boote lagen in den kleinen Häfen. Es gab Ausflüge auf Katamaranen, auf denen man Inselhopping zu den übrigen Antillen betreiben konnte. Stand man am Strand, dann wusste man, dass das Festland Hunderte Kilometer weit entfernt war. Um einen herum gab es nichts als die Karibik. Man war fernab von allem, mitten im Nirgendwo, und alle Sorgen verblassten vor dem großen Blau.

Martinique.

Insel der Träume.

Insel der tödlichen Langeweile.

Albin bestellte sich den zweiten Ti Punch an der Strandbar. Das war das Nationalgetränk, eine Mischung aus Rum, Limette und Rohrzucker. Je besser der Rum, desto besser der Punch, und Martinique hatte in Sachen Rum so einiges zu bieten, wie Albin in den vergangenen Tagen gelernt hatte. Die Einheimischen tranken den Ti warm. Albin nicht. Er ließ sich wie immer ein paar Eiswürfel ins Glas füllen und hielt es sich gegen die Stirn, um sich zu erfrischen, bevor er einen Schluck trank.

Es war heiß. Heiß und schwül. Das lag an der Jahreszeit.

Eigentlich hatte Albin wegen des besseren Klimas in der Karibik erst im kommenden Frühjahr zur Hochzeitsreise aufbrechen wollen. Dann hatten er und Veronique sich allerdings darauf verständigt, doch eher zu fliegen: Einerseits waren Flitterwochen mehr als ein halbes Jahr später keine wirkliche Hochzeitsreise mehr. Veronique musste außerdem an ihr Geschäft denken. Albins Tochter Manon hatte zwar zugesichert, während der zwei Wochen einzuspringen. Aber Veronique meinte, dass es Manon sicherlich leichter fallen würde, wenn sie in den Sommerferien verreisen würden, weil Manon dann weniger Stress hätte und Clara mit in den Laden nehmen könnte. Für Albins Enkelin begann nach der Vorschule nun bald die Grundschulzeit.

Manon war mit ihr bei einem Tag der offenen Tür gewesen und hatte sich alles angeschaut. Außerdem hatte sie sich glänzend mit einer Lehrerin namens Giselle Lussac unterhalten, die sie bereits aus dem Geschäft kannte, weil sie regelmäßig zum Blumenkaufen kam. Sie war etwas älter als Manon, doch ihre Tochter Josefine und Clara besuchten dieselbe Vorschule, wo sie sich ebenfalls schon einige Male über den Weg gelaufen waren. Giselle hatte Manon außerdem einen Job in der Nachmittagsbetreuung in der Schule angeboten, wo eine Stelle frei geworden war. Nichts Besonderes, aber immerhin. Manon würde den Job wahrscheinlich annehmen.

Sie und Giselle hatten sich einige Male getroffen und angefreundet, zumal die Kinder sich bestens verstanden. Auch Castel war ein- oder zweimal zu der Damenrunde gestoßen. Albin gefiel das nicht besonders – also: dass Manon Freundschaften schloss, schon. Aber dass sie so eng mit einer Quasi-Kollegin wie Castel war … Albin war kein Freund davon, Privates mit Dienstlichem zu vermischen – wenngleich Veronique ihm schon häufiger gesagt hatte, dass er ja selbst nichts anderes tat und er sich außerdem nicht so albern anstellen und den jungen Frauen ihren Spaß lassen sollte.

Jedenfalls hatte Albin dem Vorziehen des Urlaubs selbstverständlich zugestimmt und seine gletscherblaue Badehose eingepackt – ein Geschenk von Manon. Es handelte sich um dasselbe Modell, das Daniel Craig als James Bond getragen hatte, was wiederum eine Anspielung auf eine Badehose von Sean Connery in »007 jagt Dr. No« war – dem ersten Bond überhaupt mit der legendären Szene zwischen Connery und Ursula Andress an einem karibischen Strand auf den Bahamas. Albin hätte sich allerdings gewünscht, dass man in die Shorts die Figur von Daniel Craig mit eingebaut hätte. Aber so weit waren die Textilhersteller leider noch nicht.

Heute trug er genau diese Badehose und darüber ein ausgeblichenes Polohemd, um seine Schultern zu schützen – er hatte einen leichten Sonnenbrand. Er fuhr sich über die Stirn. Aus den Musikboxen klang basslastiger Reggae.

Albin trank einen Schluck. Dann nahm er Platz auf einem Hocker. Die Bar war aus verwittertem, in Pastellfarben gestrichenem Holz gebaut und hatte ein Dach aus Palmenblättern. Für Albins Geschmack wirkte alles zu abgewrackt, um authentisch zu sein, denn der Rest des Fünfsternehotels war piekfein. Innerhalb der Anlage war die Realität sowieso eine andere als außerhalb, und die Kluft zwischen gutverdienenden Touristen und der armen Bevölkerung war erheblich. Das nahm man sofort wahr, wenn man sich außerhalb bewegte und mit dem Leihwagen herumfuhr. Es mochte alles noch so traumhaft erscheinen, aber die sozialen Probleme lagen auf der Hand.

Auf den übrigen Hockern saßen vitale und attraktive Männer und Frauen im Schatten und befassten sich mit Drinks, Salaten und ihren Handys. Der Strand davor war mit Sonnenschirmen und Liegen übersät. Auf einer aalte sich Veronique, las ihren dritten oder vierten Schwedenkrimi, brutzelte in der Sonne und wendete sich von Zeit zu Zeit wie ein Steak, um einen gleichmäßigen Teint zu erzielen. Und ehrlich gesagt, wenn er sie da so in ihrem Leopardenmusterbikini betrachtete: Mit den jungen Hüpfern in der Clubanlage konnte sie auch als über Sechzigjährige locker mithalten, was Albin ihr bereits einige Male gesagt hatte. Sie hatte sich mit Küssen bedankt und mit dem Hinweis seinen Bauch getätschelt, dass er in seiner James-Bond-Badehose auch nicht schlecht wäre. Na ja. Was man in den Flitterwochen so sagt.

Flitterwochen.

Veronique *Leclerc*, fasste man das?

Manchmal musste sich Albin noch zwicken. Nie im Leben hätte er gedacht, dass er noch einmal heiraten würde. Aber er hatte die Entscheidung noch keinen Moment lang bereut. Ganz im Gegenteil. Es fühlte sich gut und richtig an.

Albin ließ sich vom Barhocker rutschen und verfluchte sich ein weiteres Mal, dass er die Schlappen bei den Liegen vergessen hatte. Der Sand war heiß wie eine Herdplatte, weswegen Albin zunächst das obere Drittel seines Drinks abschlürfte, damit nichts überschwappte, wenn er über die glühende Fläche huschte.

Genau das tat er dann und spürte, wie seine Fußsohlen mit jedem Schritt heißer und heißer wurden – bis es nicht mehr zu ertragen war und er endlich das Wasser erreichte, wo der Sand hart und feucht und kühl war. Was für eine Wohltat. Er stieg bis zu den Knien ins kristallklare Meer, drehte sich dann herum, so dass er die Karibik im Rücken und den Strand vor sich hatte. So stand er häufig da, mal in die eine, mal in die andere Richtung blickend, und dabei hatte er sich gestern auch die Schultern verbrannt – ausgerechnet am vorletzten Urlaubstag. Veronique merkte noch nicht einmal auf. Sie war vollkommen vertieft in die Abgründe der Fälle der skandinavischen Ermittler. Albin hatte kürzlich kommentiert, dass bei der Vielzahl von schwedischen Mordfällen eigentlich schon das halbe Land entvölkert sein müsste, worauf Veronique bloß abgewinkt und »Pscht« gemacht hatte. Zum Zeitvertreib hatte Albin kürzlich selbst angefangen, einen zu lesen, aber schon nach dreißig Seiten aufgegeben. Es kam ihm blödsinnig vor, bei strahlendem Sonnenschein und guter Laune etwas über depressive Ermittler bei Schneeregen in Schweden zu lesen. Er hatte kurz die letzten Seiten gecheckt, um sich zu vergewissern, dass er mit seinem Verdacht bezüglich Mordmotiv und Täter richtiggelegen hatte, und das Buch dann wieder Buch sein lassen.

Tja. Und jetzt stand er wieder einmal da an seinem Lieblingsplatz: ein auf die siebzig zugehender Ex-Commissaire vom Format eines Kleiderschranks mit schlohweißem Haar und seinem Drink in der Hand und betrachtete den Strand in dem Wissen, dass er mittlerweile jedes Sandkorn beim Vornamen kannte. Albin dachte über den Gangsterkönig Louis Rey nach, der sein Lebensende gerne als Besitzer einer Bar an einem karibischen Strand verbracht hätte. Er dachte an Bruno Grinamy von der Spurensicherung, für den Martinique stets ein Traumziel war und der Albin überhaupt auf die Idee mit der Insel gebracht hatte.

Allerdings gab es oft eine massive Diskrepanz zwischen Wirklichkeit und Phantasie. Klar, die Insel war wunderschön. Keine Frage. Allerdings fühlte sich Albin komplett auf sich selbst zurückgeworfen. Er wurde ja daheim schon unruhig, wenn er einmal ein paar Minuten lang nichts zu tun hatte und nichts mit sich anzufangen wusste. Mit dem Unterschied, dass er sich dort ablenken konnte, und sei es nur dadurch, dass er mit Tyson Gassi ging.

»Dann wird es Zeit«, hatte Veronique beim Abendessen im Hotel gesagt, »dass du zu genießen und zu entschleunigen lernst und dir mal überlegst, was du dir für ein schönes Hobby zulegen könntest. Wie wäre es denn mit Malen?«

»Malen?«, hatte Albin erwidert, wobei ihm fast die Gabel aus der Hand gefallen wäre. »Ich? Malen in der Karibik wie Gauguin auf Tahiti? Hier gibt es Malkurse?«

»Ich meine ganz generell, Albin. Warum denn nicht? Oder werde Bildhauer. Lass deinen Gefühlen freien Lauf und forme sie in Ton oder Stein.«

»Hier gibt es nur Strand. Ich kann doch keine Sandburgen bauen. Was sollen die Leute denken?«

»Aber genau darum geht es ja, mein Lieber«, hatte Veronique gemeint. »Du kannst nicht immer alles in dich hineinfressen. Du musst es rauslassen. Ich akzeptiere ja, dass du nicht darüber sprechen magst, aber da wäre Malen doch ein Weg? Oder fang mit Golf an. Oder Tennis. Da kannst du dann mal ordentlich zuschlagen und tust auch noch etwas für die Gesundheit.«

Das Hotel bot in der Tat Golfkurse auf einem Platz in der Nähe an. Tennisplätze gab es ebenfalls. Kürzlich war Albin für einen Moment versucht gewesen, sich darauf einzulassen, war dann aber bei der Vorstellung zurückgeschreckt, mit einem Racket Löcher in die Luft zu schlagen wie Jacques Tati in »Die Ferien des Monsieur Hulot« oder mit dem Driver den Rasen zu pflügen. Abgesehen davon: Er spielte ja noch nicht mal ernsthaft Boule, obwohl er von einigen Teams umworben wurde, denn er war gar nicht schlecht im Pétanque.

»Frau«, hatte er erwidert, »ich muss mir nichts suchen, um Dampf abzulassen. Schon gar nicht, wenn ich dabei karierte Hosen tragen und in Elektromobilen herumfahren muss. Ich bin auch kein René Lacoste und erst recht kein Rodin oder Gauguin.«

Veronique hatte gelacht und gesagt, dass sie es ja nur gut mit ihm meine. Und dafür liebte er sie. Dafür – und für noch viel mehr.

Allerdings half ihm das jetzt auch nicht gegen die Langeweile, dachte Albin und trank einen Schluck Ti Punch. Natürlich gab es unangenehmere Orte, um sich zu langweilen, klar. Und er langweilte sich ja auch nicht permanent. Sie hatten schon großartige Ausflüge unternommen, waren einkaufen gewesen, hatten einige Orte erkundet, Spaß gehabt – alles schön und gut. Jedoch stellte Albin schlicht und ergreifend Tag für Tag fest, was er ohnehin schon vorher gewusst hatte: dass er für das Strandleben und das süße Nichtstun einfach nicht geschaffen war.

Abgesehen davon fehlte ihm Tyson. Kaum zu glauben, aber als Albins Kollegen ihm den Mops zum Ruhestand geschenkt hatten, damit er in seiner Freizeit etwas zu tun hat, war er sich reichlich veralbert vorgekommen. Er, Albin, der mit seiner Größe und Schulterbreite so gerade durch eine Tür passte, und dann dieser kleine Hund mit dauerhaft besorgtem Gesichtsausdruck. Ihn hatte zunächst eher eine Art Hassliebe mit dem Tier verbunden, aber das hatte sich rasch geändert. Albin hatte sich sogar einen SUV gekauft, weil er der Meinung war, dass man als Hundebesitzer ein geländegängiges Fahrzeug mit viel Laderaum besitzen sollte. Das hatte sich als falsch erwiesen, denn SUVs waren recht groß und hoch und Möpse eher klein und kaum in der Lage, selbständig in den Kofferraum zu springen.

Tyson war im Lauf der Zeit zu einem Gefährten geworden, zu einem Freund, mit dem Albin seine Überlegungen teilte und der darauf sogar antwortete. Also: Natürlich tat er das nicht wirklich. Tyson war bloß ein Hund. Es war eher ein Dialog mit sich selbst – wenngleich Albin oft das Gefühl hatte, dass Tyson ihn verstand oder zumindest in der Lage war, menschliche Signale aufzufangen und darauf zu reagieren.

Jedenfalls war Tyson nicht hier. Albin hatte ihm den langen Flug nicht zumuten wollen und auch nicht das Klima. Zunächst hatte sich seine Tochter Manon um Tyson kümmern wollen, und Clara war ganz Feuer und Flamme gewesen. Aber dann hatte Castels Lebensgefährte Jean Villeneuve angeboten, Tyson in Pension zu nehmen. Er besaß bereits einen Mops – genauer gesagt: eine schwarze Möpsin namens Mila. Er nahm sie meist mit zur Arbeit ins Musée Granet in Aix-en-Provence, wo er als Kurator arbeitete. Außerdem habe Mila dann Gesellschaft und Tyson ebenfalls. Schließlich hatte sich das Angebot als die praktikabelste aller Lösungen erwiesen – wenngleich Albin einen Vorbehalt hatte: Er wusste, dass Tyson ein Auge auf Mila geworfen hatte.

Gelegentlich erkundigte sich Albin nach seinem Hund. Zum Beispiel heute morgen, aber Castel hatte nicht auf seine WhatsApp reagiert. Auch nicht auf die nächsten fünf.

Albin trank noch einen Schluck. Dann zog er mit der freien Hand das Handy aus der vorderen Eingrifftasche seiner Badeshorts und wählte Castels Nummer. Vielleicht war sie jetzt erreichbar. Auf Martinique war es später Vormittag. Fünf Stunden Zeitunterschied zu Frankreich – das sollte passen.

Es dauerte ewig, bis sie schließlich dranging.

»Hallo, Albin«, sagte sie. Ihre Stimme klang etwas gehetzt, aber kristallklar, obwohl ein kompletter Ozean zwischen ihnen lag. Die Stimme wurde ins Weltall zu einem Satelliten geworfen und strahlte dann punktgenau zurück auf Albins Handy. Verrückte Technik.

»Castel. Ich benötige aktuelle Informationen über das Wohlbefinden meines Hundes.«

»Sie haben doch gestern und vorgestern schon geschrieben und angerufen …«

»… und Sie haben heute mehrere meiner Nachrichten ignoriert. Also, was ist da los?«

»Es ist gar nichts los, und Tyson geht es gut. Immer noch.«

»Er hält sich weiterhin von Ihrem Mopsluder Mila fern?«

»Also wirklich, Albin, Sie rufen mich deswegen an?«

Albin kommentierte das nicht. Aber: Ja. Natürlich.

Denn die beiden Tiere waren nicht kastriert, weswegen er Castel und ihrem Freund Jean Villeneuve die Zusage abgerungen hatte, ein besonderes Auge auf die beiden zu haben – nicht, dass da hinter Albins Rücken frivole Dinge vor sich gingen, und dann stand man plötzlich da mit zwei Handvoll Welpen und wusste nicht, wohin damit.

»Außerdem«, sagte Castel, »bin ich gerade beschäftigt, und Sie sind im Urlaub, und …«

»Womit denn beschäftigt?«, fragte Albin.

Er hörte Castels Seufzen. »Sie sind in den Flitterwochen, Mensch.«

»Das weiß ich selbst.«

»Genießen Sie die Ruhe, und …«

»Castel. Ich höre es an Ihrem Tonfall und daran, dass Sie sich herauswinden wie ein Aal. Irgendetwas ist da los, richtig?«

Castel schwieg einen Moment. Schließlich erklärte sie: »Wir sind gerade an einem möglichen Tatort. Ein Radfahrer wurde erschossen.«

»Ach«, erwiderte Albin und trank einen großen Schluck Ti Punch. Das Zeug begann langsam zu wirken – vor allem, wenn man mitten in der prallen Sonne stand. »Wo?«

»Auf dem Weg zwischen Mormoiron und Saint-Pierre. Das Opfer ist ein Gaspard Lacroix. Wie es aussieht, wurde er aus dem Hinterhalt mit einem Gewehr erschossen, während er sich auf einer Radtour befand.«

Albin dachte nach. Irgendetwas klingelte bei dem Namen.

»Lacroix«, sagte Castel, »war früher Polizist. Er war im Ruhestand.«

»Gaspard Lacroix aus Avignon? Von der Police Municipale? Wohnt in Carpentras?«

»Aber ja, genau dieser Gaspard Lacroix. Sie kannten ihn? Wen kennen Sie eigentlich nicht?«

»Kennen wäre zu viel gesagt. Ich weiß, wer er ist. Man lief sich dann und wann im Einsatz über den Weg, hat sich auf dem Markt freundlich gegrüßt. Als Sie noch am Daumen lutschten, fing er schon Verbrecher. Er war ein leidenschaftlicher Radfahrer. Ich habe ihn einige Male mit dem Auto überholt. Er saß auf dem Sattel, wann immer er konnte. Ein Schuss aus dem Hinterhalt?«

»Richtig. Ein Kopfschuss aus einer Entfernung von rund hundert Metern, schätzen wir.«

»Während er fuhr?«

»Ja. Sieht so aus.«

»Allein?«

»Es scheint so. Aber ich muss jetzt Schluss machen. Und Tyson geht es immer noch gut, keine Sorge.«

»Ich bin in zwei Tagen zurück. Ihr müsst überprüfen, ob es Personen aus Lacroix' Vergangenheit gibt, die möglicherweise noch eine Rechnung mit ihm offen haben. Ein Schuss aus dieser Distanz auf ein sich bewegendes Ziel spricht außerdem für einen Schützen mit Erfahrung. Vielleicht ein Jäger.«

»Albin …«

»Er muss Lacroix' Gewohnheiten gekannt oder studiert haben …«

»… Albin …«

»… und es ist verwunderlich, denn er hätte Lacroix auch einfacher aus dem Weg räumen können. Das muss man nicht aus hundert Metern Entfernung tun, während er radelt. Warum würde sich jemand eine solche Mühe machen, jemanden zu töten? War es nur ein Schuss? Waren es mehrere?«

»Albin! Es reicht jetzt! Wir wissen das alles sehr gut selbst – und Sie sind jetzt, bitte schön, im Urlaub! Ich hätte es Ihnen gar nicht erzählen sollen, ich Idiotin! Sie sind unverbesserlich!«

»Sind Sie nicht.«

»Ich rede von Ihnen!«

»Und ich von Ihnen. Sie sind keine Idiotin. Sie sind gelegentlich mal eine Zimperliese, aber das ist auch alles.«

Castel gab ein genervtes Geräusch von sich. »Schönen Urlaub noch«, fauchte sie und beendete das Gespräch.

Albin steckte das Handy wieder ein, leerte das Glas und sog einen Eiswürfel in den Mund, den er mit der Zunge hin und her bewegte. Gaspard Lacroix, da schau an. Albin trat aus dem Wasser und fühlte sich leicht beschwipst. Noch einen Cocktail sollte er besser nicht trinken.

Er nahm Anlauf und hastete über den kochend heißen Sand, bis er die Liegen unter den Sonnenschirmen erreichte – das Leclerc-Lager. Rasch setzte er sich hin und hob die Füße an. Veronique, die in der prallen Sonne lag, legte ihr Buch beiseite und lachte.

»Du solltest dich mal sehen, wenn du so über den Sand läufst. Als würdest du auf rohen Eiern gehen.«

»Würden da rohe Eier liegen«, sagte Albin und wischte sich den Sand von den Zehen, »dann wären die längst gekocht.«

»Warum ziehst du keine Schlappen an?«

»Vergessen.«

»Mit wem hast du telefoniert?«

»Das hast du gesehen?«, fragte Albin und legte sich auf die Liege.

»Wenn ein fast zwei Meter großer Mann in nur zehn Metern Entfernung im Meer vor einem in der direkten Sichtachse steht, kann das passieren, Albin.«

»Castel war dran. Sie haben einen Mordfall.«

»Oh?«, machte Veronique.

Albin berichtete ihr, was er erfahren hatte.

Veronique fragte: »Wie furchtbar. Und deswegen ruft sie dich in den Flitterwochen an und bittet um Rat?«

»Nein. Ich habe sie angerufen und nach Tyson gefragt.«

»Aber dem geht es doch gut. Du hast sie doch gestern schon deswegen gelöchert.«

»Ich weiß«, sagte Albin, streckte sich aus, schloss die Augen und genoss das leichte Gefühl von Schwindel, die Wirkung der beiden Gläser Ti Punch. »Aber es hätte sich von gestern auf heute eine Veränderung von Tysons Situation ergeben können.«

Veronique grinste und schüttelte den Kopf. Dann nahm sie sich wieder ihren Krimi vor und las zwei Seiten.

»Vielleicht«, sagte sie schließlich, ohne von dem Buch aufzublicken, »ist der Scharfschütze ein Serienmörder und steht in keinerlei Verbindung zum Opfer. In jedem Fall hat das Motiv nichts mit dem zu tun, von dem ihr zunächst annehmt, es sei das Richtige.«

Albin schlug die Augen auf. »Was?«, fragte er. »Wie kommst du denn darauf?«

Veronique blätterte um und zuckte mit den Schultern. »Weil es doch meistens so ist. Außerdem hinterlassen Täter immer Spuren. Kein Mensch ist ohne Schatten.«

»Bitte?« Albin setzte sich auf.

»Sagt Kommissar Kurt Wallander. Der muss es ja wissen, nicht?«

Albin schlüpfte in seine Schlappen und stand auf.

»Wohin gehst du?«, fragte Veronique.

»Zur Bar«, erwiderte Albin.

Meine Frau, die schwedische Profilerin, dachte Albin. Er brauchte dringend einen weiteren Ti Punch.

4

Am nächsten Morgen saßen Theroux und Castel schon früh im Büro vor den Computern. Theroux hatte bereits drei Kaffee intus, wirkte aber immer noch müde. Die Sonne schien unerbittlich durch das Fenster. Castel hatte die Standklimaanlage eingeschaltet. Es würde ein weiterer heißer Tag werden.

Sie blähte die Backen und atmete tief durch, während sie mit dem Drehstuhl etwas zurückrollte und die Arme hinterm Kopf verschränkte. Sie und Theroux waren die Listen durchgegangen, die sie von den Kollegen aus Avignon erhalten hatten. Sie zeigten an, mit welchen Fällen Gaspard Lacroix in den Jahren vor seiner Pensionierung befasst gewesen war – es waren Hunderte, aber alles Kleinkram. Bei der Police Municipale, der Stadtpolizei von Avignon, war er mit Diebstählen, Verkehrssündern, Unfällen, Schlägereien, Alkoholkontrollen, Zwangseinweisungen und ähnlichen Delikten befasst gewesen. Im Prinzip konnte hier jeder Beteiligte in Betracht dafür kommen, mit Lacroix noch eine Rechnung offenzuhaben. Eine Sisyphusarbeit.

Beide merkten auf, als sich die Tür öffnete und Claude Montfavet eintrat, der massige Chef de Police. Er trug seine randlose Brille auf der Nasenspitze, ein hellblaues Kurzarmhemd und außerdem eine rote Pappkladde unterm Arm. Montfavet sagte nie viel. Meist nur das Allernötigste.

»Schönen Gruß von Staatsanwalt Luc Bonnieux. Er erwartet so schnell wie möglich Ergebnisse, mit denen er an die Öffentlichkeit gehen kann.«

Theroux schnaufte. »Der fehlt uns noch.«

»Ein Expolizist wurde getötet – was erwartet ihr?«, erwiderte Montfavet, zuckte mit den Schultern und warf die Kladde auf Castels Schreibtisch. »Beschusstest.«

»So schnell?«, fragte Castel. Normalerweise konnte das Tage dauern.

Wieder zuckte Montfavet mit den Schultern.

Castel schlug die Mappe auf und überflog die Ergebnisse. Montfavet erläuterte: »Die Spurensicherung hat drei Projektile vom Kaliber .308 Winchester gefunden. Eines davon traf. Die Kugeln fanden sich im Abstand von rund fünfunddreißig Metern. Wenn Lacroix mit einer Geschwindigkeit von zirka zwanzig Stundenkilometern fuhr und in Anbetracht des wahrscheinlichen Winkels, bedeutet es hochgerechnet, dass die Schüsse innerhalb von sechs bis acht Sekunden abgefeuert wurden. Also recht schnell nacheinander. Das .308 ist eines der am weitesten verbreiteten Jagdkaliber. Wahrscheinlich handelt es sich bei dem verwendeten Gewehr um eine Bergara B14 – eine ebenfalls nicht seltene Mischung aus Jagd- und Sportgewehr. Es gibt unterschiedliche Typen der Waffe. Genaueres bekommen wir noch.«

Castel schloss die Mappe.

Theroux dachte nach. »Wenn drei Schüsse abgefeuert wurden«, sagte er, »dann spricht das nicht unbedingt für einen geübten Schützen. Beim Schießen auf ein mobiles

Ziel muss man das Fernrohr entsprechend einstellen. Dabei hat der Schütze etwas nicht richtig gemacht. Außerdem war es riskant, denn er musste damit rechnen, dass der erste Schuss nicht trifft – beziehungsweise in Kauf nehmen, dass Lacroix bloß verletzt wird und auf die Straße stürzt. Dann hätte er aber nicht mehr nachsetzen können, oder? Aus dem etwas abschüssigen Weinfeld heraus wäre der Winkel dann zu flach gewesen und wahrscheinlich der Randbewuchs der Straße im Weg. Entweder hatte er das nicht ins Kalkül gezogen – oder er ging in jedem Fall davon aus, dass er Lacroix voll erwischen wird. Eine solche Selbstsicherheit würde wiederum für einen geübten Schützen sprechen, der sich etwas zutraut, aber vielleicht einfach aus der Übung ist. In jedem Fall können wir ausschließen, dass es sich um einen Jagdunfall oder einen Querschläger gehandelt hat. Die drei Geschosse wurden gezielt abgefeuert. Lacroix sollte sterben.«

»Nicht schlecht für einen übermüdeten Mann«, meinte Castel und lächelte.

»Also«, fragte Montfavet, »wir konzentrieren uns nach wie vor auf einen Täter aus Lacroix' polizeilicher Vergangenheit?«

»Es gibt ungefähr zweitausend Personen, die in Frage kommen könnten«, antwortete Castel. »Wenn nicht mehr: vom Parksünder bis zum Verbrecher. Wir müssten uns jeden Einzelfall ansehen.«

Montfavet nickte. »Die aus Avignon sollen bei der Durchsicht helfen. Was sagt die Ehefrau?«

Castel verzog das Gesicht und erklärte es Montfavet. Als sie und Theroux gestern mit Louise Lacroix darüber sprechen wollten, ob ihr Mann Feinde gehabt hatte, ob irgendjemand ihm gedroht hatte, war sie im Schock über den Tod ihres Mannes nicht ansprechbar gewesen. Eine Nachbarin war gekommen, Familienangehörige, auch der Notarzt. Deswegen wollten sie heute noch einmal vorbeifahren – genau genommen: jetzt gleich.

»Dann halte ich euch nicht auf«, sagte Montfavet und wandte sich zur Tür. »Und nicht vergessen: Bonnieux braucht irgendetwas. Egal was. Hauptsache, er kann vor die Kameras treten.«

»Wenn's nichts Wichtigeres gibt«, stöhnte Theroux, stand auf und nahm seinen Kram.

»Nein«, sagte Montfavet und schloss die Tür. »Wichtigeres gibt's nicht.«

5

Castel und Theroux parkten am Ende des Chemin du Martinet in einer Art Wendehammer, der lediglich mit Kies bestreut war und an dem ein paar Abfallcontainer standen. Die Straße bis dorthin war sehr schlecht und sehr eng. Es passten kaum zwei Fahrzeuge aneinander vorbei. Eine äußerst ruhige Wohngegend mit großen, in der Regel umzäunten Grundstücken. Sie stiegen aus und gingen auf das Tor zu, das zum Haus der Lacroix' führte.

Der angrenzende Zaun des Nachbargrundstücks wirkte neu und professioneller als der grüne Maschendraht, der das Gelände der Lacroix' einfasste. Schilder mit der Aufschrift »Défense d'entrer« wiesen darauf hin, dass der Besitzer keinen Wert auf ungebetene Gäste legte – nicht, dass irgendjemand das fast mannshohe Hindernis ohne Hilfsmittel überqueren könnte. Fehlte nur noch Stacheldraht. Auf der anderen Seite arbeitete jemand mit einer elektrischen Heckenschere und stellte das Gerät ab, als Castel und Theroux gerade am Tor klingeln wollten.

»Wer sind Sie?«, schnarrte eine Stimme aus dem Gebüsch, ohne dass jemand zu sehen war.

Einen Moment später knackten Äste. Dann erschien ein mürrisch wirkender älterer Mann, der einen blauen Overall trug und das Gartengerät wie ein Schwert in der Hand hielt.

»Wer will das wissen?«, fragte Castel.

»Villefranche. Ich wohne hier.«

»Wir sind von der Polizei«, erklärte Castel. »Und zu Ihnen möchten wir nicht.«

»Was ist denn hier nur dauernd los, Mensch?« Villefranche kratzte sich den Kopf.

»Inwiefern?«, fragte Theroux.

Der Mann deutete in Richtung des etwas zurückliegenden Wohnhauses der Lacroix'.

»Na, da drüben«, sagte Villefranche. »Bei Lacroix. Notarzt gestern und jede Menge Aufregung. Und nun Sie beide – ist irgendetwas passiert? Ich habe nicht gerne einen solchen Trubel. Ich wünsche meine Ruhe.«

»Fragen Sie am besten Ihre Nachbarin«, sagte Castel und klingelte.

Villefranche spuckte aus. »Mit den Nachbarn rede ich nur über meinen Anwalt. Ist dem Alten was passiert? Ist er vom Rad gefallen, oder was?«

»Wie kommen Sie darauf?«

»Meine Güte – ist nicht so schwer, oder? Er ist alt. Er fährt wie ein Irrer jeden Tag Rad. An seinem Haus ist seit gestern großer Bahnhof. Der Arzt kommt. Polizei. Bloß er fehlt.«

Mit einem Summen sprang das Tor auf.

»Wie gesagt«, wiederholte Castel und öffnete das Tor. »Fragen Sie persönlich, wir geben darüber keine Auskunft.«

»Isser tot? Hat ihn auf dem Rad der Schlag getroffen?« Villefranche grinste, als habe er die Eine-Million-Euro-Frage in einer Quizshow gelöst.

»Geht Sie das irgendetwas an?«

»Ich habe gerne meine Ruhe«, wiederholte Villefranche, warf die Heckenschere wieder an und tauchte anschließend im Unterholz ab.

Castel und Theroux wechselten einen Blick miteinander. Dann gingen sie voran über den Kiesweg, der zum Wohnhaus führte – einem schlichten Gebäude. An der Tür standen Louise Lacroix und ihre Schwester, die Castel bereits gestern kennengelernt hatte. Beide wirkten matt und hatten gerötete Augen vom Weinen. Sie baten Castel und Theroux herein, dann nahmen sie gemeinsam im Wohnzimmer Platz, die beiden Schwestern auf dem Sofa, Theroux und Castel auf zwei Sesseln.

Der Raum war gemütlich eingerichtet. Über einem antiken Sekretär hingen Fotos, die Gaspard Lacroix beim Radfahren zeigten – mal allein, mal in Gruppen. Außerdem hingen dort Bilder, auf denen er in Uniform zu sehen war, sowie eine Urkunde, die er zum Dienstjubiläum bekommen haben musste.

Castel und Theroux sprachen der Frau noch einmal ihr Beileid aus und versicherten, dass die Polizei in Carpentras und die ehemaligen Kollegen in Avignon alles tun würden, um den Tod ihres Mannes so schnell wie möglich aufzuklären. Dann stellten sie ihre Fragen, die sie gestern nicht hatten stellen können, weil die Frau in einer zu schlechten Verfassung gewesen war.

»Nein«, erklärte Louise Lacroix schließlich. Ihre Stimme war nicht mehr als ein Flüstern. »Nein, es gab keine Drohanrufe oder Briefe oder Ähnliches. Gaspard hat auch niemals gesagt, dass ihm jemand etwas Böses wollte. Ich könnte mir auch gar nicht vorstellen, wer ihm ans Leben wollte. Er hat nicht viel über die Arbeit gesprochen. Erst recht nicht, seit er in Pension war.«

»Madame«, fragte Castel, »ist Ihnen irgendjemand aufgefallen, der sich in der letzten Zeit in der Nähe vom Haus aufgehalten hat? Jemand, der sonst nicht da war?«

Louise Lacroix verneinte, ihre Schwester ebenfalls.

»Fährt Ihr Mann stets dieselben Routen?«

Sie nickte. »Es gibt drei oder vier, die er immer wieder gefahren ist. Er hat sich doch so darauf gefreut, dass bald die Tour de France kommt. Er war ein Fan von Benny Boux. Und nun erlebt er es nicht mehr.« Sie schniefte. Ihre Schwester nahm sie in den Arm.

»Wer kennt diese Routen?«, fragte Castel.

»Er radelte manchmal mit einigen anderen.«

»Warum gestern nicht?«

»Er fährt nicht regelmäßig in der Gruppe. Nur an bestimmten Tagen.«

»Kennen Sie die Namen der Übrigen?«

»Natürlich. Sie haben sich alle schon bei mir gemeldet und sind entsetzt.«

Louise Lacroix nannte eine Reihe von Namen. Theroux notierte sie, stand dann auf und ging zum Sekretär. Castel sah, wie er sich vorbeugte und die Bilder betrachtete.

»Darf ich ein Foto machen?«, fragte er.

Louise hatte nichts dagegen. Also nahm Theroux das Handy und knipste die Wand.

»Dieser Nachbar«, fragte er. »Villefranche …«

Mehr musste er gar nicht sagen. Sofort setzte sich Louise Lacroix gerade auf und lief rot an. »Was ist mit dem Mistkerl?«

Touché, dachte Castel.

»Er hat uns eben angesprochen«, sagte Theroux und steckte das Handy wieder ein. »Gibt es Streit mit ihm?«

Den gab es. Wie die Frau berichtete, ging es um Grundstücksfragen, die bislang noch nicht einmal vor Gericht hatten geklärt werden können. Villefranche sei ein unangenehmer Kerl, außerdem ein aggressiver Zeitgenosse – ob Castel und Theroux denn etwa glaubten, er könne etwas mit dem Mord an ihrem Mann zu tun haben?

»Wir ermitteln in alle Richtungen«, erklärte Castel, stellte dann noch einige weitere Fragen zu Personalien, der Verwandtschaft und zum Freundes- und Bekanntenkreis. Schließlich verabschiedeten sie sich, bedankten sich für die Informationen und verließen das Haus.

Castel fühlte sich deprimiert. Der unmittelbare Kontakt zu Angehörigen von Mord- oder Unfallopfern war stets belastend. Das Leid, die Trauer, die Ungewissheit ... Manche Kollegen konnten besser damit umgehen, andere schlechter. Cat gehörte zur letzteren Gruppe. Sie versuchte, es mit einer harten Schale zu kaschieren – aber gelegentlich drang es zu ihr durch. Sie befasste sich nicht gerne mit starken Emotionen. Vielleicht hatte das mit ihren Erfahrungen zu tun – den Erfahrungen, die sie von Marseille nach Carpentras gebracht hatten und deren Spuren sie unter einem Uhrenarmband zu verstecken suchte. Natürlich stand sie zu ihrer Geschichte. Sie hätte den Namen in arabischen Schriftzeichen längst entfernen lassen können – und vielleicht würde sie das auch irgendwann tun. Gleichzeitig stand er für einen prägenden Abschnitt in ihrem Leben, wenngleich einen schrecklichen, aber auch als Mahnung dafür, dass Hingabe und Vertrauen gefährlich sein können, und oft nichts ist, wie es scheint.

»Mahmoud« – das war der tätowierte Name. Genauer gesagt: Der Name von Mahmoud Hadjali, den Castel geliebt hatte. Er stammte aus Libyen, war reich und gutaussehend und im Reedereigeschäft tätig gewesen. Allerdings war er ein Schwerkrimineller, denn wie sich später herausstellte, wurden seine Schiffe zum Drogen- und Waffenschmuggel genutzt. Er hatte die Polizistin Caterine Castel, die früher bei der Sondereinheit BRI-BAC und dann in Marseille in der Abteilung für Banden- und Drogenkriminalität gearbeitet hatte, als lebende Wanze benutzt, um stets auf dem Laufenden über die Aktivitäten der Polizei zu sein. Seine Gefühle hatte er ihr nur vorgespielt, ihr Telefon angezapft, ihre Wohnung verdrahtet. Castel hatte das zufällig herausgefunden und angezeigt, was Selbstmord für ihre Karriere gewesen war. Dann kam Gabriel Martinet vom Inlandsgeheimdienst ins Spiel, weil es wegen des Waffenschmuggels um innere Sicherheit ging. Er drehte den Spieß um und setzte Cat unter Druck, um sie als Informantin in Mahmouds Netzwerken zu benutzen und ihm eine Falle zu stellen. Es kam zu einer Schießerei, bei der Mahmoud starb. Schließlich war Cat in die Provence abbestellt worden, wohin sie später Mahmouds Schwester Laila verfolgte, um sich an Cat zu rächen.

»Alles klar?«, fragte Theroux im Gehen.

Castel nickte. »Ich denke nur nach.«

Am Tor fräste die Heckenschere laut durch das Buschwerk.

»Wir sollten uns Villefranche mal ansehen«, sagte Theroux und öffnete die Pforte. »Überprüfen, worum es bei diesem Grundstücksstreit tatsächlich geht und wie heftig er geführt wird.«

Castel nickte. »Außerdem die übrigen Radler aus Lacroix' Gruppe. Ich möchte wissen, wer von ihnen eine Waffe führen darf und ob jemand ein Bergara-Gewehr besitzt oder Zugang zu einem hat. Das gilt auch für Monsieur Villefranche, und …«

Castel schloss das Gatter hinter sich und stockte einen Moment. Neben dem Ford, mit dem sie und Theroux gekommen waren, parkte nun ein weiterer Wagen. Es handelte sich um einen silbernen Mercedes mit Marseiller Kennzeichen. Cat sollte der Teufel holen, wenn der Mann, der betont lässig an der Fahrertür lehnte und mit seinem Handy spielte, nicht Gabriel Martinet war.

Er blickte kurz auf, nickte Castel zu und lächelte, widmete sich dann wieder seinem Handy.

»Scheiße«, murmelte Castel im Gehen.

»Alles klar?«, fragte Theroux erneut und suchte seine Tasche nach dem Autoschlüssel ab. »Kennst du den Typen?«

»Allerdings«, murmelte Castel.

Da stieß sich Martinet bereits mit der Hüfte vom Mercedes ab und ging auf Castel zu. Er war schlank, trug die Haare zurückgegelt und trug eine enge Lederjacke zu einem weißen Poloshirt und einer hellen Anzughose. Seine schmale, spitze Nase verlieh seinem Gesichtsausdruck stets etwas Raubvogelartiges. Der Tag war nicht fern, an dem sie ihm diese Nase mit einem kräftigen Schlag brechen würde.

»Na, so ein Zufall. Wenn das nicht die gute Cat ist«, sagte Martinet.

»Castel für dich«, sagte Castel und blieb stehen. Theroux blickte zwischen beiden hin und her.

»Da fährt man nichtsahnend in der Gegend herum …

und dann komme ich zum Chemin Martinet. Ausgerechnet. Martinet im Martinet. Sie benennen schon Straßen nach mir, so viel Ehre.« Er grinste.

»Spar dir den Blödsinn, Gabriel. Was willst du?«

»Wo wir uns schon mal treffen nach so langer Zeit – da gibt es in der Tat eine Kleinigkeit.«

»Wer ist das? Den habe ich doch schon mal gesehen?«, fragte Theroux, der inzwischen den Autoschlüssel gefunden hatte.

Cat hätte antworten können, dass Theroux ihn in der Tat schon gesehen hatte und es Gabriel Martinet war, der zum DGSI gehörte – der Marseiller Sektion der dem Innenministerium unterstellten *Direction générale de la sécurité intérieure*. So lautete die Bezeichnung des Inlandsgeheimdienstes, der sich mit Gegenspionage, Terrorismusabwehr und der Überwachung gefährlicher Gruppen und Organisationen befasste. Doch bevor Cat etwas erwidern konnte, fuhr Martinet bereits dazwischen. »Nur ein Kollege aus alten Marseiller Tagen.«

»Aha«, machte Theroux. »Fahren wir jetzt, Cat?«

»Du bist Alain Theroux, oder?«, fragte Martinet.

Theroux nickte.

»Ich höre viel Gutes über dich.«

»Duzen wir uns?«

»Scheint so«, sagte Martinet und grinste sein Haifischgrinsen. »Wie wäre es«, schlug er vor, »wenn du schon einmal vorfährst, und ich bringe Castel anschließend ins Hôtel de Police?«

Theroux sah Castel an. Sie presste ihre Lippen zu einem schmalen Band aufeinander und nickte leicht. Theroux schien zwar nicht vollends davon überzeugt zu sein, dass es eine gute Idee war, aber er sagte: »Okay«, und ging dann zum Auto.

»Wir sehen uns, Alain!«, rief Martinet ihm zu. Theroux reagierte nicht, setzte sich wortlos ans Steuer, ließ den Motor an und fuhr los. Castel sah ihm hinterher. Martinet wartete ab, bis der Wagen hinter der nächsten Kurve verschwunden war.

Dann wendete er sich zu Cat. »Tja, so sehen wir uns wieder.«

»Du bist mir allen Ernstes gefolgt?«

»Das Telefon ist nicht für das geeignet, was ich mit dir besprechen möchte.«

»Hast du deswegen deinen Schoßhund nicht dabei?«

»Dennier? Nein, den brauchen wir nicht.« Martinet steckte sich eine Zigarette an. An seinem Handgelenk baumelte eine fette Uhr. Er deutete auf Cats Handgelenk. »Schickes Teil. Omega?«

»Nein. Einfach nur irgendeine Uhr.«

»Du kannst das Tattoo am Handgelenk zwar verstecken, aber der Name ist immer noch in deine Haut geritzt. Wir legen nicht einfach so ab, was wir sind, oder? Wir tragen die Vergangenheit stets in uns.«

»Du kannst mich mal kreuzweise, Gabriel. Was willst du?«

»Bertrand Vollant, Tarek Calvar, Tanguy Martin, Leon Dombois«, sagte Martinet.

Castel lachte auf. Genau deswegen war Martinet schon einmal zu ihr gekommen und hatte Cat unter Druck gesetzt. Er hatte die vier Männer im Verdacht, Mitglieder einer rechten Gruppierung von Franzosen zu sein, einer Mischung aus Reichsbürgern, Royalisten und Nazis, die möglicherweise Anschläge planen könnten. Alle vier waren früher in der Fremdenlegion gewesen und hatten später in der BRI-BAC genannten *Brigade de Recherche et d'Intervention et Brigade Anticommando* der Polizei gearbeitet, einer Spezialeinheit. Bevor sie zur Police Nationale gelangt war, hatte Castel in der Brigade gearbeitet und war für Planung, Koordination und Logistik im Hintergrund zuständig gewesen. Dabei hatte sie mit dreien der vier genannten Personen zusammengearbeitet und Martinet mit einigen Aussagen über alte Fälle dabei helfen müssen, Durchsuchungsbeschlüsse zu erlangen. Vollant, Calvar, Martin und Dombois hatten das mitbekommen, und Vollant war Cat auf die Pelle gerückt, hatte ihren alten Spezialeinheiten-Korpsgeist beschworen und sie davor gewarnt, sich von Martinet aufs Kreuz legen zu lassen. Bei allem hatte Cat das Gefühl gehabt, von beiden Seiten instrumentalisiert zu werden und zwischen zwei Stühlen zu sitzen, wo sie sich weder wohl fühlte noch hingehörte.

»Das Lachen wird dir noch vergehen, Castel«, sagte Martinet und paffte eine weiße Wolke in die Luft. »Ich nehme an, dass Vollant mit dir gesprochen hat. Er ist dir hinterhergefahren, als du zum Ventoux …«

»Woher weißt du das?«

Martinet zuckte mit den Schultern. »Ich arbeite beim Inlandsgeheimdienst, schon vergessen? Und ich habe Vollant versprochen, ihm an den Hacken zu kleben. Du solltest deine Wohnung mal checken. Könnte sein, dass sie dort eine Wanze platziert haben. Vielleicht überwachen sie auch dein Handy.«

Castel fühlte sich, als würde sie mit voller Fahrt in einem Fahrstuhl abwärts rasen.

»Sie wissen«, sagte Martinet, »dass du ihnen gefährlich werden könntest und möglicherweise auch, dass ich dich als Türöffner genutzt habe.«

»Scheiß auf dich, Martinet! Genau das ahnen sie, völlig richtig!«

»Siehst du? Weil zwei von ihnen noch bei der Polizei sind und Kontakte haben – oder weil sie dich vorher schon im Visier hatten. Es ist eine verzwickte Situation.«

»In die DU mich gebracht hast!« Castel stieß Martinet mit der Hand gegen die Brust. Er regte sich kein Stück.

»Geht manchmal nicht anders. Aber ich spiele mit offenen Karten.«

»Ich bin mir nicht sicher, dass du das tust!«

»Cat ...«

»Castel für dich! Merk dir das!«

»Castel, ich fürchte, die Sache ist verflucht ernst. Diese Gruppe, der sie angehören, plant irgendetwas, und das ist nichts Gutes. Sie würden dich ansonsten nicht überwachen, okay? Das tun sie aber. Ich weiß es.«

»Mist«, zischte Castel. Ihr war schlecht. Sie war schon einmal auf exakt dieselbe Art und Weise missbraucht worden, und jetzt wieder ...

»Ich kann dir jemanden vorbeischicken, der es verifiziert, deine Wohnung, deinen Computer und das Handy checkt. Dann haben wir Gewissheit. Tut mir leid, ehrlich.«

»Dafür kann ich mir nichts kaufen.«

»Das Problem ist, dass wir es trotzdem weiterlaufen lassen müssen, weil sie sonst wissen, dass wir am Ball sind. Du musst die Überwachung über dich ergehen lassen. Besorg dir ein anderes Handy, einen neuen Computer und gib acht auf das, was du zu Hause erzählst.«

»Fuck«, keuchte Castel. Ihr wurde klar, was Vollant und sein Pack in der letzten Zeit alles abgehört haben mussten. Ihre Gespräche, die E-Mails, alles Private, das zwischen ihr und Jean in ihrem Appartement vor sich gegangen war. »Ich will es wissen«, sagte sie dann. »Schick mir diesen Spezialisten vorbei.«

»Okay. Und es gibt nur den einen Weg, wie wir sie dazu bringen können, damit aufzuhören: Du musst ihr Vertrauen gewinnen.«

»Einen Scheiß muss ich!«

»Denk drüber nach, Castel. Ich habe recht. Wollte dich Vollant mit ins Boot ziehen?«

Castel nickte leicht. »Ich denke schon. Er hat mich vor dir gewarnt.«

»Dann geh darauf ein. Erzähl ihnen, dass du jetzt kapiert hast, dass ich dir an den Karren fahren will. Bau Vertrauen zu denen auf, damit sie sicher sein können, dass du keine Gefahr darstellst.« Martinet machte eine kurze Pause. »Außerdem …«

»Ich wusste, dass ein *Außerdem* kommen würde.«

»… außerdem kannst du dann noch etwas mehr aus ihnen herausbekommen …«

»… und als Spitzel für dich arbeiten.«

Martinet sah sie durchdringend an. »Glaub mir: Die planen etwas. Das Ziel von diesen Leuten ist ein Umsturz, und sie haben Zugang zu Waffen. Was auch immer die vorhaben: Ich möchte es im Keim ersticken. Ich will wissen, wer alles dabei ist, wo sie sich verstecken und was ihre genauen Ziele sind. Schon mal überlegt, was die machen würden, wenn sie zu der Auffassung gelangen, dass du ihnen zu gefährlich wirst?«

Castel fröstelte. Nein, so genau hatte sie noch nicht darüber nachgedacht. Aber jetzt …

»Werde zum Freund deines Feindes – ist ein Sprichwort, oder?«

Castel atmete einige Male tief durch. »Ich könnte gerade kotzen, Gabriel.«

»Das verstehe ich. Und ich habe noch einen Vorschlag. Wie ich höre, steckt dein Freund in Geldproblemen.«

»Du Dreckskerl …«

In der Tat war das der Fall. Seit sie sich kennengelernt hatten, gab es zwischen Jean und seiner Ex Streit. Sie hatten vor der Scheidung ein Haus gekauft, und die Darlehen liefen auf beide. Die Besitz- und Vermögensverhältnisse waren vertrackt, und im Ergebnis hatte Françoise nach der Trennung das Haus versteigert, um ihren Teil der Schulden zu decken. Währenddessen steckte Jean nach wie vor mit einer erheblichen Summe in der Kreide, aber er sah kein Geld, weil ihr Anwalt den Jean zustehenden Teil gegen andere Forderungen aufrechnete. Dann hatte Françoise von heute auf morgen ihren Job verloren, forderte sogar Unterhalt und hatte Cat beschimpft, weil sie sich in ihre Angelegenheiten eingemischt hatte. Jedenfalls lag das Thema wie ein Schatten auf der Beziehung von Cat und Jean. Cat hatte zuletzt beschlossen, es einfach zu ignorieren. Und nun kam Martinet damit an, was bedeuten musste, dass er Jean durchleuchtet hatte.

Martinet machte eine abwehrende Geste. »Wir können das regeln, Cat. Sagen wir, du machst eine spontane Erbschaft. Du nutzt das Geld, um damit die Ex deines Lebensgefährten auszulösen – und damit er sich nicht schlecht fühlen muss, bietest du ihm die Summe als Privatdarlehen aus deiner Erbschaft an, das er dir irgendwann zurückzahlt oder du verzichtest später darauf. Dann ist der Stress mit der Ex vom Tisch.«

»Was soll das für eine Erbschaft sein?«

»Ein als Erbschaft ausgewiesenes Honorar für vorübergehende nebenberufliche Tätigkeit in der DGSI. Für so etwas gibt es Etats.«

»Du willst mich kaufen?«

»Ich will es dir nur leichter machen, meiner Idee zuzustimmen. Denk drüber nach. Du wirst feststellen, dass ich einerseits mit allem recht habe und du andererseits auch noch gut dabei fährst.«

»Und vor allem, dass du bekommst, was du willst.«

Martinet lächelte und schnippte die Kippe weg. »Na klar«, sagte er. »Aber wir können auch alles so laufenlassen wie bisher, wenn es dir lieber ist. Nur falls Vollant und die anderen zwischenzeitlich auf die Idee kommen, dass du sicherheitshalber einen tödlichen Unfall haben solltest, kann ich dich nicht schützen.«

Die Magensäfte brannten in Castels Speiseröhre. Vor Wut und vor Verzweiflung über die Situation.

Jedoch waren ihr jetzt schon zwei Dinge klar. Erstens hatte Martinet recht. Und zweitens würde sie Vollant und den Rest dafür bezahlen lassen, dass sie ihr Privatleben überwachten und sie bedrohten, um ihr bescheuertes rechtsradikales Gedankengut zu schützen.

Nicht mit Caterine Castel.

6

Bereits beim Frühstück war Albin nicht mehr ganz bei der Sache gewesen. Er hatte sich Veroniques iPad ausgeliehen, die Nachrichten aus dem Vaucluse gegoogelt, sich über den Ort informiert, an dem Gaspard Lacroix erschossen worden war, und einen Kaffee nach dem anderen getrunken sowie zwei Toast mit Spiegelei und Kochschinken verzehrt und zwei Gitanes geraucht. Währenddessen hatte Veronique ein Arrangement aus Früchten, Müsli, Joghurt und Säften vor sich aufgetafelt.

»Immer wieder sagenhaft«, hatte Albin erklärt und auf dem Tablet herumgewischt. »Du tippst mit dem Finger drauf, ziehst dieses Hampelmännchen auf eine Straße – und schon siehst du alles dreidimensional, kannst regelrecht entlang der Straße fahren, dich umsehen und zoomen. Egal, wo du dich gerade auf der Welt befindest.«

»Das ist ja der Gedanke bei solchen Apps.«

»Trotzdem ist es Hexenwerk. Als ich mit Castel telefoniert habe, war das Gespräch glasklar.«

»Warum auch nicht? Wunderst du dich als Nächstes darüber, dass so etwas wie Fernsehen technisch möglich ist?«

Albin schlürfte etwas Kaffee und nickte. »Abbilder von Menschen und Landschaften werden in elektrischen Strom verwandelt, in den Weltraum geschickt und gelangen von dort aus – ohne jeden Qualitätsverlust – auf Geräte, die flacher als ein Bleistift sind. Sie hätten dich vor dreihundert Jahren wegen so etwas auf den Scheiterhaufen geschickt.«

Veronique lachte auf, beugte sich vor und tätschelte Albin die Wange. »Mein Lieber – manchmal machst du dir wirklich viel zu viele Gedanken über die unnützesten Dinge.«

Albin hatte nur gelächelt und gemeint, dass diese Google-Sachen seiner Meinung nach dennoch verboten werden sollten, weil sie das wunderbarste Werkzeug für Einbrecher seien, die noch nicht mal mehr vor Ort etwas austüfteln müssten, sondern sich einfach per Wischen vorbereiten konnten.

Mittags war Veronique dann aufs Zimmer zum Packen gegangen – sie würden morgen in aller Frühe von einem Shuttlebus abgeholt und zum Flughafen gebracht. Weil Albin ihr dabei sowieso im Weg war, hatte er sich die Zeit am Strand vertrieben, einen Ti Punch getrunken, dabei im Wasser gestanden und sich vorgestellt, wie vollkommen verrückt die Weltumsegler gewesen sein mussten, die vor einigen Jahrhunderten von Europa aus bis hierher geschippert waren. Er hatte einmal einen Nachbau von Kolumbus' Santa Maria gesehen, gerade mal knapp über zwanzig Meter lang und acht Meter breit. Arabische Millionäre würden so etwas heute als Beiboot auf ihren Yachten nutzen. Und dann vierzig Männer an Bord und für Monate auf dem Atlantik in einer solchen Nussschale. Komplett irre.

Jetzt stand Albin mit dem zweiten Ti Punch im Wasser, genoss die Wirkung des ersten, hielt eine Zigarette in der freien Hand und fragte sich ein weiteres Mal, wer, in

Gottes Namen, Gaspard Lacroix vom Rennrad schießen würde.

Zum Beispiel Patrice Chopard.

Albin hatte tief in seiner Erinnerung gegraben, und Stück für Stück waren die anfänglichen Fragmente zu einem tragfähigen Konstrukt geworden. Denn so war es mit der Erinnerung: Sie schlief in irgendwelchen Hirnwindungen, und sie war träge. Man musste ihr Zeit geben, um aufzuwachen, und dann kroch sie aus dem Gedächtnis hervor – erst in Stücken, und je weiter und länger ihr man die Tür offen hielt, desto mehr kam zum Vorschein.

Beim Frühstück hatte sie dann den Namen Chopard ausgespuckt. Vor einigen Jahren war der Mann aus dem Gefängnis entlassen worden – vorzeitig, denn man hatte bei einer Überprüfung festgestellt, dass er wohl zu Unrecht eingesessen hatte. Das musste nicht heißen, dass er auch unschuldig war. Aber er hatte fünf Jahre gesessen, weil in der Beweismittelkette geschlampt worden war und kein Geringerer als Gaspard Lacroix zunächst eine wichtige Aussage gemacht hatte, die sich aber später als nicht mehr haltbar erwies. Für einige Momente stand sogar im Raum, dass Lacroix bewusst falsch gehandelt hatte, damit Chopard einfährt und um sich selbst zu schützen. Vertrackte Geschichte.

Chopard war damals Soldat gewesen und mit der Verurteilung natürlich unehrenhaft aus dem Dienst entlassen worden. Er sollte damals eine Soldatin vergewaltigt und verletzt haben, nach einem privaten Besäufnis in einer Kneipe in Avignon. Lacroix war seinerzeit als erster Polizist am Tatort gewesen, weil die Frau nach Hilfe gerufen hatte, was Passanten hörten. Zwei Minuten nach Lacroix war ein Kollege erschienen. Und später drehte sich vieles darum, was in diesen zwei Minuten vorgefallen war und was Lacroix genau in diesem Zeitraum getan und beobachtet hatte.

Jedenfalls hatte die Soldatin Chopard vorgeworfen, sie vergewaltigt und geschlagen zu haben. Chopard bestritt dies vehement und schwor Stein und Bein, die Soldatin nur aufs Zimmer eines Hotels gebracht zu haben, wo sie dann Sex von ihm wollte, was er ablehnte, worauf ein handfester Streit ausbrach. Außerdem sei er bei seiner Verhaftung von der Polizei geschlagen worden. Er wiederum habe die Soldatin nicht geschlagen – das sei ebenfalls durch die Polizei erfolgt. Lacroix hingegen sagte aus, dass sich Chopard heftig zur Wehr gesetzt habe, als er die Frau und den Mann trennen wollte, und dass er selbstverständlich niemanden geschlagen habe.

Immer wieder kam es zu Neuaufnahmen des Verfahrens, und nach fünf Jahren war Chopard dann tatsächlich freigesprochen worden und hatte wiederum die Soldatin wegen Falschaussage verklagt. Beinahe wäre auch die Polizei ins Visier geraten.

Es stand im Raum: Lacroix war eine Sicherung durchgebrannt, und er hatte den beiden Betrunkenen jeweils eine verpasst, um sie ruhigzustellen, woher die Verletzungen stammten. Lacroix war klar, dass er deswegen Schwierigkeiten bekommen und sogar angezeigt werden könnte, weswegen er aussagte, er habe Chopard noch während der Vergewaltigung von der Frau gezerrt, obwohl dem nicht so war. Die Soldatin verschwieg ihrerseits, quasi als »Dankeschön« für die Falschaussage, von Lacroix statt von Chopard geschlagen worden zu sein.

Das war der Verdacht. Und im Wiederaufnahmeverfahren hatte Lacroix seine ursprüngliche Aussage dahingehend modifiziert, dass er lediglich der Auffassung gewesen sei, dass eine Vergewaltigung vor sich gehe. Verlässlich habe er das nicht sehen können. Und die Soldatin hatte in der Wiederaufnahme ausgesagt, sie könne sich gar nicht mehr genau daran erinnern, was in der Nacht passiert sei. Ihre rechtsmedizinische Untersuchung hatte bereits anfangs den unklaren Befund ergeben: Es könnte eine Penetration stattgefunden haben – oder auch nicht. Es gab DNA, aber kein Sperma und keine Verletzungen im Intimbereich.

Kurzum: ein einziges Durcheinander und offensichtlich eine Riesenschlamperei zu Lasten von Chopard. Bis heute würden wohl nur die beiden Betroffenen wissen, was wirklich geschehen war – und Lacroix, der aber nun tot war.

Chopard hatte jedenfalls nicht nur fast fünf Jahre lang im Gefängnis gesessen und seinen Job und sein Ansehen verloren, sondern auch seine Familie. Da kam man schon mal auf Rachegedanken. Außerdem war Chopard ein Exsoldat. Er konnte mit Waffen umgehen. Andererseits gab es sicherlich noch sehr viel mehr Menschen, die mit Lacroix zu tun gehabt hatten und auf Rache sinnen könnten.

Blieben die auffälligen Umstände: Schuss auf einen Radler aus fast hundert Metern Entfernung. So etwas musste man gut planen und entweder einen Mordshass in sich tragen … oder man war jemand, der einfach dort hockte und abwartete, bis irgendjemand vorbeikam, und Lacroix war ein Zufallstreffer. Dann war man ein Sniper, ein Heckenschütze, ein Killer.

Albin trank einen weiteren Schluck Ti Punch. Dann ging er zur Wasserkante, steckte das Glas in den Sand und klemmte sich die Gitanes in den Mundwinkel, um sein Handy aus den Shorts zu fischen und eine Nummer aus dem Speicher herauszusuchen – was bei dem grellen Licht und mit von Sonnencreme fettigen Fingern gar nicht so einfach war.

7

Castel wohnte am Chemin de la Lègue am Rand von Carpentras, einer schmalen Ortsstraße, die zu beiden Seiten mit Schilf, Eibenhecken und Pinien bewachsen war. Sie hatte dort ein ehemaliges, in einem rötlichen Ockerton gestrichenes Ferienhaus preiswert und voll möbliert gemietet – vermutlich deswegen zu einem so guten Kurs, weil es niemals von irgendeinem Touristen gebucht worden war. Es war keine Schönheit, einfach gebaut, hatte kaum Fenster und war von Obstplantagen umgeben. In direkter Nachbarschaft lagen zwei Mehrfamilienhäuser, die im gleichen Stil gebaut waren. Sie gehörten dem Besitzer von Castels Haus, der in einem davon mit seiner Familie wohnte. Manchmal konnte man das Gekreische von Kindern hören, wenn sie auf dem Schotterplatz vor den Gebäuden Fußball spielten.

Das taten sie auch jetzt. Aber Castel bekam davon nichts mit. Alle Geräusche waren ausgeblendet. Sie stand in der Mitte des Wohnzimmers und hörte lediglich ihr eigenes schweres Atmen. Die Sofakissen waren auf dem Boden verstreut, Stühle und Sessel verrückt, Stehlampen lagen auf dem Boden, ebenso aus dem Regal gezogene Bücher. Schubladen standen offen, Besteckkästen waren herausgenommen, der Mülleimer war ausgekippt und aus der Halterung in der Küche herausgerissen.

Dazwischen saßen die Hunde – Mila und Tyson, eine schwarze Möpsin und ein beigefarbener Mops – und blickten Castel fragend und ein wenig besorgt an. Tyson war zur Pension hier, während Albin in den Flitterwochen weilte, doch die beiden Hunde hatten nichts mit dem Chaos zu tun. Das hatte Cat selbst angerichtet. Überhaupt waren die Tiere nur hier, weil Jean eben zu einem abendlichen Meeting mit einigen Historikern in Avignon aufgebrochen war. Er bereitete gerade eine neue Ausstellung vor. Und Castel nutzte die Zeit nach Feierabend, um ihre Wohnung auseinanderzunehmen.

Die Verpackung eines neuen Handys lag aufgerissen auf dem Wohnzimmertisch. Das Gerät selbst hing gerade am Ladekabel. Ein neuer Chip war bereits hineingesteckt worden, und eben hatte Castel eine Anrufweiterleitung einschalten wollen, sich dann aber eines Besseren beson nen – denn natürlich würde es auffallen: Wenn sie mit einer Wanze in der Wohnung überwacht wurde und auch ihr Handy angezapft war, dann konnte sie schlecht telefonieren, auf welchem Gerät auch immer, denn das würde natürlich auffallen.

Sie hasste es. Sie hätte am liebsten alles kurz und klein geschlagen und die Wohnung in ihre Einzelteile zerlegt.

Sie hielt sich an einer Trittleiter fest, auf die sie eben gestiegen war, um die Deckenlampe zu untersuchen. Doch dann ermahnte sie sich, zur Ruhe zu kommen. Es war sinnlos, die Wanze zu suchen, falls es überhaupt eine gab und Martinet ihr keinen Bären aufgebunden hatte, um sie gefügig zu machen. Deswegen war es auch sinnlos, sich einen seiner Spezialisten vorbeischicken zu lassen. Der könnte ihr wer weiß was erzählen – und deswegen hatte

Castel unter einem Vorwand mit Eric Noirot und Melina Miolan gesprochen, die zu einer Überwachungstaskforce bei der Polizei gehörten und sich mit der Materie auskannten. Sie hatten ihr erklärt, dass es Detektoren für elektronische Überwachung sogar bei Amazon zu kaufen gebe. Sie wüssten zwar nicht, was die taugten, aber heute könne man sich ja allen möglichen Kram besorgen, auch für Handys. Wozu sie das wissen müsse? Für eine Ermittlung, hatte Castel erklärt, und sich dann technisches Gerät im Wert von fast fünfhundert Euro bestellt, das schon morgen geliefert werden sollte.

Sie brauchte Gewissheit. Und falls Martinet recht hatte, würde sie auf sein Angebot eingehen, einen Techniker kommen lassen und bei der Gelegenheit drei Fliegen mit einer Klappe schlagen: Vollant und seine Bande unschädlich machen, sich selbst aus der Schusslinie ziehen und außerdem Jean aus der Schuldenfalle helfen, falls Martinet Wort halten würde. Dann wäre das endlich kein Thema mehr zwischen Cat und Jean, denn es belastete ihre Beziehung immer wieder. Allerdings war Jean sehr empfindlich. Jedes Mal, wenn sich Cat eingemischt hatte, hatte es Ärger gegeben.

Ihr Handy klingelte. Nicht das neue.

Ausgerechnet, dachte sie, und ging dran.

»Albin«, sagte Castel außer Atem. »Was ist denn nun schon wieder?«

»Geht es dem Hund gut?«

»Meine Güte, es ging ihm nie besser«, erwiderte Castel und blickte kurz zu Tyson und Mila, die immer noch unbeweglich dasaßen und Castel fragend anstarrten.

»Ausgezeichnet. Wegen dieser Sache mit Gaspard Lacroix ...«

»Was ist damit?«

»Mir ist etwas eingefallen.«

»Ich hatte es befürchtet«, erwiderte Cat und stieg über einige Kissen und Schubladen hinweg, um auf die Terrasse zu gehen. Die Sonne stand bereits tief und schickte goldenes Licht durch die Kronen der Pinien und Kiefern. Castel wollte sich bei dem Gespräch nicht belauschen lassen. Eigentlich eine Farce, denn sie war ja womöglich schon bei ganz anderen Dingen belauscht worden. Aber nun, da sie es wusste, war sie ohnehin versucht, vorübergehend zu Jean nach Aix zu ziehen.

»Zu Gaspard ist mir Folgendes eingefallen …«

»Ich verstehe Sie schlecht.«

»Das ist das Rauschen von Wind und Wellen. Ich stehe gerade im Meer.«

Na großartig, dachte Castel. Da wäre sie jetzt auch lieber.

Albin berichtete ihr von einem früheren Fall, in den Lacroix verwickelt gewesen war. Und über einen Exsoldaten namens Chopard, der ein gutbegründetes Motiv für einen Racheakt haben könnte.

Castel hörte zu und ging nachdenklich auf dem Rasen vor der Terrasse auf und ab. Schließich sagte sie: »Ich gehe davon aus, dass die Kollegen in Avignon diesen Fall ebenfalls kennen und Chopard mit auf die Liste der Personen setzen, die mit Lacroix noch eine Rechnung offen haben. Wir sind am Ball, Albin.«

»Klar. Ich will auch nicht stören.«

»Natürlich nicht«, erwiderte Castel in einem sarkastischen Tonfall.

»Morgen bin ich zurück. Dann komme ich vorbei, um Tyson abzuholen. Ich hoffe, er hat sich gut benommen?«

»Vorbildlich«, sagte Castel und blickte ins Wohnzimmer. Sie sah die Hunde nicht mehr.

»Ich bin pünktlich zurück«, hörte sie Albin, »um die Tour de France zu erleben, wenn sie durch unseren Ort Richtung Ventoux rollt. Nicht, dass ich mir aus Sport etwas mache. Aber das Ereignis sollte man sich nicht entgehen lassen. Ich nehme an, dass Bonnieux euch bereits die Ohren vollheult: Nur noch ein paar Tage bis zur Etappe in Carpentras, und dann wird ausgerechnet hier ein Radfahrer erschossen.«

»Ja«, sagte Castel abwesend und trat zurück ins Haus. Immer noch nichts von den Hunden zu sehen. Hörte sie da etwas? Sie bog um die Ecke, um in die Küche zu blicken.

»Dann wünsche ich Ihnen noch einen schönen Abend«, sagte Albin. »Wir werden unseren letzten Tag im Paradies genießen. Ich habe jetzt auch keine Zeit mehr – ich benötige einen neuen Drink. Dieser hier ist bereits warm.«

Castel entdeckte Mila und Tyson in der Küche. Sie …

»Wiedersehen«, antwortete Castel rasch. »Gute Reise.« Und dachte: *Oh Gott!*

Sie beendete das Gespräch und klatschte hektisch in die Hände. »Auseinander!«

Denn Tyson und Mila … Nun.

»Auseinander!«

Sie nahm ihr Glas Wasser vom Tisch und kippte es auf Tysons Rücken. Rasch ließen die Möpse endlich voneinander ab und stoben auseinander.

Castel keuchte genervt. Das fehlte ihr noch. Ausgerechnet am letzten Tag nutzten sie einen unbeobachteten Moment!

»Ihr Mistviecher!«, schimpfte sie. »Ganz schlimm seid ihr!«

Denn dummerweise waren weder Tyson noch Mila kastriert. Albin hatte es bislang nicht übers Herz gebracht. Jean ebenfalls nicht. Und genau deswegen hatten er und Castel Albin auch hoch und heilig versprechen müssen, darauf zu achten, dass auf keinen Fall geschah, was nun eingetreten war!

Hoffentlich, dachte Castel, war nichts passiert. Sie wüsste im anderen Fall nicht, wie sie das Jean oder Albin beibringen sollte …

8

Chopard war früh am Morgen seines freien Tages mit einer Tüte Croissants auf dem Weg nach Hause, als er den Streifenwagen vor der Haustür parken sah.

»Scheiße«, zischte er und verschwand instinktiv hinter einer Häuserecke, drückte sich mit dem Rücken flach gegen die Wand, so dass man ihn zwischen den großen, stinkenden Müllcontainern auf keinen Fall würde sehen können.

Er zählte bis zehn, atmete einige Male durch und verfluchte sich, dass er nicht vorsichtig genug gewesen war. Er hätte damit rechnen müssen, dass die Flics bei ihm vorstellig werden würden. Tja, und dafür hatte er nun mal keinen Plan B parat. Dass sie aber so schnell auf die Verbindung zwischen ihm und Gaspard Lacroix kommen würden …

Andererseits war es klar: Die Medien hatten groß darüber berichtet – erst über einen erschossenen Radfahrer. Dann war der Name ins Spiel gekommen und dass es sich um einen Expolizisten handelte. Da war es logisch, dass man sich fragte, wer ein Motiv haben könnte, und vielleicht hatte die Polizei Hinweise bekommen, die auf Chopard deuteten. Ja, genau deswegen stand nun der Wagen vor der Tür, gar keine Frage.

Na ja. Was hieß hier »Verbindung« zu Lacroix? Lacroix

hatte sein Leben zerstört. Genauer gesagt war er das treibende Rad einer ganzen Maschinerie gewesen, die Chopards Existenz ruiniert und ihn in den Knast gebracht hatte. Seine Karriere beim Militär, seine Familie – alles war im Eimer gewesen, und viele weitere Menschen hatten am Ende ihren Teil dazu beigetragen. Er hatte im Knast eine Umschulung gemacht, und jetzt hockte er in der Finanzbehörde, war mit Computerkram befasst, IT, mit Wartung und solchen Sachen. Tja, und der ganze Mist hatte Chopard zu dem werden lassen, was er nunmehr war: ein Schatten seiner selbst. Ein Mensch, der voller Rachsucht und Wut steckte, und es war nur eine Frage der Zeit, wann sich diese entladen würden. Und nun hielt er alles in den Händen, um die Welt bezahlen zu lassen.

Er linste um die Ecke. Er sah die beiden Polizisten vor der Tür der Wohnung, die Chopard in dem Mehrfamilienhaus in der Nähe vom Papstpalast in Avignon bewohnte. Es war ein simples Appartement, nichts Besonderes. Sie schienen zu klingeln, blickten dann am Fenster hoch. Und jetzt war Chopard auch klar, wem die unbekannte Nummer gehört haben musste, die er heute zweimal ignoriert hatte: sicherlich irgendeinem Polizisten, der mit ihm sprechen wollte. Er hielt die Luft an, schaute weiter zur gegenüberliegenden Seite, wo die Polizisten jetzt aufgaben, sich wieder in den Streifenwagen setzten und wegfuhren.

Ein Glück, dachte Chopard und atmete auf. Die Tatsache, dass sie ihn anriefen und klingelten, sprach dafür, dass sie ihn zwar überprüfen wollten, aber nicht wirklich ernsthaft in Betracht zogen. Das verschaffte ihm einen kleinen Vorteil. Denn wenn sie mit voller Mannschaft aufgelaufen wären und seine Wohnung durchsucht hätten … Tja. Dann wäre er geliefert gewesen.

Wie gesagt: Er hatte keinen Plan B.

Chopard verfluchte sich für seinen Leichtsinn und seine Arglosigkeit. Er wartete etwas ab, bis er sicher sein konnte, dass der Streifenwagen nicht noch einmal umkehren würde. Schließlich setzte er sich in Bewegung, lief über die Straße und verschwand im Hauseingang, um oben klar Schiff zu machen und alles zu verstecken, was niemand zu Gesicht bekommen durfte. Denn er war sich sicher, dass die Polizei wieder aufkreuzen würde, und dann müsste alles sauber sein. Er wusste schon, wo er die Sachen aufbewahren würde, denn er konnte sie ja schlecht irgendwo anders hinschaffen, weil es kein Woanders gab. Okay, das Versteck war riskant, aber das Beste, das ihm einfiel. Sie würden ihm schon nicht die Wohnung auseinandernehmen. Dazu hätten sie nichts in der Hand, keine Grundlage. Zumindest noch nicht.

Aber so oder so: Er würde sich auf keinen Fall stoppen lassen. Niemand würde ihn aufhalten. Er würde es jetzt durchziehen.

Die Zeit war reif dafür.

9

Frederique »Fred« Bernard war ein gutsituierter Mann. Er könnte eigentlich jeden Morgen mit einem Lachen aufstehen und mit einem weiteren wieder zu Bett gehen. Er führte seit vielen Jahren eine Apotheke, die er von seinem Vater geerbt hatte, der sie wiederum von seinem Vater vermacht bekam. Die Bernards waren nicht nur eine Generation von Pharmazeuten, sie hatten stets die allerbesten Verbindungen gehabt und in der Stadt etwas mitzureden.

So war Fred Bernard im Rotary Club aktiv und außerdem im Stadtrat. Er besaß einige Oldtimer und fuhr damit gerne in der Gegend herum, aber er war niemand, der dabei arrogant seine Kunden übersehen würde – nein, er grüßte jeden, den er erkannte, stets mit einem Winken. Das war ein Tipp seines Großvaters gewesen: Es reicht für den Erfolg nicht aus, bekannt zu sein – beliebt musst du sein. Und das war Fred Bernard, der die Apotheke schon vor ein paar Jahren hätte abgeben können, mit Sicherheit. Doch er hatte sich entschieden, sie so lange weiterzuführen, bis es irgendwann nicht mehr ging.

Er hatte auch keine andere Wahl, wenn er den Namen Bernard und die Apothekertradition der Bernards in Carpentras so lange wie möglich am Leben erhalten wollte. Denn seine Tochter hatte kein Interesse, in das Geschäft einzusteigen. Sie war der Auffassung, dass die Schauspielerei besser wäre. Sie lebte in Paris und ließ sich bei ihren Eltern nur noch an Feier- oder Geburtstagen blicken. Ansonsten meldete sie sich lediglich, wenn sie Geld brauchte, denn die Gagen am Theater waren schmal.

Dabei hatte Fred Bernard alles getan, wirklich alles, um ihr die Apotheke schmackhaft zu machen. Sie hatte die beste Schulausbildung genossen, aber schon ziemlich schnell die Uni abgebrochen und hinsichtlich der Pharmazie ausschließlich Interesse an drogenähnlichen Wirkstoffen gehabt. Dass sie in der Apotheke heimlich ins Regal gegriffen hatte, war mehr als einmal geschehen.

Oft dachte Fred Bernard rückblickend, dass er übertrieben hatte. Sie war seine Prinzessin gewesen. Er hatte ihr alles ermöglicht und nie einen Wunsch abgeschlagen. Und je mehr sie sich von der Familie abwand, desto mehr rollte er ihr den roten Teppich in alle Richtungen aus – in der Hoffnung, dass sie ihre Wege am Ende dann doch wieder zurückführen würden. Doch das Gegenteil geschah. Sie entfernte sich umso mehr, je stärker er sie hofierte. Dennoch ließ er nicht davon ab. Irgendwann, hoffte er, würde sie verstehen, dass das Künstlerleben in Paris zu nichts führte und in der Heimat eine Aufgabe, eine Geldgrube und eine Villa aus dem 19. Jahrhundert mit Swimmingpool auf sie warteten.

Die Undankbarkeit hatte zum Bruch mit ihrer Mutter geführt. Inzwischen erzählte Fred nicht einmal mehr seiner Frau davon, dass er nach wie vor Geld schickte: Er buchte es heimlich auf das PayPal-Konto seiner Tochter.

Nur bei einer Sache konnte Fred all seine Sorgen vergessen: Wenn er auf dem Fahrrad saß.

Das war schon früher so gewesen. In seiner Jugend hatte er den Radsport ernsthaft betrieben. Heute war es ein regelmäßiger Ausgleich, aber immer noch eine Art von Sucht – vielleicht gar nicht mal die Sucht nach dem Adrenalin und den Glückshormonen, die der Körper bei der Bewegung freisetzte. Nein, viel eher war ihm wichtig, mit sich und ein paar Freunden die Freiheit zu spüren und zu wissen, dass er einfach abbiegen und bis zum Horizont weiterfahren könnte – weg von allem.

Gaspard Lacroix war es gewiss ähnlich ergangen.

Bernard war, gelinde gesagt, geschockt gewesen, als er von dessen Tod in den Medien erfahren hatte. Er kannte Gaspard seit Jahrzehnten, eigentlich immer schon. In den letzten Jahren hatten sie allerdings nichts mehr miteinander zu tun gehabt. Wie es hieß, sei Lacroix erschossen worden. Die Polizei schloss nicht aus, dass es sich um einen Fehltreffer oder Querschläger eines Jägers gehandelt haben mochte. Aber daran glaubte Bernard nicht. Er hielt das eher für eine Taktik der Polizei – und immerhin war Gaspard selbst Polizist gewesen. Womöglich gab es einen Feind, der Gaspard getötet hatte.

Denn die Vergangenheit, dachte Bernard, die Vergangenheit holte einen stets wieder ein. So schnell man auch auf dem Rad fuhr: Der Schatten folgte Tritt für Tritt. Er war wie ein dunkler Begleiter. Je nach Stand der Sonne war er einem sogar voraus, und Bernard wusste, dass die Schatten seiner eigenen Vergangenheit …

»Aufwachen, Bernard«, rief ihm Rénard von hinten zu. »Wovon träumst du?«

Fred war tatsächlich in Gedanken gewesen, machte eine entschuldigende Geste und trat wieder etwas fester in die

Pedale. Er atmete tief durch, schüttelte die finsteren Gedanken ab und konzentrierte sich wieder auf die pfeilgerade verlaufende Straße.

Heute waren sie zu viert unterwegs – Rénard Scherer, der bis zur Rente bei einer Versicherung gearbeitet hatte, Henri Clement von Clement Zement sowie Xavier Valladier, der seine Renault-Niederlassung vor drei Jahren aufgeben hatte, alle zusammengerechnet fast dreihundert Jahre alt, wie sie manchmal im Spaß sagten. Sie peilten eine Route am Fuße des Mont Ventoux an, die auch auf der Tour gefahren werden würde. Alle waren schon aufgeregt wegen des großen Ereignisses, das nur alle paar Jahre ins Vaucluse kam, wenn der Mont Ventoux auf dem Programm stand. Natürlich sponserte Bernard einige Events, die im Ort stattfinden sollten – das Team der Jugendradler unterstützte er seit Jahren.

Gerade waren sie in Richtung Beaumes-de-Venise auf der D90 unterwegs. Die Straße verlief zwischen Weinfeldern auf der linken und einer Olivenbaumplantage auf der rechten Seite. Das Land war flach, der Himmel an diesem Vormittag wolkenlos und ein wenig diesig. Bernards Trikot hatte sich bereits mit Schweiß vollgesogen. Aber sie hatten bis Caromb und Mormoiron, wo sie einen Stopp einlegen wollten, noch einige Kilometer vor sich.

Bernard zog nun das Tempo an. Die Übrigen folgten in seinem Windschatten. Der gelbe Transporter eines Paketunternehmens überholte ihn. Bernard dachte daran, dass heute am Nachmittag noch eine Lieferung zur Apotheke kommen sollte. Seine Frau würde sie in Empfang nehmen. Es handelte sich lediglich um Büromaterial und einen Bildband, den Bernard für sich selbst bestellt hatte –

ein wahrer Foliant über die legendären Bergetappen der Tour de France und des Giro d'Italia, den er sich heute Abend in aller Ruhe ansehen würde, dabei die Füße hochlegen und anschließend vielleicht noch etwas auf den Grill werfen.

Er schreckte kurz auf, als etwas mit einem lauten, metallischen Geräusch gegen seinen Lenker schlug. Bernard geriet ins Schlenkern. Was, zum Teufel, war denn das gewesen, dachte er. Steinschlag? Irgendetwas, das der Transporter vor ihm aufgewirbelt hatte?

»He!«, rief Valladier von hinten. »Alles in Ordnung?«

Bernard fand zurück in die Spur. »Ja!«, rief er. »Ja, alles okay, ich …«

Als ihn der heftige Schlag seitlich gegen den Kopf traf, war allerdings nichts mehr in Ordnung.

Nie mehr.

10

Und täglich grüßt das Murmeltier, dachte Cat, als sie in dem Weinfeld stand. Die Spurensicherung durchkämmte es gerade. Etwa hundert Meter vor ihr stand Theroux am Straßenrand und telefonierte, während er gleichzeitig mit Berthe sprach. Die D90 zwischen Beaumes-de-Venise und Aubignan war abgesperrt.

Wie es aussah, hatte der Täter auf identische Art und Weise zugeschlagen. Wieder war ein Radfahrer erschossen worden, der Apotheker Fred Bernard. Mit dem Unterschied, dass Bernard nicht allein unterwegs gewesen war, sondern in Begleitung anderer Radler. Sie standen allesamt unter Schock, waren natürlich befragt worden – aber keiner konnte mehr berichten, als dass Bernard auf einmal gezuckt habe und wenige Sekunden später bei voller Fahrt mit dem Rad umgestürzt war. Zunächst hatten die anderen angenommen, er habe einen Infarkt oder Schlaganfall erlitten und sich beim Sturz am Kopf verletzt. Dann war ihnen klargeworden, dass die zerfetzte Verschalung von Bernards Fahrradhelm auch etwas anderes bedeuten konnte. Schließlich hatten auch sie die Medien verfolgt und wussten, dass Gaspard Lacroix auf seinem Fahrrad erschossen worden war und man zwar offiziell von einem Querschläger oder Jagdunfall sprach – aber es kaum glaubhaft war, dass so etwas zweimal hintereinander passierte.

Das glaubten Cat und Theroux sowieso nicht. Die Polizei hatte die Medien aus ermittlungstaktischen Gründen nur vage über die Umstände informiert. Das würde nun nicht mehr funktionieren. Jetzt würde das Spekulieren beginnen, und es gab Augenzeugen. Es war die Art von PR, die die Polizei nicht gebrauchen konnte und der stets auf die Öffentlichkeit bedachte Staatsanwalt Luc Bonnieux erst recht nicht.

Castel sah sich um und nahm ein Tablet zur Hand, um eine Kartenansicht des Areals aufzurufen. Es glich dem vorherigen Tatort: eine Straße, ein Weinfeld und ein Weg, der zur Erschließung der landwirtschaftlichen Fläche diente. Es stand außer Frage, dass der Schütze ihn genutzt haben musste, um zu seiner Position zu gelangen. Der Weg mündete auch hier in eine kleine Straße – und wie beim anderen Tatort würden alle in Betracht kommenden Überwachungskameras dahingehend überprüft werden, ob in dem betreffenden Zeitraum ein als Täterfahrzeug in Frage kommendes Auto aufgenommen worden war.

Das Problem daran war allerdings, dass es so gut wie keine Kameras in den dörflich geprägten Gegenden der Provence gab. Außerdem fanden sich keine Reifenspuren, wobei die Spurensicherung mit Hochdruck daran arbeitete, mögliche Fußspuren zu analysieren – wenngleich Bruno Grinamy Cat nicht viel Hoffnung gemacht hatte, dass sie etwas Brauchbares finden würden. Das galt wahrscheinlich auch für dieses Weinfeld. In dem anderen waren mögliche Teilabdrücke gefunden worden, zerbröselte Erde. Aber natürlich könnte jeder Täter sich einfach ein Paar Stiefel in einer anderen Schuhgröße anziehen – und schon würde die Polizei in eine falsche Richtung ermitteln. Und der Schütze war mit Sicherheit umsichtig. Er hatte keinerlei Patronenhülsen hinterlassen, gar nichts. Bis auf die Kugeln gab es bislang nur unsichtbare Spuren.

Zum Beispiel die geographischen. Beim Geo-Profiling ging es darum, aus den Örtlichkeiten Rückschlüsse auf den Täter und seinen Wohnort zu ziehen. Ob Tat- oder Fundorte zufällig oder geplant waren und wie groß die Vertrautheit des Mörders damit war, woraus sich wiederum Erkenntnisse über sein generelles Verhalten und sein nichtkriminelles Leben ableiten ließen. Zum Beispiel suchten Täter ihre Opfer und die Tatorte gerne im Umfeld ihres Wohnortes, nicht weiter entfernt als nötig. Man nannte das die Komfortzone, wenngleich es auch eine Pufferzone gab, denn Kriminelle vermieden natürlich, ihre Taten zu nah an ihrem Wohnort zu verüben, wo sie jemand erkennen könnte.

Im Fall des Scharfschützen ging Cat davon aus, dass die Örtlichkeiten bewusst ausgewählt worden waren, was wiederum dafür sprach, dass er auch Fred Bernards Gewohnheiten studiert haben musste beziehungsweise mit ihnen vertraut war, weil er Bernard und Lacroix persönlich kannte. Das geplante Vorgehen sprach außerdem dafür, dass er sich vor Ort sehr gut auskannte, was Cat darin bestätigte, dass der Täter mit ziemlicher Sicherheit aus dem näheren Umfeld von Carpentras kam.

Allerdings war nicht auszuschließen, dass die Opfer wahllos ausgesucht worden waren, weil es dem Killer ausschließlich um den Akt des Tötens selbst ging, um die Jagd, und ehrlich gesagt: In dieser Gegend musste man sich ja bloß in ein beliebiges Weinfeld hocken und abwarten. Irgendwann würde schon ein Radfahrer vorbeikommen, auf den man schießen konnte.

Ja, er war ein Jäger, dachte Cat. Beim Geo-Profiling sprach man von unterschiedlichen Tätertypen. Ein »Wilderer« war im größeren Radius um seinen Wohnort herum tätig. Ein sogenannter »Troller« schlug zufällig zu und immer dann, wenn er eine gute Möglichkeit sah. Ein »Trapper« hingegen lockte seine Opfer in die Falle. Ein »Jäger« fokussierte sich auf ein bestimmtes Opfer innerhalb seiner Komfortzone. Und gemäß den Tatumständen konnte man durchaus von einem Jäger ausgehen – wozu das Gewehr und die Distanz gut passten. Er hatte die Weinfelder ausgesucht, weil er darin eine gewisse Deckung hatte, gleichzeitig aber auch eine freie Schussbahn mit guter Sicht auf die Straße.

Für die Jagd brauchte man Zeit. Daraus ließ sich ableiten, dass der Täter entweder keinen Job hatte oder aber zeitlich sehr flexibel war.

Über den Typus des Jägers wusste man aus forensischen Statistiken, dass er geographisch eher statisch war und zumeist innerhalb seiner Komfortzone agierte. Allerdings suchten sich Jäger in der Regel Opfer, die sie nicht kannten, trieben sich immer wieder an denselben Orten herum und gingen ihre Taten wochen- oder monatelang zuvor im Kopf durch. Die Auswahl der Opfer und die Vorbereitung der Tat spielten eine große Rolle für sie – das Auskosten der Überlegenheit und das Treffen von Entscheidungen. Das wiederum widersprach der Annahme, dass es eine persönliche Verbindung zwischen dem Täter und Bernard und Lacroix gab. Es warf jedoch die Frage auf, warum sie als Opfer ausgesucht worden waren – jedenfalls dann, wenn sie nicht wahllos zum Ziel geworden waren. Und dann kam doch wieder das Private ins Spiel – Cat musste sich auf eine Theorie festlegen, um die Ermittlungen nicht zu zerfasern.

Geographisches Profiling diente außerdem dazu, künftige Tatorte und Opfer vorhersagen zu können. Und hier musste man in jedem Fall vom Worst Case ausgehen: Wenn der Täter ein Sniper war, der Spaß am Töten hatte, dann waren auch künftig Radfahrer in Gefahr, und sehr wahrscheinlich würde der Täter nach demselben Modus vorgehen: ein Gewehr, ein Weinfeld, eine Dorfstraße … Allerdings stellte sich die Frage – wenn es ihm auf die Opferzahl und den Spaß am Schießen und Töten ankam: Warum hatte er nur Fred Bernard erschossen und die Radler, die ihn begleiteten, nicht? Vielleicht, weil es nur um Bernard ging?

»Cat!«

Castel wurde aus den Gedanken gerissen und blickte vom Tablet auf.

Theroux kam ihr entgegen und wedelte mit seinem Handy. »Mein Akku ist leer, verflucht. Kann ich dein Telefon benutzen?«

Schlagartig dachte Castel an Überwachungsapps auf ihrem Telefon und daran, dass sie das andere mit dabeihatte, Theroux aber schlecht geben konnte, weil er dann fragen würde, warum sie eben noch das iPhone genutzt hatte und ihm jetzt ein billiges Prepaid gab. Sie dachte außerdem daran, wie sie heute morgen, nachdem der Expressdienst ihr das Spürgerät gebracht und Jean nach Aix gefahren war, die Wohnung gescannt hatte – und an zwei Deckenlampen fündig geworden war.

»Sicher«, sagte sie, klemmte sich das Tablet unter den Arm und gab ihm das iPhone.

»Alles klar?«, fragte Theroux.

»Natürlich, warum?«

»Du wirkst so, als würde dir das nicht passen.«

»Nein, alles gut. Hier, nimm nur.«

»Ich will nicht in deine Privatsphäre eindringen. Ich hatte nur …«

»Alles gut, jetzt nimm es schon.«

»Oder erwartest du noch einen Anruf?«

»Nein – Alain, jetzt nimm bitte mein Telefon!«

»So dringend ist es auch nicht, ich kann warten.«

»Meine Güte!«

»Ruft dich der Typ wieder an? Der von gestern? Der auf dich gewartet hat?«

»Pff, keine Ahnung.«

»Martinet habe ich mal im Hôtel de Police gesehen, als er nach dir suchte. Länger her, aber der war das, oder? Der auch damals wegen Laila Hadjali …«

»Ja, der war das. Aber der hat nichts mit meinem Telefon zu tun.«

»Womit dann?«

»Alte Geschichte aus Marseille.«

Theroux nickte. Er schien nachzudenken, fuhr sich mit der Hand durchs Gesicht. »Also«, sagte er dann, »wenn du mal drüber reden willst – immer raus damit.«

»Worüber denn?«

»Marseille, Martinet, alte Geschichten. Ich weiß, in welchem Verein der ist. Das klingt für mich nach Schwierigkeiten. Ich meine: Ist deine Sache, okay? Aber wenn irgendwas ist …«

»Alles in Ordnung, Alain«, log Castel. »Aber vielen Dank, das ist lieb von dir.«

»Kann ich jetzt dein Handy haben? Ich muss nur mal kurz in der Zentrale etwas nachfragen.«

Castel streckte es ihm noch einmal hin. In dem Moment, als Theroux es nahm, klingelte das Gerät. Theroux blickte aufs Display.

»O nein«, sagte er. »Leclerc.«

»Dann geh halt ran.«

Genau das tat Theroux und stellte auf Lautsprecher, hielt sich das iPhone direkt vor den Mund.

»Hallo, Albin«, sagte er.

»Wer ist das?«

»Theroux, Menschenskind.«

»Theroux? Dich habe ich nicht angerufen, sondern Castel.«

»Ja. Ist ja auch ihr Handy.«

»Warum gehst du an Castels Handy? Läuft da was zwischen euch?«

»Albin, also bitte! Ist zu umständlich zu erklären.«

»Sein Akku war leer«, sagte Castel laut. »Deswegen hielt er meins gerade in der Hand, als Sie anriefen.«

»Ah. Okay. Dann will ich das mal glauben. Ich bin am Flughafen in Paris. Nicht mehr lange, dann bin ich wieder da.«

»Hurra«, sagte Theroux und verdrehte die Augen.

»Ja, ich freue mich auch. Castel. Ich komme dann den Hund abholen.«

»Natürlich.«

»Alles in Ordnung mit Tyson?«

»Wie an allen anderen Tagen: Ja.«

»Albin«, sagte Theroux, »ich habe jetzt keine Zeit, wirklich. Cat ebenfalls nicht.«

»Warum nicht? Ist was los? Seid ihr unterwegs wegen Gaspard Lacroix? Mir ist dazu noch etwas eingefallen, aber dazu mehr, wenn ich wieder …«

»Wiedersehen!« Theroux drückte Albin einfach weg. »Kann er nicht … Gott, kann er nicht einfach vier Wochen bleiben?«, fragte Theroux genervt und gab Cat das Handy zurück. Sie schmunzelte und sagte: »Würde ihm guttun. Und uns ebenfalls.« Kurz dachte sie an den Vorfall zwischen Tyson und Mila – na ja, davon musste Albin ja nichts erfahren. Es war mit Sicherheit eh nichts passiert. Wahrscheinlich nicht. Hoffentlich nicht. »Warum gibst du mir das Handy zurück?«

Theroux sah Cat groß an. »Weil es deins ist?«

»Du wolltest doch eben telefonieren?«

»Ja, ach, stimmt. Albin bringt mich immer völlig durcheinander.«

Eine Stimme rief: »He! Ihr da drüben! Theroux, Castel!«

Es war Grinamy. Er stand zwei Rebenreihen weiter. »Ich glaube, wir haben Fußspuren! Kann mal wer rüberkommen, bitte?«

»Komme schon!«, erwiderte Theroux. »Ich telefoniere später.«

»Okay«, sagte Cat, während Theroux sich in Bewegung setzte. Sie drehte und wendete das iPhone in der Hand, betrachtete es wie einen Fremdkörper. Schließlich rief sie WhatsApp auf und schickte Martinet eine Nachricht, die aus den beiden Buchstaben »O« und »K« bestand, und folgte Theroux, um nachzusehen, was es mit den Spuren auf sich hatte, die Grinamy und sein Team gefunden hatten.

11

Was genau war es, das die Provence ausmachte? Der würzige Duft? Der Mistral? Das südliche Savoir-vivre im pittoresken ländlichen Umfeld?

Die Menschen waren wie das Land. Überall spürte man eine Mischung aus Temperament und Stolz sowie gelassener Ruhe und Schroffheit.

Oder war das Faszinierende die unwiderstehliche Kombination aus reichhaltiger Geschichte und üppiger Landschaft, die Künstler seit Jahrtausenden auf dem kulturellen Nährboden betörte, den die Römer und Griechen geschaffen hatten? Hier standen mittelalterliche Burgen neben antiken Aquädukten. Dazwischen sprossen Lavendel, Rosmarin und Thymian, und das Meer lag in unmittelbarer Reichweite. Der Wein war schwer und das Leben leicht. Pastisgläser klickten aneinander wie die Boulekugeln bei einer abendlichen Runde Pétanque. Hier lag die Wiege der abendländischen Kultur, das Herz Frankreichs – da mochten es die Überheblichen im Norden noch so sehr für sich reklamieren.

Die Provence war allerdings ein idealisiertes Bild von Frankreich. Sie war eine schöne Fassade, die immer wieder bröckelte. Arbeitslosigkeit und Kriminalität waren hoch und die Landflucht groß. Nirgends wurden die rechten Parteien mit mehr Enthusiasmus gewählt. Und so schön die Natur und das ländliche Leben einem Außenstehenden auch vorkommen mochten – wenn man hier lebte, ging es einem irgendwann dann doch auf die Nerven. All die hübschen Ruinen aus den vergangenen Jahrtausenden nahm man gar nicht mehr wahr. Die Geschichte und die Kunst gehörten zum Alltag, und man ärgerte sich eher über das Verfallende und fragte sich, warum die aus Paris einen so hängenließen, statt Fördergelder für Sanierungen und Strukturhilfen zu schicken.

Für Albin war die Provence all das zusammen. Sie war schön und hässlich. Sie duftete und stank. Sie war karg und rau, staubig und heiß im Sommer, trist im Winter und gleichzeitig doch stets sanft, lieblich, voller Kultur, aber auch voller Banausen.

Sie war seine Heimat.

Und genau das hatte er eben empfunden, als er auf dem Rückweg vom Flughafen mit dem Auto das Ortsschild von Carpentras passiert hatte: das Gefühl von Heimat.

Nach Hause kommen – wie wunderbar waren diese Worte. Zurückkehren in die Vertrautheit, in ein Zuhause – in ein Zuhause, das in diesem Moment allerdings so wirkte, als habe eine Bombe eingeschlagen.

Eine »Willkommen«-Girlande hing über der Tür, und Manon und Clara hatten gemeinsam einen kleinen Snack vorbereitet, um die Flitterwöchner zu empfangen. Jetzt waren Veronique und Albins Tochter damit beschäftigt, die Koffer auszupacken und Wäsche zu waschen, während Veronique gleichzeitig eine Einkaufsliste schrieb und sich von Manon darüber ins Bild setzen ließ, was es Neues im Laden gab, und ihr außerdem vom Urlaub berichtete. Albin hatte vorgeschlagen, doch lieber eines nach dem anderen zu machen – aber damit war er auf taube Ohren gestoßen. Schließlich hatte Manon beim Wäschekörbefüllen erklärt, dass sie nun endlich einen Scheidungstermin hatte und vor drei Tagen Post vom Gericht gekommen sei. Das waren einerseits gute Nachrichten. Andererseits aber auch ernste, weswegen sich Albin Clara sowie ein Glas Wein und eine Gitanes geschnappt und sich mit seiner Enkeltochter vor die Tür zurückgezogen hatte, wo ihn Clara zum tausendsten Mal darüber belehrte, dass Rauchen dumm war und die Gesundheit und die Umwelt belastete.

»Du bist viel zu klug, und ich bin nur ein unbelehrbarer alter Mann«, erwiderte Albin und paffte.

»Bald«, sagte Clara, die heute ihr Lieblingskleid mit den vielen kleinen Blumen trug, »komme ich in die Grundschule, und dann werde ich noch viel klüger.«

Albin lachte und stieß den Rauch durch die Nasenlöcher aus. »Davor fürchte ich mich schon jetzt.«

Clara musterte Albin. »Du bist ganz braun geworden.«

»Das passiert, wenn man im Urlaub auf eine Trauminsel fährt. Man möchte schön braun werden.«

»Davon bekommst du Hautkrebs.«

Albin hustete. »Na ja«, meinte er, »wenn man sich immer schön eincremt …«

»Hast du jetzt auch Hautkrebs?«

»Nein!«

»Wenn ich später einmal Ärztin werde, dann verbiete ich den Menschen, sich in die Sonne zu legen und zu rauchen.«

»Du wirst eine sehr strenge Ärztin sein, Clara.«

»Vielleicht werde ich auch Tierärztin. Tiere können sich nicht selbst helfen. Wann holst du Tyson ab? Ich vermisse ihn.«

»Gleich«, sagte Albin und trank seinen Wein aus. »Willst du mitkommen?«

Clara schüttelte den Kopf. »Nein, ich will ihm auch eine Willkommen-Girlande basteln und über sein Körbchen hängen.«

»Da wird er sich aber sehr freuen.«

»Ja. Ich werde das mit Mamas Handy filmen und Josefine dann mailen.«

Jetzt musste Albin schmunzeln. Clara klang schon wie eine Große. Sie kannte sich bereits besser mit jeder modernen Kommunikationstechnik aus als Albin. Josefine war ihre neue Freundin, die Tochter von Giselle.

»Na, dann werde ich mal schnell Tyson holen, hm?«

Clara nickte. »Dann habe ich jetzt keine Zeit mehr, um mit dir zu reden. Ich muss die Girlande basteln.«

Was sie dann auch tat, während Albin sich verabschiedete, ins Auto setzte und zu Castel fuhr – in der Hoffnung, dass sie bereits Feierabend hatte.

Im Autoradio hörte er die abendlichen Nachrichten, in denen über außenpolitische Debakel und Wahlkampf gesprochen wurde, bis es zu den lokalen Neuigkeiten ging. Albin traute seinen Ohren nicht, als darin von einem weiteren Mord an einem Radfahrer gesprochen wurde.

»Mist, verdammter«, murmelte er.

Castel und Theroux hatten kein Wort darüber verloren, als sie mit ihm telefoniert hatten. Vermutlich hatten sie während des Gespräches sogar am Tatort gestanden und sich deswegen das Handy geteilt. Die Nachrichten sprachen davon, dass die Polizei noch im Dunkeln tappte. Dann gab es einen O-Ton von keinem Geringeren als Staatsanwalt Luc Bonnieux, der sagte, dass alles getan werde, um die Fälle zu klären, und man überhaupt noch nicht sagen könne, ob es sich um Morde oder Unfälle handelte. Was, ehrlich gesagt, ziemlich lächerlich klang.

Die Medien schienen sich bereits auf »Mord« eingeschwungen zu haben. Und der erste Fall mochte noch ein Unglück gewesen sein beziehungsweise konnte er öffentlich als solches dargestellt werden. Aber bei zwei toten Radfahrern innerhalb so kurzer Zeit? Da musste Bonnieux mit seinen Ausflüchten darauf achten, dass er sich nicht lächerlich machte.

Im zweiten Teil der lokalen Nachrichten wurde Albin dann klar, warum Bonnieux so redete, wie er geredet hatte. Es ging um die Tour de France und den aktuellen Stand. Es ging außerdem darum, wie sich das Vaucluse auf die Mont-Ventoux-Etappe vorbereitete, dass mit umfangreichen Straßensperrungen zu rechnen sei, und das Rathaus in Carpentras versicherte, dass die Region sich wieder einmal von ihrer schönsten Seite präsentieren werde und man Prominente zu einem Empfang erwarte.

Genau deswegen hatte Bonnieux Kreide gefressen, keine Frage. Die Tour de France rollte an, und in Carpentras erschoss jemand Radfahrer? Heilige Jungfrau Maria.

Auf dem Chemin de la Lègue verlangsamte Albin das Tempo, setzte den Blinker und bog in die Einfahrt, die zu Castels Haus führte. Der Schotterweg war links mit Müllcontainern zugestellt. Auf einer Terrasse der Mehrfamilienhäuser wurde gerade gegrillt. Castels kleines Ferienhaus lag am Scheitelpunkt eines Wendehammers. Dort parkte ihr Motorroller. Daneben stand eine dunkle Limousine mit Kennzeichen aus Marseille. Albin stoppte direkt daneben, griff nach der gelben Plastiktüte vom Beifahrersitz und sah beim Aussteigen einen Mann in Poloshirt und Jeans, der einen Alukoffer in der Hand hielt und gerade Castels Haus verließ. Er nickte Albin zu, der die Tür vom SUV mit der Fernbedienung abschloss, öffnete den BMW und warf den Alukoffer auf den Rücksitz, bevor er die Fahrertür öffnete.

»Guten Abend«, sagte Albin. »Bei der guten Caterine der Abfluss schon wieder verstopft gewesen? Es ist nicht zu fassen.«

Der Mann musterte Albin kurz, nickte dann und erwiderte, während er einstieg: »Das Internet ging nicht. Defekter Router. Aber davon leben wir Notdienste, oder?«

Albin nickte und dachte: technischer Notdienst mit einem nagelneuen BMW aus Marseille – das kannst du deiner Großmutter erzählen.

Albin wartete, bis der Mann mit seinem Wagen verschwunden war. Dann ging er zur Haustür und drückte den Klingelknopf. Er musste bereits lächeln, als er daraufhin das heisere Räuspern hörte, das man bei Möpsen als Bellen bezeichnete. Schließlich öffnete sich die Tür. Das Gesicht einer leicht gestressten Caterine Castel erschien – und ein Mops namens Tyson, der außer sich vor Freude war, nachdem er begriffen hatte, wer da vor ihm stand. Er keuchte, fiepte, drehte sich im Kreis, kraxelte an Albins Beinen hinauf, wedelte mit dem Schwanz und kriegte sich gar nicht wieder ein. Albin lachte, hockte sich hin und streichelte Tyson, wenn er ihn erwischen konnte. Die Möpsin Mila ließ sich anstecken, rannte wie eine Verrückte auf und ab und fiel in Tysons Fiepen und Röcheln ein.

»Na, da freut sich aber wer«, sagte Castel grinsend,

während Albin Tysons Kopf und Flanken ausgiebig streichelte und klopfte.

»Das kann man wohl sagen«, erwiderte Albin. Zugegeben: Er freute sich ebenfalls, Tyson endlich zurückzuhaben. Sehr sogar. Schließlich stellte sich Albin wieder hin, während Tyson keinerlei Anstalten machte, sich wieder zu beruhigen. Mila ebenfalls nicht.

»Kommen Sie doch bitte herein«, sagte Castel.

Albin nickte, trat ein und musterte die Wohnung mit routiniertem Blick. Jean Villeneuve war nicht zugegen. Castel war allein. Alles wirkte aufgeräumt. Das Abendessen war noch nicht zubereitet.

»Jean«, erklärte Castel, »ist heute Abend wieder auf einer Tagung – ein Treffen mit Historikern. Sie bereiten eine größere Ausstellung vor, und …«

»… da kommt rasch der Notdienst ins Haus, ich verstehe. Sie sind durchtrieben, Castel.«

Sie blickte Albin kurz an, als verstehe sie nicht, was er meinte, erwiderte aber dann: »Oh, der, ja, es gab ein Problem mit der Waschmaschine, aber jetzt geht sie wieder.«

»Ja«, sagte Albin, »diese Waschmaschinen. Gut, dass es Notdienste gibt.«

»Alle gut gelandet?«, fragte Castel und wechselte schnell das Thema. »Einen kleinen Wein für Sie?«

»Ja. Und zum Wein sage ich nicht nein, aber vielleicht auch ein Schluck von dem hier.« Albin zog einen länglichen Karton aus der gelben Plastiktüte. Veronique hatte eben noch ein Geschenkband darum geknotet. Castel öffnete die Verpackung. Darin befand sich eine Flasche sündhaft teurer Clément Rhum, den Albin auf Martinique gekauft hatte.

»Kleines Mitbringsel als Dankeschön«, erklärte er. »Ich fand es unangemessen, Ihnen als frisch verheirateter Mann Blumen mitzubringen. Hinterher hätten Sie daraus nur die falschen Schlüsse gezogen. Gut, wenn man mit einer Flasche Alkohol zu einer Dame kommt, kann das natürlich ebenfalls missverstanden werden, aber nicht so sehr.«

»Danke!« Castel musste lachen. »Sie sind unverbesserlich, Albin.«

»Gutes kann man kaum noch verbessern.«

»Dann probieren wir den doch mal.« Castel ging zur Küche und nahm zwei Gläser aus dem Schrank. »War sicherlich ein traumhafter Urlaub, nicht?«

»Unbedingt«, sagte Albin und hockte sich wieder hin, um Tyson zu tätscheln. »Das Meer, der Strand, die Vegetation – alles genau, wie man es sich vorstellt und von Fotos kennt. Und dann wird man im Flugzeug innerhalb eines halben Tages wieder in eine ganz andere Wirklichkeit katapultiert.«

»Kulturschock«, merkte Castel an und goss etwas Zuckerrohrrum in die beiden Gläser, reichte Albin eines und stieß mit ihm an.

»Ja«, sagte Albin und nippte einen Schluck. Teufel, schmeckte der Rum gut. »Es kommt fast einem Wunder gleich. Haben Sie sich mal gefragt, wie es technisch überhaupt möglich ist, dass ein Klotz von hundertfünfzig Tonnen Stahl dreizehn Kilometer hoch über einen kompletten Ozean fliegen kann? Absolut nicht so schnell wie eine Gewehrkugel, aber immer noch reichlich schnell.«

Castel trank ebenfalls etwas, schloss genießerisch die Augen und schüttelte den Kopf. »Mhm«, machte sie, »wie flüssige Seide.«

»Wo ich gerade das Wort ›Gewehrkugel‹ erwähne«, kommentierte Albin beiläufig. »Eben hörte ich im Radio von einem weiteren toten Radfahrer …«

»Ja«, seufzte Castel. »Es ist erneut geschehen.«

Sie berichtete Albin, dass es Fred Bernard erwischt hatte, den Apotheker. Identischer Modus Operandi und vermutlich dieselbe Tatwaffe, wie sie seit heute wussten: ein Bergara B14 Jagd- und Sportgewehr. Anders war lediglich die Tatsache, dass der Schütze dieses Mal – nach Stand der Dinge – nur zwei Schüsse abgefeuert hatte und sich sein Ziel in einer Gruppe anderer Radler befunden hatte. Was bedeutete: Er wurde besser und traute sich mehr zu.

»Bislang«, sagte Castel, »sind uns noch keine Zusammenhänge zwischen den beiden Taten aufgefallen. Wir wollten gestern weitere Befragungen im Umfeld von Gaspard Lacroix vornehmen, aber die Ereignisse haben uns überrollt. Es gibt da jemanden, mit dem er Streitigkeiten hatte, seinen Nachbarn. Fred Bernard befand sich ebenfalls in einem Rechtsstreit, wie wir gestern erfuhren. Es geht dabei um falsch ausgehändigte Medikamente in seiner Apotheke. Es mag weitere Feinde geben, aber leider wissen wir da noch nichts Genaueres. Im Augenblick ist die einzige Auffälligkeit, dass beide Radfahrer waren – und auf die gleiche Art und Weise und vermutlich durch denselben Täter umgekommen sind.«

»Hm«, machte Albin und trank den letzten Schluck Rum.

»Aber«, sagte Castel, »wir arbeiten intensiv an den Fällen. Damit will ich sagen, dass wir zurechtkommen, Albin.«

»Verstehe. Keine Sorge. Ich bin jetzt ein verheirateter Mann mit vielen Pflichten.«

Castel nickte und leerte ihr Glas ebenfalls.

»Außerdem komme ich gerade erst aus dem Urlaub zurück. Da gibt es viel zu erledigen.«

Castel nickte erneut.

»Mit anderen Worten, ich habe sowieso keine Zeit, euch zu unterstützen. Und irgendwann müsst ihr ja auch mal allein klarkommen.«

Castel lachte auf. »Sie sind unmöglich.«

Albin schmunzelte, stellte sein Glas ab und versuchte ein weiteres Mal, Tyson zu bändigen, der nach wie vor außer sich war.

»Dann will ich mal los«, sagte Albin. »Und vielen Dank noch einmal, dass Sie auf Tyson geachtet haben. Ich hoffe, der Trennungsschmerz zwischen ihm und Mila wird zu überwinden sein. Er hat Mila hoffentlich nicht belästigt?«

Für Albins Geschmack schüttelte Castel etwas zu schnell und zu kräftig mit dem Kopf.

»Nein, alles ist gut verlaufen«, sagte sie, »wirklich bestens. Dann hole ich mal Tysons Sachen. Und Sie vergessen am besten sofort alles, was ich Ihnen über die Fälle Lacroix und Bernard erzählt habe.«

»Klar«, erwiderte Albin und fand, dass »am besten« ja lediglich ein Ratschlag war, dem man folgen konnte – oder eben nicht.

12

In der Nacht hatte Albin entsetzlich schlecht geschlafen – von wegen endlich wieder im eigenen Bett … Der Jetlag hatte ihn fest im Griff. Die sechs Stunden Zeitunterschied steckte er nicht so einfach weg. Wogegen Veronique damit keine Probleme zu haben schien. Sie war längst aufgestanden und hatte Albin aus dem Bett geworfen, als er um neun Uhr immer noch schlief. Auf Martinique wäre das drei Uhr morgens gewesen, weswegen Albin zwei starke Kaffee brauchte, um auf Touren zu kommen.

Dabei half außerdem der Trubel im Haus. Veronique bereitete einen Großeinkauf vor, um die Leclerc'schen Vorräte wieder aufzufüllen. Nicht, dass die in der Zwischenzeit zur Neige gegangen wären, aber so war sie eben: immer emsig. Gleichzeitig telefonierte und facetimte sie mit ihren Töchtern, wollte nach dem Einkaufen das Haus putzen und anschließend im Laden nach dem Rechten sehen. Außerdem waren Manon und Clara da sowie Manons neue Freundin Giselle Lussac und ihre Tochter Josefine, die mit Clara und Tyson im Garten spielte, dessen Rasen gemäß Veronique dringend von Albin gemäht werden müsste.

Damit, dachte er am mit Croissants, Baguette, Orangensaft und Marmelade gedeckten Tisch, sollte er klarkommen. Der Garten war nicht groß. Man musste den Rasenmäher nur ein paarmal hin und her schieben, und schon war es getan. Tyson hatte derweil mit den Mädchen etwas Ablenkung und offensichtlich viel Spaß. Albin war nicht zufrieden mit dem Zustand des Mopses. Er hatte gestern depressiv gewirkt und war unnatürlich still. Das lag sicherlich an der Trennung von Mila, mit der er nun fast zwei Wochen verbracht hatte. Albin wollte nicht so weit gehen, dass er Tyson Liebeskummer unterstellte. Dennoch schien der Hund die Gesellschaft eines anderen Hundes sehr genossen zu haben und sehr sensibel auf die Veränderung zu reagieren.

Inmitten des Geplappers, das Albin von allen Seiten beschallte, saß er unbeweglich am Frühstückstisch, hing seinem Traum von letzter Nacht nach und spürte, dass der Kaffee langsam wirkte, wenngleich er sich immer noch etwas betäubt fühlte und das Gefühl hatte, dass zwei Tassen noch nicht ausreichten.

»Oder, Papa?«

»Hm?«

Albin merkte auf und stellte fest, dass er der Unterhaltung am Tisch überhaupt nicht gefolgt war beziehungsweise nicht in der Lage gewesen war, aus den verschiedenen Unterhaltungssträngen Einzelinformationen herauszufiltern.

Manon lachte. »Schläfst du noch?«

»Ich? Nein, ich bin hellwach.«

»Na, besser, dass er es nicht mitbekommen hat«, sagte Giselle und grinste. Sie trug ihre Korkenzieherlocken zu einem Pferdeschwanz gebunden und wirkte außerordentlich sympathisch. Sie war recht schlank, hatte dunkelbraune Augen, und wenn Albin es sich recht überlegte, hätte er auch gern eine solche Grundschullehrerin gehabt. Manon hatte erzählt, dass es eine gewisse Seelenverwandtschaft zwischen ihnen gab – Giselle war bereits geschieden und ihr Exmann offenbar ein ähnlicher Psychopath wie Manons. Da passte Castel mit ihren schlechten Erfahrungen mit Männern aus der Vergangenheit ebenfalls gut rein. Leider war Giselles Mutter, die sich früher häufig um Josefine gekümmert hatte, kürzlich nach schwerer Krankheit verstorben. Nun sprang nach Kräften der Opa ein, ein früherer Offizier wie Castels Vater, der schwer am Tod seiner Frau litt.

»Was habe ich nicht mitbekommen?«, fragte Albin.

Manon verdrehte die Augen.

Giselle erklärte: »Ich hatte nur angemerkt, dass mein Vater das Mausen auch nicht lassen kann. Wann immer es ihm möglich ist, hängt er bei seinen Freunden von der Reservistenkameradschaft herum. Er war sogar kurz davor, sich als Ausbilder für Offiziere beim Eurocorps ins Gespräch zu bringen – aber dann kam das mit Mama dazwischen.«

»Tut mir leid«, sagte Albin.

Giselle zuckte mit den Schultern. »Dieser schreckliche Krebs.«

»Tut mir außerdem leid für Ihren Vater. Langeweile kann grauenvoll sein.«

Veronique beendete ihr Videogespräch und klatschte einige Male in die Hände, was üblicherweise ein Signal zum Aufbruch wohin auch immer war. »So, nun aber Schluss mit dem Kaffeekränzchen. Es gibt viel zu tun. Ich muss jetzt los. Die Kinder fahren mit den Müttern zum

Schwimmen an den Lac du Paty. Der Herr des Hauses hat den Rasen zu mähen. Und Tyson muss Gassi.«

Innerhalb von fünf Minuten hatte sich das Haus geleert. Übrig blieben Tyson, der auf der Terrasse lag, und Albin am Frühstückstisch, der Tyson anstarrte. Auf Martinique wäre Albin jetzt zum Strand gegangen, um sich ins Wasser zu stellen, in die Luft zu gucken und sich zu langweilen. Nun kaute er an einem Croissant und langweilte sich.

Ich langweile mich ebenfalls, schien Tyson sagen zu wollen und schnaubte.

»Na, kein Wunder«, erwiderte Albin in Gedanken, »du hattest ja auch die ganze Zeit deine Freundin um dich.«

Ich vermisse Mila.

»Du bist jahrelang ohne sie zurechtgekommen.«

Und du ohne Veronique.

»Das ist etwas anderes. Ich bin ein Mensch.«

Es ist unmenschlich, Hunde voneinander zu trennen.

»Ich hoffe, du hast dich gut benommen und Mila nicht belästigt.«

Tyson blickte einer Biene hinterher.

»Hast du?«

Tyson sah der Biene nach wie vor beim Fliegen zu.

»Das mit den Bienen und den Blumen sagt dir was, hm?«

Tyson schwieg.

»Ich habe Castels Reaktion bemerkt.«

Tyson blieb stumm.

Und, dachte Albin, das war nicht das Einzige, was ihm gestern Abend aufgefallen war. Da war noch dieser Internettechniker aus Marseille mit dem BMW gewesen, der die Waschmaschine repariert hatte. Castel hatte sich eindeutig verplappert, und damit war völlig klar, dass sie etwas verschwieg. Albin wusste, dass sie Probleme mit Leuten aus Marseille hatte. Er erinnerte sich daran, wie sie bei der Hochzeit abseits des Geschehens telefoniert und Albin den Namen »Martinet« aufgeschnappt hatte. Das war dieser Bursche vom Inlandsgeheimdienst. Und dann hatte Theroux noch etwas von jemandem erzählt, der ihnen auf den Ventoux gefolgt war und eine konspirative Unterhaltung mit Castel geführt hatte. Irgendetwas, wusste Albin, war da im Gang, und Cat wollte nicht darüber sprechen. Nein, schlimmer, sie log sogar. Und wenn sie das tat, dann würde sie bei anderen Themen möglicherweise ebenfalls nicht ganz bei der Wahrheit bleiben. Zum Beispiel, was Möpse anging.

»Ich habe den Eindruck«, murmelte Albin zu Tyson, »dass du nicht immer ein Kavalier warst und Castel dich schützen will, kann das sein?«

Tyson blickte Albin an. Legte den Kopf schief. *Können wir jetzt endlich Gassi gehen?*, schien er zu fragen.

Albin nickte. Es hatte eh keinen Sinn, aus Tyson die Wahrheit herauspressen zu wollen. Die steckten alle unter einer Decke: Mila, Tyson, Castel und womöglich sogar Jean Villeneuve. Aber Albin würde die Wahrheit schon herausfinden.

Er wischte sich die Krümel aus den Mundwinkeln, stand auf und sagte: »Na komm. Drehen wir eine Runde.«

13

Tyson lief neben Albin her, während sie entlang der Platanenallee spazierten. Der morgendliche Lieferverkehr rauschte an ihnen vorbei, und Albin konnte bereits Veroniques Blumengeschäft sehen, in dem sie auch kleine Dekorationsartikel anbot. Es würde erst später öffnen – dann, wenn Veronique mit dem Einkauf und dem Hausputz fertig wäre. Vielleicht würde sie auch gar nicht öffnen – Albin hatte vergessen, sie danach zu fragen.

Er ging über den Zebrastreifen auf die andere Straßenseite, wo sich der kleine Bouleplatz befand und das Café du Midi, in dem viele Polizisten in der Mittagspause einkehrten oder stoppten, um sich einen Kaffee zum Mitnehmen zubereiten zu lassen oder um sich Zigaretten zu kaufen. Die Fassade war verwittert, die rote Markise verblichen. Draußen standen wie gewohnt einige Bistrotische und Stühle. Albin hielt drauf zu, setzte sich dann an den Tisch, an dem er immer saß, und Tyson legte sich wie üblich unter den Tisch, wo er immer lag.

Albin zog den knallgelben Aschenbecher mit dem »Ricard«-Aufdruck heran, nahm die Gitanes-Packung aus der Hosentasche und legte sie samt Einwegfeuerzeug neben den Aschenbecher. Das Handy platzierte er auf der anderen Seite. Damit war sein Büro perfekt eingerichtet. Zumindest fast. Eine entscheidende Zutat fehlte.

Um ein Haar wäre Albin wieder aufgestanden, um im Café nach dem Rechten zu sehen, weil niemand herauskam. Doch dann tauchte im Halbdunkel hinter dem Eingang eine Person auf. Sie rief: »Ha!«, ging noch einmal nach drinnen und tauchte zwei Minuten später erneut auf. Kurz darauf stand Matteo neben Albin, musterte ihn wortlos und stellte ihm einen frischen Kaffee sowie Tyson eine Schale Wasser hin. Albin hätte auf den Anblick der Rückseite des sich bückenden Wirtes und Inhabers des Cafés du Midi verzichten können, dem die uralte Jeans dabei etwas zu weit nach unten und das verblichene Polohemd etwas zu hoch rutschte. Als er wieder normal dastand, zog Matteo die Jeans und das Polo zurecht. Schließlich zupfte er etwas aus der rechten Hintertasche seiner Jeans, legte es vor Albin auf den Tisch, machte eine Geste auf das Objekt und sagte: »Ist das zu fassen?«

»Es ist eine Ansichtskarte«, sagte Albin und steckte sich eine Gitanes an. »Sie zeigt das karibische Meer und den Strand von Martinique und ist mir bekannt, denn ich habe sie dir geschickt.«

Matteo tippte mit dem Zeigefinger so fest auf die Karte, als wolle er den Zeigefinger in den Sand bohren, bevor er mit dem Gestikulieren und Schwadronieren begann. »Die ist vor zehn Tagen abgestempelt worden und erst gerade eben von der Postbotin gebracht worden! Vor zehn Tagen abgeschickt! Ich frage die Postbotin: Hat ein Eingeborener die in seinem Einbaum über den Atlantik gepaddelt? Zehn Tage? Martinique ist Frankreich, und hier ist Frankreich, wir sind nicht im Kongo – wie kann das so lange dauern? Und sie sagt: Monsieur, ich bitte Sie, wir wollen nicht rassistisch werden. Ich antworte: Rassistisch? Ich?

Ich verkaufe Kaffee, der in Afrika gepflückt wird, und leiste damit Entwicklungshilfe – wie kommen Sie dazu, mich einen Rassisten zu nennen?« Matteo stemmte die Hände in die Hüften und wackelte mit dem Kopf. »Wegen dem Einbaum und dem Eingeborenen und dem Kongo, sagt sie. Ich erkläre ihr: Mademoiselle – dieses Land hat und hatte seine Kolonien, das ist eine historische Tatsache wie die Fortbewegung mit Einbäumen bei Insulanern. Ebenso ist es eine Tatsache, dass ich mit einem Mobiltelefon eine Grußnachricht per Daumendruck in einer Sekunde rund um die Welt senden kann – und La Poste benötigt zehn Tage? Unglaublich. Und dann rauscht sie beleidigt ab. Also wirklich. Wo sind wir denn? Nennt mich einen Rassisten.«

Albin paffte amüsiert, musterte die Karte und sagte: »Unerhört. Und das dir, dem bekannten Entwicklungshelfer, der für seine Weltoffenheit überall geschätzt wird.«

»Ist das ironisch gemeint?«

»Natürlich nicht«, erwiderte Albin. »Es war purer Sarkasmus.«

Matteo war seit vielen Jahren Anhänger des früheren Front National und heutigen Rassemblement National. Den Namen hatten sie vermutlich deswegen verändert, weil sich »Nationale Versammlung« weniger militant und damit wählbarer anhörte als »Nationale Front«. Matteo war sogar schon einmal kurz davor gewesen, für den Rat zu kandidieren. Er war ein glühender Anhänger von Marine Le Pen, von der ein gerahmtes Foto mit Autogramm über dem Bartresen im Café hing. Es war das einzige Bild, das regelmäßig geputzt wurde. Albin hingegen war Politik gleichgültig. Er hatte sie in seiner aktiven Zeit alle kommen und gehen sehen, die Linken, die Rechten, die Liberalen, die Grünen. Hatte jemand von ihnen es geschafft, Frankreich zu einem besseren Ort zu machen oder die Kriminalitätsraten spürbar zu senken? Nicht einer. Aber versprochen hatten sie es alle.

»Na komm«, sagte Matteo, zog sein Putztuch aus der anderen Hintertasche und wischte damit beiläufig über den Tisch. »Zehn Tage, ich bitte dich. Da kommt die Karte an, wenn du schon wieder zurück bist. Ich dachte erst, du würdest keine schicken.«

»Verdient hättest du es. Schon wegen diesem Spülwasser, das du Kaffee nennst«, sagte Albin und trank einen Schluck davon – der beste, den man bekommen konnte.

Er wusste, wovon er sprach. Als Matteo im Krankenhaus gewesen war, hatte Albin kurzfristig einspringen müssen und das Café geführt. Manon hatte ihm geholfen. Auf sich selbst gestellt wäre Albin aufgeschmissen gewesen – allein mit der Bedienung des gewaltigen Kaffeeautomaten, ein verchromtes Monstrum mit unzähligen Hebeln und Anzeigen.

»Ich hoffe jedenfalls, ihr hattet eine schöne Zeit«, murmelte Matteo.

»Die hatten wir«, erwiderte Albin und rauchte. Er erzählte ein wenig von der Insel, vom Meer, vom Strand und den Menschen. »Du solltest dir auch mal Urlaub gönnen«, sagte er.

Matteo schnaufte. »Arbeitende Menschen wie ich haben dazu keine Zeit. Wer soll dann das Café führen? Nach dem letzten Mal, als jemand einsprang, hätte ich fast Insolvenz anmelden müssen!«

Albin lachte.

Matteo stopfte das Wischtuch zurück in die Jeanstasche und fuhr sich über die Halbglatze. »Hier geht im Moment alles drunter und drüber, sage ich dir, mein Lieber. Mit dem Wirteverein haben wir uns wie die Weltmeister bemüht, um zur Tour-de-France-Etappe Stände aufbauen und den Zuschauern Getränke und Snacks anbieten zu können. Und was macht unsere feine Verwaltung? Wirft uns mit neuen Bestimmungen aus Paris und neuen Regelungen über Außengastronomie zu, die es beim letzten Mal noch nicht gab.«

»Und jetzt?«

»Haben wir drei Millionen Anträge ausgefüllt, müssen horrende Sondernutzungsgebühren bezahlen und zehn Milliarden Auflagen erfüllen. Da will man etwas Gutes tun – und dann solche Bürokratie! Ich sage dir: Es wird Zeit, dass dort einmal gründlich aufgeräumt wird. Unsere Leute wüssten schon, wo sie anpacken müssen. Aber stattdessen wird jetzt sogar auf uns geschossen!«

»Bitte?«, fragte Albin und lehnte sich im Stuhl zurück.

»Hast du es noch nicht gehört? Fred Bernard wurde erschossen. Beim Radfahren. Wo leben wir denn?«

»Was hat der mit euch Nazis zu tun?«

Matteo sparte sich einen Kommentar. Er war solche Vergleiche von Albin schon gewöhnt. »Na, er war Mitglied in der Partei. Und einen ehemaligen Polizisten haben sie ebenfalls erschossen …«

»Gaspard Lacroix.«

»Also hast du es doch schon gehört?«

Albin nickte. »Allerdings wusste ich nicht, dass Fred Bernard im Rassemblement National war.«

»Ich schwöre, dass das Linksterroristen sind, die es auf

uns abgesehen haben und einen Angriff auf unsere heiligen französischen Tugenden machen.«

»Das Radfahren?«

»Wenn nicht sogar die Tour selbst.«

»Hm«, machte Albin und rauchte.

»Bernard, Gott hab ihn selig, war außerdem mein Apotheker. Woher soll ich jetzt meine Medikamente bekommen?« Matteo klopfte sich auf den Unterleib. Er hatte es an der Prostata.

»Von einem anderen Apotheker?«, schlug Albin vor.

Erneut schnaubte Matteo verächtlich. »Fred Bernard ist *der* Apotheker. Man kauft seine Medikamente nicht woanders. Er weiß genau, was ich bekomme.«

»Das wird jeder andere auch wissen.«

»Das ist nicht dasselbe.« Matteo musterte Albin. »Wisst ihr schon irgendwas?«

Albin zuckte mit den Schultern. »Ich komme gerade erst aus dem Urlaub zurück. Ich weiß nicht mehr als du.«

»Dann mach den Leuten mal Beine, Albin. In ein paar Tagen rollt die Tour de France durch die Stadt. Ich habe keine Lust, mir den Spaß verderben zu lassen.«

Und das Geschäft, dachte Albin. Aber mit einem hatte Matteo gewiss recht: Albin sollte sich das alles mal genauer ansehen.

14

Albin fuhr rechts ran, stieg aus dem SUV, öffnete den Kofferraum und hob Tyson heraus, der es sich dort in seinem Hundebett bequem gemacht hatte. Anfangs hatte Albin keines besessen. Aber mit der Zeit hatte er befürchtet, dass Tyson auf der Ladefläche hin- und herpurzeln würde, wenn Albin einmal etwas rauer fahren musste, was gelegentlich durchaus geschah.

Die Sonne glühte und ließ die Luft über der Straße flirren. Es war totenstill. Nicht einmal der Wind war zu hören. Das rot-weiße Flatterband mit dem Aufdruck »Police«, das einen Teil der Böschung abgrenzte, bewegte sich nicht. Es roch schwach nach Rosmarin und wildem Thymian, der in dicken Büschen am Straßenrand wuchs.

Albin sah sich um, stellte sich vor, wie Gaspard Lacroix hier entlanggefahren war, und verortete dann eine weitere Polizeiabsperrung mit rot-weiß gestreiftem Plastikband in einem Weinfeld neben der Straße. Albin ging davon aus, dass der Abschnitt neben der Straße den Bereich markierte, in dem die Spurensicherung Kugeln aus dem Gewehr gefunden hatte, die sich in den Felsen gebohrt hatten. Der Bereich im Weinfeld war dann sicherlich die Zone, in der sich der Schütze befunden hatte.

Albin zog die Gitanes-Schachtel aus der Hosentasche und trat einen Schritt zurück, als eine Gruppe Rennradfahrer auftauchte und an ihm vorbeisauste. Er steckte die Zigarette an, stieß den Rauch durch die Nasenlöcher aus und blickte den Radlern hinterher, über denen sich die graue Spitze des kahlen Riesen namens Mont Ventoux in den knallblauen Himmel erhob.

Du könntest selbst mal etwas Rad fahren, schien Tyson zu sagen, der neben Albin hockte.

»Damit ich auch erschossen werde?«, erwiderte Albin und sah sich weiter um, damit er ein Gefühl für den Ort bekam.

Im Gegenteil: Damit du fitter wirst und länger lebst, Chef.

»Ich besitze sogar ein Rennrad.«

Du hast es seit Jahren nicht benutzt.

»Eher seit Jahrzehnten nicht. Es steht im Carport. Ist sogar ein gutes. Ich hatte es angeschafft, weil ich damit zur Arbeit radeln wollte. War eine blödsinnige Idee. Habe ich nie gemacht. Rausgeworfenes Geld.«

Aber bestimmt funktioniert es noch?

Albin zuckte mit den Schultern. »Vermutlich sind die Reifen platt, die Kette müsste geölt und alles entstaubt werden – aber sicher wird es noch funktionieren.«

Schließlich setzte sich Albin in Bewegung, überquerte die Straße und betrat das Weinfeld. Tyson folgte ihm.

Kurz vor der Absperrung blieb er stehen, sah sich wieder um, blickte auf die Uhr und wendete sich zur Straße. Der Schütze hatte den Standort so gewählt, dass er zur Tatzeit die Sonne im Rücken hatte. Was bedeutete, dass er nicht nur die Gewohnheiten von Gaspard Lacroix kannte, sondern auch seinen Standort darauf abgestimmt und Ort und Zeit angepasst hatte, was für eine nicht unerhebliche

Vorbereitung sprach – vielleicht noch etwas intensiver, als Cat und Theroux bislang annahmen. Die Entfernung bis zur Straße betrug nach Albins Einschätzung knapp hundert Meter. Klang viel, war es aber gar nicht, wenn man durch ein Fernglas blickte. Die Einflüsse des Windes konnte man getrost vernachlässigen, und wenn man mit einem guten Gewehr schoss, sollte es nicht allzu schwer sein, das Ziel zu treffen, wenn man vorher schon einmal geschossen hatte. Und ein Täter, der so planvoll vorging wie der Mörder von Lacroix und Bernard, würde nichts dem Zufall überlassen und vorher trainiert haben – allein, um sich mit der Waffe vertraut zu machen. Abgesehen davon hatte er mehrere Schüsse benötigt – und je länger Albin darüber nachdachte, desto eher kam er zu dem Schluss, dass der Täter nicht zwingend ein geübter Schütze sein musste. Er glaubte vielmehr, dass mit guter Ausrüstung und etwas Vorbereitung so ziemlich jeder in der Lage gewesen wäre, Gaspard Lacroix vom Rad zu schießen. Andererseits wäre vielleicht nicht jeder in der Lage, einen Kopftreffer zu landen.

Albin rauchte auf und ging zurück zum Auto, hob Tyson in den Kofferraum und fuhr zum nächsten Tatort, wo er das Spiel wiederholte, sich auf der Straße umsah und dann ins Feld ging, um den Standort des Schützen einzunehmen.

Wieder glich er den Stand der Sonne mit der Uhrzeit ab und kam erneut zu dem Schluss, dass der Schütze auch hier die Sonne im Rücken gehabt haben musste. Albin dachte darüber nach, dass man sich ziemlich sicher sein musste zu treffen, wenn man auf den Kopf zielte. Denn weder von hier noch vom anderen Standort aus hätte man nachsetzen können. Wenn das Opfer auf der Straße lag, war der Winkel zu flach, Buschwerk wäre im Weg und die Sicht auf ein auf der Straße liegendes Opfer versperrt. Bei der Jagd würde man zur Beute gehen und ihr mit einer kurzläufigen Waffe den Fangschuss geben.

Albin rauchte eine weitere Zigarette und sah erneut eine Gruppe von Radlern, die um eine Kurve bog und die Straße entlangsauste. Er peilte die Radler über den Daumen an, folgte ihnen mit dem Finger und stellte fest, dass man nicht allzu schnell mitschwenken musste. Auch hier, dachte er, wäre man als Schütze, der etwas trainiert hatte und über ein vernünftiges Gewehr mit einer vernünftigen Zieloptik verfügte, durchaus in der Lage, einen Treffer zu landen.

Warum probierst du es nicht aus?, schien Tyson zu fragen, der schnaubte, Albin ansah und dann einem Schmetterling hinterherblickte.

»Ich besorge mir ein Gewehr mit Fernrohr und schieße auf ein bewegliches Ziel?«

Zum Beispiel. Dann weißt du, wie schwer es ist. Oder du fragst jemanden, der sich auskennt. Einen professionellen Scharfschützen zum Beispiel.

»Hm«, machte Albin und nahm den Daumen wieder runter. »Es macht mir Sorgen«, murmelte er, »dass es anscheinend keinen Zusammenhang zwischen den Opfern gibt und es dem Täter eher darum geht, aus Spaß an der Freude Radfahrer zu erschießen. In diesem Fall war das hier nicht seine letzte Tat, und die Tour de France steht vor der Tür. Mit jeder Menge Radfahrern, auf die man schießen kann.«

Du meinst …

»… dass er vielleicht für den großen Auftritt trainiert. Dass er sich auf das Spektakel vorbereitet und mit Schüssen auf mobile Ziele aufwärmt. Ich habe die Befürchtung, dass Matteo recht haben könnte mit dem, was er vorhin gesagt hat. Dass es um die Tour selbst gehen könnte.«

Dennoch könnte es einen Zusammenhang zwischen den Opfern geben. Beide waren Radfahrer, beide im selben Alter …

»… und damit hat es sich bereits, zumindest im Augenblick. Wir müssen aber vom Worst Case ausgehen, Tyson, und Schlimmeres verhindern. Und der schlimmste Fall könnte sein, dass ein verrückter Sniper auf die Fahrer der Tour de France schießen wird und womöglich auch auf das Publikum.«

Das wäre eine Katastrophe. Aber wie willst du das verhindern?

»Ich«, erwiderte Albin und zog das Handy, »schon mal gar nicht.«

15

»Okay«, sagte Castel vor dem Whiteboard, das mit Bildern von den Tatorten und Notizen bedeckt war. Dann tippte sie mit der Fingerspitze auf das digitale Whiteboard und rief dort weitere Fotos und Satellitenaufnahmen auf. Dann wandte sie sich wieder den Kollegen im Lage- und Besprechungsraum des Hôtel de Police zu und fasste zusammen, was sie eben erklärt hatte.

»Wir konzentrieren uns zunächst auf das persönliche Umfeld von Lacroix und Bernard und suchen nach Übereinstimmungen, gemeinsamen Gegnern. Beide hatten rechtliche Streitigkeiten. Im Fall von Lacroix wissen wir, mit wem. Im Fall von Bernard wissen wir es noch nicht umfassend. Die Kollegen in Avignon beleuchten die Polizeivergangenheit von Lacroix und insbesondere den ehemaligen Soldaten Chopard. Aber auch hier wird sich die Frage nach dem verbindenden Element zwischen den beiden Opfern stellen – bislang haben wir nichts gefunden, bis auf die Tatsache, dass beide Radfahrer waren. Wir wollen außerdem mehr über das Gewehr wissen: Woher stammt es, wer hat es gekauft, wer hat einen Jagd- oder Waffenschein oder Erfahrungen mit solchen Waffen? Außerdem müssen wir die Kameraauswertungen von Kreuzungen und Plätzen vornehmen – die Zuteilungen bleiben wie vorhin besprochen.«

Cat ließ den Blick über die rund zehn anwesenden Kollegen schweifen. Keiner widersprach.

»Außerdem«, ergänzte sie, »werden wir bei der Staatsanwaltschaft ein Gutachten beantragen und einen Operativen Fallanalytiker um eine vorläufige Einschätzung bitten. Wir müssen zweigleisig fahren und im Auge behalten, dass wir es mit einem Sniper zu tun haben könnten. Das war es dann. Wir sehen uns morgen wieder. Danke.«

Cat wartete den Aufbruch ab. Dann nahm sie ihren Laptop und ging zum Büro – und stutzte in der Tür, weil jemand an ihrem Platz saß.

»Gabriel!«, zischte sie, schloss die Tür hinter sich und lehnte sich mit dem Rücken dagegen.

Martinet bleckte die Zähne, was wohl ein Grinsen darstellen sollte. »Keine Sorge«, sagte er, »bin gleich wieder weg. Es ist besser, persönlich zu sprechen als über Telefon.«

»Ich habe mir ein neues Handy besorgt.«

»Trotzdem«, sagte Martinet und drehte sich abwechselnd nach links und rechts im Drehstuhl. »Bist du jetzt überzeugt, dass ich recht habe?«

Das war Cat. Wenngleich sie weiterhin vorsichtig bleiben würde: Martinet war kein Samariter. Sein Ziel war nicht, Cat zu helfen. Sein Ziel war, sein eigenes zu erreichen, und dazu wäre ihm jedes Mittel recht.

»Dein Kollege«, sagte sie, »hat zwei Wanzen gefunden und außerdem Spionagesoftware auf meinem Handy. Er meinte, mein Laptop sei sauber, aber das müsse nichts heißen, denn wer ein Handy hacken könne, der könne das jederzeit auch mit einem Computer tun, wenngleich das aufwendiger wäre, denn mein Laptop ist ein Polizeigerät mit entsprechender Sicherheitssoftware.«

»Dann wird das so sein«, sagte Martinet. »Du solltest bald Kontakt zu Vollant aufnehmen. Erklär ihm, dass du der Meinung bist, dass ich dich überwachen lasse und du daraus schlussfolgerst, dass ich dir ans Zeug flicken will.«

»Ja, wir haben bereits darüber gesprochen.«

»Worüber wir noch nicht gesprochen haben«, sagte Martinet und stand auf, »ist das hier.«

Er zog ein Telefon aus der Tasche und legte es auf Cats Schreibtisch. »Das hier ist sicher. Nutz es, um mit mir Kontakt aufzunehmen.« Dann stand er auf. »Gib mir Bescheid, sobald sich irgendetwas ergibt. Wir treffen uns dann und reden.«

Cat trat zur Seite und gab die Tür frei. Martinet grinste erneut sein Haifischgrinsen. »Je mehr wir erfahren, desto besser. Und pass auf dich auf.«

Cat sagte nichts, nickte nicht einmal, als Martinet das Büro wieder verließ und ihr noch einen schönen Tag wünschte.

»Scheiße«, murmelte sie dann, kickte die Tür wieder zu und knallte ihren Laptop auf den Schreibtisch. Machen wir uns nichts vor, dachte sie: Martinet hatte sie in der Hand, Vollant und seine Kumpane ebenfalls – und weswegen? Immer noch alles nur wegen der Ereignisse damals in Marseille. Wegen des Mannes, dessen Namen Cat unter dem Edelstahlarmband zu verstecken suchte.

Sie zuckte zusammen, als ihr Telefon klingelte. Für einen Moment musste sie sich sortieren – welches der nunmehr drei Handys war es? Eine Sekunde später war ihr klar, auf welchem gerade ein Anruf einging. Es war keines der neuen. Und auf dem Display war der Name »Albin« zu lesen.

Castel gab einen Stoßseufzer von sich und nahm das Gespräch an.

»Castel«, sagte Leclerc, »sperren Sie die Ohren auf. Ich habe mir gerade die Tatorte in den Fällen Bernard und Lacroix angesehen und bin zu dem Schluss gekommen, dass ein Eingreifen erforderlich ist.«

»Wie meinen Sie das?«

»Es betrifft die Etappe der Tour de France. Sie muss abgesagt werden.«

»Wie bitte?« Cat ging zu ihrem Stuhl und setzte sich.

»Wenn dieser Verrückte Spaß daran hat, auf Radler zu schießen, dann wird er es wieder tun.«

»Albin – ich weiß, ich habe für den Worst Case ähnliche Gedanken, aber …«

»Haben Sie eine Ahnung, was bei der Tour de France los ist?«

»Natürlich habe ich das.«

»Können Sie sich vorstellen, was passiert, wenn da jemand auf die Profis schießt?«

»Sicherlich …«

»Solange ihr nicht ausschließen könnt, dass ein irrer Sniper da draußen unterwegs ist, müsst ihr davon ausgehen, dass es einen Anschlag auf die Tour geben könnte.«

»Ja, aber …«

»Castel. Das größte Radsportevent Frankreichs und zugleich das bekannteste der Welt macht Station bei uns zu einer der legendärsten Etappen in der Geschichte – und ein paar Tage vorher beginnt jemand, auf Radler zu schießen!«

»Die Medien spekulieren bereits darüber, und …«

»Verstehen Sie, was ich Ihnen sagen will?«

»Meine Güte, Albin!« Castel kickte vor Wut gegen den Schreibtisch. »Ich bin ja nicht blöd! Theroux ebenfalls nicht! Wir alle nicht! Aber ich habe nicht die Kompetenz …«

»Papperlapapp.«

»… einfach so die Tour de France abzusagen! Das liegt einige Etagen höher, okay? Und ich habe wirklich nicht die Zeit …«

»Ausflüchte.«

»… mich auch noch darum zu kümmern, und …«

»Dann machen Sie Montfavet und Bonnieux verrückt. Und die sollen dann andere verrückt machen, die wiederum weitere verrückt machen.«

»Albin, die wissen alle sehr gut, was …«

»Die wissen gar nichts. Die verschließen ihre Augen.«

»Meine Güte, wirklich! Können Sie nicht … wieder zurück nach Martinique?«

»Da war ich doch schon.«

»Albin, ernsthaft.« Castel atmete tief durch. »Ich sehe es ja ähnlich wie Sie. Aber Sie sind Profi genug, um zu wissen, wie die Ermittlungen laufen und dass wir zunächst im privaten Umfeld der Opfer nach einer Verbindung suchen.«

»Natürlich weiß ich das.«

»Dürfen wir dann bitte unsere Arbeit machen?«

Albin zögerte. »Ich wollte es ja nur mal erwähnt haben«, sagte er. »Ich will mir später keine Vorwürfe machen müssen.«

»Niemand will das – und Albin? Bitte halten Sie sich raus, in Ordnung? Ich bin mir ziemlich sicher, dass wir noch auf Ihre Expertise und Ihre Unterstützung zurückkommen werden, aber …«

»Sie schmieren mir Honig um den Mund, Sie Schmeichlerin!«

»… aber zum gegenwärtigen Zeitpunkt wäre ich froh, wenn ich in aller Ruhe meine Arbeit machen könnte, denn es stürzt gerade ganz schön viel auf mich ein.«

»Wegen Marseille?«

»Marseille?«

»Castel. Ich bin ebenfalls nicht blöd. Sie haben da irgendetwas am Laufen – oder andere haben etwas mit Ihnen am Laufen.«

»Das ist nichts Wichtiges.«

»Wenn Sie meinen. Was es auch ist: Lassen Sie sich nicht vor einen Karren spannen, den andere in den Dreck gefahren haben.«

Cat stutzte, dachte nach. Wie kam er denn nun darauf? »Albin, ich weiß nicht, was Sie meinen.«

»Sie telefonieren auf meiner Hochzeit mit bestürzter Miene. Ich höre, dass dieser Martinet wieder auftaucht, und bei Ihnen gehen zu Hause Handwerker ein und aus, von denen sie behaupten, es seien Klempner, die mir aber wiederum versichern, sie seien Internettechniker. Mit Marseiller Kennzeichen. Und das ist sicherlich längst nicht alles, oder?«

Castel schwieg.

Albin sagte: »Alles in allem nehme ich an, dass Ihre Vergangenheit Sie wieder einmal einholt und jemand etwas von Ihnen will. Sie sollen etwas für diesen Martinet erledigen, richtig?«

Castel sagte nichts.

»Wie ich schon sagte«, wiederholte Albin, »lassen Sie sich nicht vor seinen Karren spannen.«

»Keine Sorge«, erwiderte Castel, »ich bin schon erwachsen.«

»Mhm«, machte Albin.

»Was man nicht von jedem behaupten kann.«

»Es ist wichtig, das Kind im Manne wachzuhalten.«

Castel lachte. »Albin, versprechen Sie mir bitte, dass Sie sich nicht in die Ermittlungen einmischen?«

»Ich verspreche es hoch und heilig«, sagte Albin.

Dann beendeten sie das Gespräch.

16

Albin hatte mitnichten vor, sich einzumischen. Er würde nichts durcheinanderbringen. Vielmehr würde er versuchen, Ordnung zu schaffen, und das konnte man wohl kaum als »sich einmischen« bezeichnen. Abgesehen davon hatte er als polizeilicher Berater sowieso nicht die Kompetenz, sich »einzumischen«. Er konnte beraten, mehr nicht, keine Fakten schaffen. Insofern sollte man im Fall von gut begründeten Ratschlägen nun wirklich nicht von einer »Einmischung« reden, dachte er, als er mit Tyson auf die Mairie zuging, sich bis ins Bürgermeisterbüro durchfragte und schließlich ins Sekretariat vordrang, wo er selbstredend eine Abfuhr kassierte.

»Monsieur«, sagte eine der beiden Sekretärinnen, die Headsets trugen und jeweils vor zwei großen Bildschirmen saßen, »unser Bürgermeister ist im Augenblick wirklich sehr beschäftigt, und wenn Sie keinen Termin bei ihm haben, dann wenden Sie sich bitte mit einer Mail oder telefonisch an die entsprechende Abteilung, die für Ihre Anfrage zuständig ist, und Sie …«

Albin hob die Hand, um zu bedeuten, dass er genug gehört hatte, und unterbrach die Dame. »Ich wiederhole: Ich bin Ex-Commissaire Albin Leclerc und polizeilicher Berater, der Bürgermeister hat mich persönlich vor einigen Jahren mit einer Ehrenmedaille für meine langjährigen Verdienste und als Lebensretter ausgezeichnet. Mein Anliegen ist dringend und duldet keinen Aufschub.«

»Aber der Maire ist extrem beschäftigt. Selbst wenn er wollte, könnten Sie gar nicht mit ihm reden. Ich bitte um Verständnis.«

»Hm«, machte Albin und sah sich um. Links war das Bürgermeisterbüro mit der verschlossenen Tür. Dann gab es nur noch das Vorzimmer. »In Ordnung«, sagte er und verließ das Sekretariat.

Er schloss die Tür hinter sich, sah sich erneut um und fand schließlich die Toiletten für die Beschäftigten in dieser Etage des Rathauses. Man musste nur einmal kurz um die Ecke in einen anderen Flur gehen. Albin griff sich einen der Stühle, die für Wartende vor dem Bürgermeisterbüro standen, und ging mit Tyson dorthin. Er stellte den Stuhl in die Nähe des Eingangs zur Herrentoilette etwas abseits des Bürgermeisterbüros und setzte sich.

Tyson sah ihn groß an.

»Was ist?«, fragte Albin und verschränkte die Arme. »Früher oder später wird er pinkeln müssen. In seinem Büro gibt es keine Toiletten, das weiß ich, weil ich dort schon war. Er hat Gäste, wird jede Menge Kaffee trinken. Es ist kurz vor Mittag. Gleich wird er zum Essen gehen. Vor der Mittagspause geht man noch mal zur Toilette – oder danach. Es wird nicht lange dauern, bis er aus dem Büro kommt, vertrau mir.«

Tatsächlich öffnete sich zehn Minuten später die Tür zum Bürgermeisterzimmer. Zwei Männer kamen heraus, unterhielten sich miteinander und bogen in Albins Richtung ab, auf dem Weg zur Toilette. Beide trugen Anzüge. Der eine war Bürgermeister Rainier Moreau.

Und der andere …

»Zum Teufel«, sagte Staatsanwalt Luc Bonnieux und stockte in der Bewegung.

Albin dachte dasselbe, sprach es aber nicht aus. Bonnieux – der hatte ihm gerade noch gefehlt. Albin hob lässig die Hand zum Gruß und stand auf. »Bonjour, Herr Bürgermeister und Herr Staatsanwalt. Na, so ein Zufall.«

»Ha! Von wegen!«, blaffte Bonnieux, ging mit großen Schritten auf Albin zu und blieb etwa einen Zentimeter vor ihm stehen. »Leclerc. Was lungern Sie hier auf dem Flur vor den Toiletten herum?«

»Das ist ein öffentliches Gebäude. Ich kann lungern, wo und so lange ich will.«

»Ich dachte, Sie sind zurzeit auf Hochzeitsreise und gar nicht da?«

»Bin ich auch nicht. Das hier ist nur ein Hologramm.« Albin trat einen Schritt zur Seite und nickte dem Bürgermeister zu. »Monsieur Moreau. So ein Zufall, dass ich Sie hier sehe. Ich hätte da ein Anliegen.«

»Ich habe ebenfalls ein Anliegen, Leclerc«, erwiderte der Bürgermeister und deutete mit einem Nicken auf die Tür zum Herren-WC.

»Es geht um die Morde.«

»Wegen denen haben der Staatsanwalt und ich eben eine Unterredung gehabt.«

»Leclerc«, zischte Bonnieux und trat von einem Bein aufs andere, »Sie haben damit ab-so-lut nichts zu schaffen!«

Albin ignorierte Bonnieux' Tiraden und sprach weiter mit dem Bürgermeister, während Tyson an Bonnieux' Hosenbein schnüffelte. »Ich muss Ihnen nicht erklären, was passiert ist«, sagte Albin. »Aber ich muss Ihnen erklären, was noch passieren könnte.«

»Hat das eine Minute Zeit?« Moreau drängte sich an Albin vorbei und öffnete die Tür zur Toilette. Albin machte ihm Platz.

»Hunde«, zischte Bonnieux und folgte Moreau, »sind in diesem Gebäude übrigens verboten. Das ist eine Ordnungswidrigkeit.«

Albin seufzte und blickte mit einem Kopfschütteln zu Tyson. Tyson blickte unschuldig zurück. Dann ging Albin den beiden hinterher, Tyson ebenfalls. Sie blieben an den Waschtischen stehen, während sich Bonnieux und Moreau an den Urinalen aufstellten.

Albin ließ sich dadurch nicht stören und sprach einfach weiter. »Das Problem ist, dass wir zum gegebenen Zeitpunkt nicht ausschließen können, dass der Scharfschütze ein Serientäter sein könnte. Ein Sniper, der auf Radfahrer schießt, und die Tour de France rollt in Kürze an. Können Sie sich nur ansatzweise vorstellen, was passiert, wenn er auf die Profis schießt? Vor laufenden Fernsehkameras? Mal abgesehen davon, dass es Tote geben würde, wäre der Skandal immens, denn die Medien würden zu Recht fragen: Warum hat die gastgebende Region das Massaker nicht verhindert, wo doch bekannt war, dass ein Killer auf Radfahrer schießt? Man wird Sie, Moreau, und alle anderen Involvierten zur Verantwortung ziehen.«

»Meine Güte, Leclerc«, murmelte Bonnieux beim Pinkeln. »Da braucht es nicht Sie, um uns darauf aufmerksam zu machen.«

Moreau starrte auf die Kachelwand vor sich. »Genau das war das Thema meiner Unterredung mit dem Staatsanwalt, Leclerc. Ich habe mich ins Bild setzen lassen, weil es eine kurzfristige Konferenz mit den Bürgermeistern der Gemeinden gibt, durch die die Tour führen wird. Außerdem ist daran der Conseil départemental de Vaucluse beteiligt.« Der in Avignon ansässige Regionalrat war so etwas wie die Bezirksregierung des Vaucluse. »Es wird um erweiterte Sicherheitsmaßnahmen gehen, deutlich höhere Polizeipräsenz und mehr. Wir werden sämtliche Notfallkonzepte für Großveranstaltungen anpassen.«

Albin betrachtete sich selbst im Spiegel, der über den Waschtischen angebracht war. In diesem Licht sah er noch braun gebrannter aus und seine Haare noch viel weißer. »Sie müssen die Tour absagen oder die Etappe verlegen«, sagte Albin.

Bonnieux lachte spöttelnd auf. »In welcher Welt leben Sie, Leclerc? Die Tour de France wenige Tage vor ihrem Eintreffen in der Region absagen? Die renommierteste Etappe des Radsports weltweit am Ventoux ausfallen lassen – wegen der Spekulation eines alten Mannes?«

Albin blickte zu Tyson.

»Hat er gerade ›alter Mann‹ gesagt?«, fragte Albin in Gedanken.

Das hat er, Chef, schien Tyson zu erwidern. *Ich habe es mit eigenen Ohren gehört.*

Moreau war fertig, tröpfelte ab und schloss seinen Reißverschluss, worauf die Spülung ansprang. »Der Aufwand wäre immens«, erklärte Moreau, drehte sich um und ging zu den Waschtischen, um sich die Hände zu waschen. Albin trat einen Schritt zurück. »Es hängt vieles an der Tour – und ich rede nicht nur vom Marketing, der Hotellerie und Gastronomie. Wir sind eine strukturschwache Region, jeder Euro ist willkommen. Es gibt zum Beispiel viele Fördergelder, die bereits investiert sind und dann wieder zurückgezahlt werden müssten. Außerdem müssten wir uns kurzfristig mit der Tourleitung besprechen, was wir übrigens sowieso machen werden. Und ich wiederhole: Wir tun das, was im Augenblick angezeigt ist, um die maximale Sicherheit zu garantieren, was, am Rande bemerkt, mit erheblichen Mehrkosten verbunden sein wird. Aber am Ende sind nicht wir es, die über eine andere Route entscheiden. Das tut allein die Tourleitung.«

»Aber Sie, die anderen Bürgermeister und der Regionalrat sind die Vertreter der genehmigenden Behörden«, erwiderte Albin. »Sie könnten die Genehmigungen einfach nicht erteilen.«

»Die sind längst erteilt«, sagte Bonnieux, der ebenfalls fertig war und herüberkam, um sich die Hände zu waschen.

»Dann ziehen Sie sie zurück.«

Moreau ließ die Hände abtropfen, wendete sich dann zum Händetrockner, der mit lautem Rauschen ansprang. »Auf welcher Grundlage«, fragte Moreau mit erhobener Stimme, »sollten wir die Genehmigungen zurückziehen?«

»Wegen der Sicherheit«, sagte Albin. »Gefahr in Verzug. Was weiß ich. Terroralarm. Rede ich Chinesisch?«

»Niemand kann doch einfach so lügen«, sagte Bonnieux laut, der sich am Händetrockner nun mit Moreau abwechselte. »Wir wissen nicht, ob tatsächlich Gefahr in Verzug ist. Es gibt keinen Terroralarm. Wir können nicht so tun, als ob, das geht nicht. Warum auch?«

»Weil es vielleicht einen Sniper gibt, der Radfahrer tötet. Und das größte Radfahrevent der Welt rollt auf uns zu«, erklärte Albin laut.

Moreau richtete sich die Krawatte. »Ich will Ihnen nur verdeutlichen, dass es nicht so einfach ist. Natürlich hätten wir Mittel und Wege …«

»Dann nutzen Sie die.«

»Leclerc«, ergänzte Bonnieux und schob seine randlose Brille zurecht. »Abgesehen von der Impertinenz, den Bürgermeister und mich mit Ihrer aufdringlichen Besserwisserei selbst auf der Toilette zu behelligen, sollte Ihnen doch Folgendes klar sein: Die Tour de France wird niemals stoppen und einfach so beendet werden. Man könnte allenfalls die Ventoux-Etappe verlegen – sagen wir in die Nachbarregion.« Bonnieux zuckte mit den Schultern. »Und? Hilft das irgendwem? Dann würde sich Ihr mutmaßlicher Scharfschütze eben ins Auto setzen und nach Arles fahren oder wo auch immer die Etappe dann entlangführen würde. Das Problem würde nur verlagert werden. Gut, wir im Vaucluse hätten dann nichts mehr damit zu tun, falls etwas geschieht. Wir hätten richtig gehandelt. Stellt sich aber heraus, dass wir hysterisch waren, und es passiert nichts auf der Tour – dann wird man uns in der Luft zerfetzen. Und seien wir ehrlich: Wie groß ist die Chance, dass Sie recht haben? Eins zu tausend? Es gibt aktuell keinerlei Ermittlungshinweise, die belegen, dass der Anschlag eines Scharfschützen droht. Das Einzige«, sagte Bonnieux mit strengem Blick und drängte an Albin vorbei nach draußen, »das Klarheit schaffen kann, ist ein rascher Ermittlungserfolg der Polizei, die jetzt alle Anstrengungen unternehmen und sämtliche Kräfte aufbieten muss. Falls sich herausstellt, dass die Tour tatsächlich in Gefahr ist, kann immer noch kurzfristig gehandelt werden. Die Uhr tickt, Leclerc.«

»Da hat er recht«, sagte der Bürgermeister und ging ebenfalls raus.

Da hat er recht, schien Tyson zu ergänzen.

Albin, der die WC-Tür vor sich zufallen sah, dachte: Da hat er recht.

Jedenfalls so lange, bis womöglich erneut etwas passierte. Aber das wollte niemand heraufbeschwören.

17

Das ist grauenhaft, dachte Exschuldirektor Justin Bonnet, als er sich aufs Rad setzte und in die Pedale trat. Man traute sich kaum noch vor die Türe. Aber nicht mit ihm. Seine Frau Claudia hatte eben beim Frühstück noch gesagt: »Justin, da schießt jemand auf Radfahrer, du bleibst besser zu Hause, bis dieser Verrückte gestoppt ist.«

Aber die Geschichte hatte gelehrt, dass man Verrückte nicht stoppen konnte und sie früher oder später über sich selbst stolperten. Mit Geschichte kannte sich Bonnet fraglos aus, denn er hatte das Fach bis zu seinem Ruhestand unterrichtet. An jedem Tag hatte er sich stoisch vor die Tafel gestellt und von der Französischen Revolution gesprochen, von römischen Kaisern, der Renaissance, den Hugenottenkriegen und dem Widerstand gegen die Nazis – völlig gleichgültig, welche Stürme ihm aus der Klasse entgegenwehten, welche Witzbolde auf sich aufmerksam machen wollten oder welche jungen Burschen einfach nicht in den Kopf bekommen wollten, was der Unterschied zwischen der Aufklärung und dem Absolutismus war.

Als Schulleiter hatte er außerdem mehr als einmal erleben müssen, dass Terror- und Amokdrohungen an Toilettentüren geschrieben worden oder Jugendliche mit Waffen in die Schule gekommen waren. Mit anderen Worten:

Bonnet konnte nichts schrecken, und er beabsichtigte nicht, vor einem Phantom mit Gewehr einzuknicken, denn genau das wollten solche Leute doch erreichen: sich an ihrer Macht weiden.

Außerdem drehte Bonnet täglich seine Runde auf dem Fahrrad. Er stand auf, duschte, frühstückte, las die Zeitung, ruhte sich ein wenig aus, zog sich dann um und fuhr los. Man konnte die Uhr danach stellen, und es gab aus seiner Sicht keinen Grund, daran etwas zu ändern. Es war schwierig genug gewesen, neue Routinen zu entwickeln und sich daran zu gewöhnen, nachdem er in den Ruhestand gegangen war.

Früher oder später, dachte Bonnet und radelte los, würde sich dieser Verrückte sowieso den Gewehrlauf in den Mund stecken und sich das Gehirn aus dem Schädel schießen – oder die Polizei würde ihn aus dem Verkehr ziehen. Dann wäre wieder Ruhe in der Provence. Abgesehen davon fieberte er der Etappe der Tour de France entgegen und plante, die letzten Meter oben auf dem Ventoux selbst mitzuerleben. Das Erlebnis würde er sich gewiss nicht vermiesen lassen. Außerdem war Claudia sowieso eine ängstliche Frau und nahm Medikamente gegen ihre Panikzustände – von daher …

Bonnet verließ Carpentras und radelte in Richtung Saint-Didier, von wo aus es weiter nach Venasque ging, dem Col de Murs entgegen. Obstplantagen säumten seinen Weg auf der schmalen Landstraße, die schnurgerade auf den Felsen zuführte, auf dem das Dorf Venasque wie ein Schwalbennest ruhte. Venasque war früher einmal Bischofssitz gewesen. Und in diesem Moment, als die Sonne in seinem Nacken brannte und ihm der Duft von Orangen in die Nase stieg, überlegte Bonnet ein weiteres Mal, ob er nicht endlich mit dem Buchprojekt über die Geschichte des Vaucluse beginnen sollte. Aber wäre es klug, wirklich damit zu starten, wo doch völlig unklar war, ob er dafür überhaupt einen Verlag gewinnen würde?

Natürlich hatte er sich bereits bei regionalen Verlagen kundig gemacht und bei solchen, die sich mit historischen Themen befassten. Aber Bonnet schwebte etwas weitaus Größeres vor. Kein Büchlein, das sein Dasein zwischen Reiseführern in den hintersten Regalen von örtlichen Buchhandlungen fristen würde und über die Region hinaus vielleicht noch nicht einmal im Handel präsent wäre. Nein, ihm ging es darum, einen viel größeren Bogen zu schlagen und ein Werk von nationaler Tragweite zu schaffen, denn die Geschichte der Region war für ihn ein Sinnbild der Entwicklung Frankreichs und Europas insgesamt.

Diese Idee verfolgte ihn bereits seit frühester Jugend, als im Internat sein damaliger Geschichtslehrer dozierte, dass das Departement Vaucluse zwar erst 1793 entstanden war, aber die Geschichte von Carpentras bis in das 5. Jahrhundert vor Christus zurückreichte. Die von Avignon sogar noch etwas weiter, das als griechischer Handelsplatz und Außenposten Marseilles genutzt wurde, aber seinerzeit schon längst eine Stadt und bereits im Neolithikum besiedelt war, was Bonnet seinerzeit überwältigt hatte: das Bewusstsein, dass alles zusammenhing, dass es miteinander verknüpft war und ineinandergriff wie Finger, die man zum Gebet verschränkte. Alles hing voneinander ab, Zufälle, die eine Bedeutung haben mochten, dachte Bonnet – oder Zufälle, denen man wegen augenscheinlicher Zusammenhänge eine Bedeutung zumaß, obwohl sie gar keine hatten. Und wahrscheinlich verhielt es sich ebenso mit Gaspard und Lacroix, nahm Bonnet an und begann zu schwitzen. Es *wirkte* so, als gäbe es einen Zusammenhang. Aber fraglos war es nur ein dummer Zufall. Eine Laune des Schicksals, das sich einen Spaß erlaubte.

Dass ausgerechnet die beiden zu den Opfern des Schützen geworden waren – gut, das war schon ungeheuerlich, das musste man zugeben. Als Bonnet davon gehört hatte, hatte er sich reichlich gewundert, denn natürlich kannte er Lacroix und Bernard von früher. Ziemlich gut sogar, aber es war Jahrzehnte her, und sie hatten den Kontakt zueinander verloren. Klar, sie alle verband – damals wie heute – der Radsport. Na ja, und natürlich diese andere Sache, die Bonnet über die Zeit hinweg verdrängt und tief in sich begraben hatte.

Aber auf der anderen Seite gab es sicherlich Hunderte anderer Menschen, die Lacroix und Bernard ebenfalls kannten und sich über eine mögliche Verknüpfung der Biographien wunderten. Kunststück, denn beide hatten sehr viel mit Menschen zu tun gehabt. Womöglich war Lacroix sogar Kunde bei Bernard gewesen und hatte sich dort seine Rheumasalbe gekauft. Ja, fraglos ging es zahllosen Menschen so wie Bonnet, die aufmerkten und dachten: Oha, die beiden kannte ich doch persönlich, ich war mit ihnen Mitglied im Fußballclub, habe ihnen Öl für die Ketten verkauft oder regelmäßig die Reifen gewechselt.

Aber Bonnet verband mit beiden etwas mehr als nur einen Reifenwechsel. Stück für Stück hatte sich die Erinnerung Bahn gebrochen an diesen Dummejungenstreich. Und gerade jetzt dachte Bonnet für einen Moment erneut daran, wobei ihn nun wirklich keine Schuld traf, oder?

Nein, absolut nicht, er war sogar damals sehr unzufrieden mit der Situation gewesen und hielt die anderen für vollkommen verrückt, wenngleich er sich letztendlich nicht dagegen gewehrt hatte. Man konnte schlecht nein sagen, oder? Dann wäre er raus gewesen, und wer hätte angenommen, dass später …

Ein Lichtblitz.

Ein sirrendes Geräusch.

Ein Hammerschlag traf Bonnet gegen den Kopf.

Als er zu Boden ging und sein Körper wie der einer Stoffpuppe über den Boden schlitterte, dachte er, dass es stimmte, was man sagte. Dass das Gehirn nicht sofort tot war und die Guillotinierten wohl noch das Blut aus ihrem eigenen Körper spritzen sahen, während ihr Kopf schon in dem Korb lag …

Dann wurde es dunkel.

18

An diesem Vormittag hatte Albin den Wagen noch nicht ganz zum Stehen gebracht, schon riss Clara die Hintertür auf und sprang ins Freie. Zum Glück bekam Manon das nicht mit, weil sie mit Veronique im Blumenladen war. Albin merkte sich, dass er das nächste Mal unbedingt die Kindersicherung einschalten sollte und Clara außerdem noch einmal ins Gebet nehmen, dass sie sich nicht einfach selbständig abschnallte und aus dem Auto stieg. Da konnte sonst was passieren. Aber zum Glück standen sie nur in einer Parkbucht am Freibad. Und Clara war deswegen so schnell aus dem Auto gestiegen, weil sie am Eingang schon ihre neue Freundin Josefine entdeckt hatte und es nicht abwarten konnte, sie zu begrüßen, was sie nun ausgiebig tat.

Albin stellte den Motor aus, nahm Claras Tasche mit den Schwimmsachen und ließ Tyson im Kofferraum. Es würde nicht lange dauern. Albin gab Clara nur bei Josefine und ihrer Mutter Giselle ab und musste danach zum Einkaufen fahren: Eine umfangreiche Einkaufsliste lag auf dem Beifahrersitz. Veronique hatte sie in ihrer akkuraten, kleinen Schrift verfasst und die Produkte auf der Liste, wie gewohnt, in der Reihenfolge aufgeschrieben, wie sie in den Regalen zu finden waren, damit Albin einfach nur von vorne bis hinten durch den Supermarkt gehen und nach links und rechts greifen musste.

Albin schulterte Claras kleinen Rucksack und ging ihr hinterher bis zum Eingang, wo er von Manons Freundin Giselle freundlich begrüßt wurde, während die Mädchen sich ausgiebig über eine TV-Sendung austauschten, die Albin nichts sagte. Giselle war in Begleitung eines Mannes in Albins Alter, den sie als ihren Vater Luc Lussac vorstellte. Er trug Shorts, ein simples Polohemd und Sonnenbrille. Im Gegensatz zu seinem Kopf waren die Unterarme und Beine recht behaart. Seine Halbglatze glänzte in der Sonne. Er wirkte fit, hatte aber nicht viel Ähnlichkeit mit seiner Tochter, die offenbar eher nach der Mutter kam. Gut, das war bei Albin und Manon nicht viel anders. Man musste schon etwas genauer hinschauen, wenn man das Leclerc'sche entdecken wollte, aber wenn man es einmal entdeckt hatte, dann war es offensichtlich.

Albin nickte ihm zu. »Angenehm, Leclerc«, sagte er und schüttelte Lussac die Hand.

»Sie spielen das Taxi für die Enkelin – oder kommen Sie auch mit zum Schwimmen?«, fragte Lussac.

Albin schüttelte mit dem Kopf. »Nein, ich war gerade zwei Wochen auf Martinique, da bin ich genug geschwommen. Ich habe noch zu tun.«

»Sicherlich wegen dieser schlimmen Vorfälle«, sagte Giselle, deren Lächeln sich zu einem anteilnehmenden Gesichtsausdruck verwandelte. »Manons Vater ist polizeilicher Berater«, erklärte Giselle ihrem Vater.

»Ah«, machte der. »Dann verstehe ich, dass Sie beschäftigt sind. Wegen heute morgen ist sicher alles in Aufruhr.«

»Heute morgen?«, fragte Albin.

»Hat man Sie gar nicht angerufen?«, fragte Giselle.

»Angerufen?«

Lussac sagte: »Die Nachrichten gaben es eben im Radio durch. Man hat offenbar wieder einen Toten gefunden.«

»Ach«, machte Albin und dachte: Castel und Theroux, ihr Verräter! »Ja. Doch, natürlich weiß ich Bescheid«, log Albin. »Genau deswegen habe ich ja zu tun.«

»Weiß man denn schon mehr?«, erkundigte sich Giselle.

»Giselle – wir wollen den Herrn Commissaire doch nicht aufhalten«, sagte Lussac.

»Danke«, sagte Albin und blickte auf sein Handy. Keine Nachricht. Kein gar nichts. »Ich muss mich nun auch entschuldigen«, ergänzte er. »Einen schönen Tag, wünsche ich, und …«

»… und wir bringen Clara dann nachher wieder nach Hause«, versicherte Giselle.

»Bestens«, sagte Albin, rang sich ein Lächeln ab – und setzte sich in Bewegung.

19

Man erreichte Venasque über die D4 oder die D28, die durch Saint-Didier führte und ein Stück weit parallel zur D4 verlief, bevor beide Straßen kurz vor Venasque aufeinandertrafen. Getrennt wurden sie bis dahin nur von einer Obstplantage, und von der Einmündung aus hatte man einen prächtigen Blick auf den Ort, in dem sich Albin und Veronique erst vor kurzem das Jawort gegeben hatten. Beide Straßen waren ab der Kreuzung gesperrt sowie in der Gegenrichtung ab Les Garrigues und ab Saint-Didier, wo ein quer gestellter Streifenwagen der Gendarmerie am Ortsausgang hinter dem »Séduction Coiffure« und dem Restaurant »Régalia Traiteur« den Weg blockierte. Was für Albin allerdings kein Problem dargestellt hatte.

Er war ausgestiegen, hatte den Polizisten seine Karte mit dem Aufdruck »Polizeilicher Berater« vor die Nase gehalten und erklärt, wer er war und dass er von den Capitaines de Police Alain Theroux und Caterine Castel wegen seiner fachlichen Expertise dringend erwartet werde – was zwar nicht stimmte, weil sie Albin ja noch nicht einmal informiert hatten, aber egal.

Glücklicherweise verzichteten die Gendarmen darauf, telefonisch bei Castel und Theroux nachzufragen. Außerdem kannten sie Albin, was ein weiterer Vorteil war und dazu führte, dass sie den Wagen zur Seite fuhren und Albin Platz machten.

Also steuerte er den SUV auf der D28, der Route de Venasque, sah nach links und rechts aus dem Fenster und erreichte schließlich die Einmündung zur D4, wo er den Blinker nach links setzte und nach ein paar hundert Metern schließlich rechts ranfuhr. Dort parkten bereits eine Reihe von zivilen Polizeifahrzeugen, darunter die Transporter von der Spurensicherung und der Kastenwagen mit dem Kennzeichen aus Nîmes, den Albin als den Dienstwagen von Rechtsmedizinerin Berthe und ihrem Team identifizierte, sowie der Wagen, den Theroux und Castel für gewöhnlich aus dem Fuhrpark auswählten.

Albin hob Tyson aus dem Kofferraum und leinte ihn an. Schließlich ging er die Straße entlang und trat auf die Gruppe von Personen zu, die neben einem leblosen Körper stand, der auf der Straße lag. Links und rechts in den Feldern sah er Kollegen von der Spurensicherung. Irgendwo zwischen den Obstbäumen würden sich wohl auch Castel und Theroux aufhalten, denn bislang konnte Albin die beiden nicht sehen.

»Da schau her«, sagte Berthe, die sich gerade aus der Hocke erhob, nachdem sie Albin erkannt hatte. Er blieb einige Meter entfernt stehen, um zu vermeiden, dass Tyson möglicherweise an der Leiche herumschnüffelte oder in der Blutlache herumtapste, die sich quer über die Straße zog und vom Schädel des Mannes ausging. Neben ihm befand sich ein geborstener Helm, den Berthe oder einer ihrer Assistenten dem Toten abgenommen haben musste. Das Rennrad lag im Straßengraben.

Albin nickte Berthe zu, die ihr knallrotes Brillengestell

kurz anhob, um ihren Mundschutz abzunehmen, und sich dann die Schutzhandschuhe auszog.

»Du bist aber schön braun geworden«, sagte sie. »Wie war der Urlaub?«

»Phantastisch«, erwiderte Albin und sah sich weiter um, sortierte die Eindrücke in seinem Kopf, um sich ein Bild von der Lage zu machen. »Viel Himmel. Viel Wasser. Viel Sand.«

Berthe lachte. »Ich habe gehört, das ist häufig so in der Karibik.«

»Scheint so.« Albin deutete mit einem Nicken zur Leiche. »Wisst ihr schon, wer das ist?«

»Da musst du Caterine oder Alain fragen.«

»Also wisst ihr es.«

Berthe zuckte mit den Schultern und faltete die Latexhandschuhe in der medizinischen Maske ein, um beides in einen Plastikbeutel zu stopfen.

»Seitlicher Kopfschuss«, murmelte Albin. »Ich würde annehmen, dass der Schütze dort oben gesessen haben muss.« Albin zeigte nach links in das Obstbaumfeld, das sich hangaufwärts in Richtung der D28 erstreckte, auf der Albin eben gekommen war. »Von dort hatte er eine ziemlich gute Schussposition und dürfte außerdem die Sonne im Rücken gehabt haben.«

»Ich glaube, das mit der Sonne ist bei den anderen beiden Morden ebenfalls so gewesen«, erwiderte Berthe und ging zum Kastenwagen, »doch hatte er da eher von unten nach oben geschossen. Aber das musst du mit Caterine und Alain besprechen.«

Jetzt entdeckte Albin die beiden zwischen den Pfirsichbäumen. Sie kamen schnurstracks auf ihn zu. Theroux ging mit großen Schritten voran, Castel folgte ihm. Kaum hatte Theroux die Straße erreicht, hob er den Zeigefinger und deutete auf Albin. Albin war klar, was als Nächstes kommen würde.

»Ich habe deinen Wagen eben schon kommen sehen, Albin!«, rief er.

Albin ließ Tysons Leine los. Tyson startete durch und lief auf Theroux zu, raste über die Straße, um – vor Freude fiepend – an seinem Bein auf- und abzuhüpfen, denn der Hund wusste, dass Theroux meistens einige Salamisticks als Snacks in der Hosentasche oder in der Jacke stecken hatte. Theroux stolperte und fiel fast hin, fing sich dann aber wieder und begrüßte Tyson mit einem ausgiebigen Tätscheln. Er murmelte irgendetwas in Richtung Albin, das der nicht verstand. Wahrscheinlich war es etwas Unfreundliches. Außerdem zog er einen Snack aus seiner Tasche, weil er wusste, dass er den Mops sonst nicht loswerden würde.

Castel ging an ihm vorbei. Sie trug ein paar Leinenturnschuhe zu einer Jeans, ein weites T-Shirt und ihre Pilotensonnenbrille. Kurz vor Albin blieb sie stehen, stemmte wortlos die Hände in die Hüften, bohrte mit der Zunge von innen gegen die Wange und musterte Albin nach dem Motto: Ich muss nicht sagen, dass Sie hier nichts zu suchen haben, Leclerc, oder?

Albin sagte: »Ich frage mich, wozu die Polizei Berater beschäftigt, diese aber erst von Unbeteiligten und aus den Medien darüber erfahren müssen, dass es wieder einen Mord gegeben hat.«

Castel schwieg sich aus, behielt aber ihren strengen Blick bei, während Theroux Tyson mit der Wurst fütterte und rief: »Albin, du hast hier nichts zu suchen, meine Güte, wer hat dich überhaupt durchgelassen?«

»Aufrechte französische Gendarmen, die Respekt vor dem Amt eines polizeilichen Beraters haben, der von der Staatsanwaltschaft in diese Position erhoben worden ist und …«

»Sie sind eine Diva«, sagte Castel.

»Dummes Zeug«, sagte Albin.

»Und wo wir gerade vom Staatsanwalt sprechen: Bonnieux wird gleich aufkreuzen, bis dahin sollten Sie besser verschwunden sein. Denn wie man hört, ist er auf hundertachtzig, weil ein Ex-Commissaire ihm und dem Bürgermeister aufgelauert hat, um sie davon zu überzeugen, die Etappe der Tour de France zu verschieben.«

»Hört man das?«, fragte Albin und betrachtete seine Fingernägel.

Castel nickte. »Und zwar aus erster Hand von Bonnieux persönlich, mit dem ich eben telefonieren durfte.«

»Es wäre klug, die Etappe zu verschieben. Vor allem jetzt, wo es einen weiteren Mord gab.« Albin deutete auf die Leiche. »Wisst ihr, wer das ist?«

Theroux schnappte sich Tysons Leine, ging mit dem Mops über die Straße und blieb neben Castel vor Albin stehen.

»Wissen wir«, sagte Castel und seufzte. »Justin Bonnet, ehemaliger Direktor des Collège Alphonse Daudet in Carpentras, mittlerweile im Ruhestand.«

»Ungefähr dasselbe Alter wie die anderen beiden Opfer, hm?«

Castel nickte und bohrte wieder mit der Zunge in der Wange – fast so, als ob sie sich irgendetwas aus den Zähnen pulen wollte, aber sie dachte nur angestrengt nach. »Er war allein unterwegs, nehmen wir an. Wir glauben, dass der Schütze von der Obstplantage aus geschossen hat.«

»Oder von der D28 aus«, sagte Albin. »Aus dem Auto. Das wäre die noch viel bessere Schussposition. Er könnte von dort über die Baumkronen hinwegschießen und müsste nicht zwischen den Bäumen hocken. Er lässt einfach das Fenster herab und kann das Gewehr sogar auflegen.«

»Möglich«, sagte Castel und blickte auf die Uhr. »Wir müssen nun erst mal mit der Witwe von Bonnet sprechen. Zwei Kollegen haben sie bereits informiert. Die anderen befragen zurzeit die Bewohner der umliegenden Häuser danach, ob sie etwas gehört oder gesehen haben.«

»Der Täter agiert sehr schnell. Als ob er keine Zeit zu verlieren hat.«

»Genau das macht mich verrückt, Albin«, sagte Theroux und drückte Albin Tysons Leine in die Hand. »Wir kommen überhaupt nicht zum Luftholen geschweige denn zum ordentlichen Ermitteln.«

»Vielleicht ist das sein Plan«, sagte Albin. »Oder er ist in Eile – weil ihm nur noch wenig Zeit bis zum eigentlichen Ziel bleibt: der Tour-Etappe zum Mont Ventoux.«

»Vieles ist möglich.«

Albin kratzte sich im Nacken. Der Sonnenbrand juckte. »Ein Apotheker, ein Expolizist, ein Exschuldirektor. Alle etwa im selben Alter, alle Radfahrer. Was verbindet sie miteinander?«

»Das wüssten wir auch gerne«, erwiderte Theroux. »Vielleicht erfahren wir bei der Witwe mehr, zu der wir jetzt fahren werden – und du begibst dich am besten nach Hause und entspannst dich im Garten.«

»Trotzdem ist Gefahr in Verzug. Die Etappe der Tour …«

»Albin«, fuhr Castel dazwischen und wirkte sichtlich genervt, »das lassen wir andere entscheiden, ja?«

»Es bleibt uns ja sowieso nichts anderes übrig«, antwortete Albin.

»Das ist doch mal eine Aussage«, sagte Theroux. »Also, du solltest besser schnell verschwinden, bevor Bonnieux aufkreuzt. Und wir fahren jetzt los, um mit der Witwe von Bonnet zu sprechen. Wir haben noch einige weitere Befragungen auf der Agenda.«

»Gute Idee«, erwiderte Albin.

»Mit *wir* meine ich nicht *dich*.«

Albin zuckte mit den Schultern, zog die zerknitterte Packung Gitanes aus der Hosentasche und steckte sich eine an, während sich Castel und Theroux in Bewegung setzten.

»Na klar«, sagte Albin und paffte.

20

Etwa eine Stunde später kam Albin mit drei großen Tüten Schokoladencroissants aus seiner Stammbäckerei zurück, stieg ins Auto und stellte die Tüten auf den Boden der Beifahrerseite, wo sie im Fußraum von der Klimaanlage gekühlt werden würden, damit die Schokolade nicht schmolz. Er nahm an, dass Castel und Theroux sicherlich eine Zeitlang bei der Witwe von Bonnet zubringen würden, bevor sie dann – wie Theroux gesagt hatte – noch ein paar weitere Befragungen vornehmen würden, was vermutlich zwei weitere Stunden in Anspruch nahm. Damit blieb Albin mehr als ausreichend Zeit, um im Hôtel de Police am Boulevard Albin Durand auf seine Hochzeit eine kleine Runde Gebäck auszugeben, was mehr als überfällig war.

Einfach so?, schien Tyson aus dem Kofferraum zu fragen, als Albin losfuhr.

»Natürlich einfach so«, erwiderte Albin in Gedanken. »Die ehemaligen Kollegen haben mir mit einer Grußkarte gratuliert und alle unterschrieben. Dafür muss man Dankbarkeit zeigen.«

Aber das ist doch gar nicht deine Art?

»Dummes Zeug. Natürlich ist das meine Art. Ich habe denen schon häufiger mal etwas vorbeigebracht – von Berthe wollen wir gar nicht erst reden. Unsummen habe ich bereits für Gebäck und Benzin ausgegeben, um in die Rechtsmedizin nach Nîmes zu fahren, und ihr eine Aufmerksamkeit persönlich zugestellt.«

Mhm, und zwar immer dann, wenn du etwas von ihr wolltest – und du redest dir ein, sie würde das nicht merken.

»Berthe kann eine knallharte Frau sein, die man milde und gewogen stimmen muss.«

Man könnte es auch Bestechung nennen.

»Das ist ein übertriebener Ausdruck für den Einsatz von Schokocroissants, und man muss schon ein ziemlich dummer Hund sein, um zu glauben, dass sich Staatsdiener mit einem Gebäck für einen Euro fünfzig korrumpieren lassen.«

Na ja, bislang hat es doch geklappt.

Albin kommentierte das nicht. Er bog auf die Straße ein, an der das Hôtel de Police lag, und suchte einen Parkplatz unter den Platanen.

»Ist dir eigentlich schon mal aufgefallen«, fragte er beiläufig, »dass der Boulevard Albin Durand zur Hälfte nach mir benannt ist? Der identische Vorname?«

Albin hörte ein genervt klingendes Schnaufen aus dem Kofferraum. Er lächelte, und sein Lächeln wurde noch etwas breiter, als er tatsächlich unmittelbar vor der mit spiegelndem Glas verkleideten Fassade der Polizei eine freie Haltebucht fand. War das zu fassen?

Wenige Momente später hatte er Tyson aus dem Kofferraum geholt, angeleint und betrat das Gebäude, wo ihn die junge Polizistin am Empfang wiedererkannte und sich mit einem freundlichen Lächeln bereit erklärte, ein paar Minuten auf Tyson zu achten, während Albin ihr ein Schokocroissant anbot, das sie dankend annahm. Schließlich ging er hoch, fand aber im Wesentlichen nur leere Büros vor – außer Zahir, der in der Brigade als Computerforensiker galt, weil er sich hervorragend mit der Technik auskannte und außerdem den direkten Draht zur IT-Abteilung hatte. Man hatte ihm diese Aufgabe zugeschoben, weil niemand anders wirklich Ahnung davon hatte geschweige denn Lust, sich darum zu kümmern. Auch ihm bot Albin ein Croissant an.

»Eine Schande«, sagte Albin, »womit ihr euch dieser Tage herumschlagen müsst.«

»Ja, die Morde sind schlimm«, sagte Zahir und wischte sich ein paar Krümel aus den Mundwinkeln.

»Ich meine die Computersicherheit. Dauernd muss ich zu Hause meine Kennwörter verändern. Das betrifft euch sicherlich noch viel stärker.«

Zahir machte eine abschätzende Geste. »Geht so«, sagte er. »Es gibt ein paar neue Server und eine neue Software, die im Hintergrund aktiv ist. Aber wir arbeiten immer noch mit denselben Programmen wie vor ein paar Jahren. Ich wünschte, die würden mal aktualisiert. Demnächst soll es wenigstens ein Sicherheitsupdate mit einer Zwei-Faktor-Authentifizierung geben. Dann bekommt jeder einen zusätzlichen PIN, um sich einzuloggen.«

»Hat auch sein Gutes: Man muss sich nicht dauernd neue Passwörter merken. Zu Hause habe ich einen Zettel mit zehn oder mehr Pins und Logins. Eine Seuche ist das.«

»Das stimmt wohl. Ist aber nicht gut, das auf einen Zettel zu schreiben. Den könnte ein Einbrecher sofort finden. Besser man sichert das auf einer Cloud.«

Albin nickte. »Werde ich beachten. Ich stelle rasch noch

Castel und Theroux eine Tüte Croissants auf den Schreibtisch und den Rest in die Teeküche.«

»Okay«, erwiderte Zahir, dessen Telefon wie aufs Stichwort läutete. »Ich sage den Kollegen dann Bescheid. Die werden sich freuen.«

»Perfekt«, sagte Albin und deutete einen militärischen Gruß an, bevor er Zahir seinem Gespräch überließ, eine Tüte Croissants in die Teeküche brachte und dann das Büro von Castel und Theroux betrat.

Castels Seite war nach wie vor unpersönlich, ohne jedes Foto, was man von Theroux' Seite nicht behaupten konnte: Überall hingen Familienbilder an der Wand oder standen gerahmt auf dem Schreibtisch neben dem Computer. Albin stellte die Papiertüte ab, kickte mit dem Finger gegen Theroux' Maus, um den Computer aufzuwecken, und stellte fest, dass er tatsächlich noch eingeschaltet war. Das Eingabefeld für das Passwort erschien auf dem Bildschirm. Da Zahir eben gesagt hatte, dass sich in der Zwischenzeit nichts verändert hatte, probierte Albin Theroux' Login aus, eine kleingeschriebene Aneinanderreihung der Namen seiner Kinder – Theroux hatte einmal beiläufig erwähnt, dass er sich das am besten merken konnte. Und da er kürzlich erneut Vater geworden war, addierte Albin einfach den Namen von Theroux' Tochter hinzu.

Bingo.

Das Login funktionierte. Das wäre künftig wohl nicht mehr so einfach, wenn sie dieses Zwei-Faktor-Dings einführen würden.

Albin zog Theroux' Stuhl heran, setzte sich und ging verschiedene auf dem Desktop gesicherte Ordner durch, orientierte sich am jeweiligen Datum von erfassten Dokumenten und Fotos und konzentrierte sich nur auf die der vergangenen beiden Wochen. Er las einige Protokolle von Vernehmungen durch, die im Zusammenhang mit den Morden an Gaspard Lacroix und Fred Bernard standen, riss einen Zettel von einem Block ab, nahm einen Kugelschreiber und machte sich ein paar Notizen, schrieb einige Namen auf und betrachtete dann die Fotos.

Die meisten waren Bilder von den Tatorten. Einige hatte Theroux in den Wohnungen von Bernard und Lacroix aufgenommen – meist handelte es sich um abfotografierte Dokumente, aber es waren auch Aufnahmen aus einem Arbeitszimmer von Fred Bernard dabei und eine Galerie von privaten Fotos, die im Wohnzimmer von Gaspard Lacroix zu hängen schienen. Albin nahm sich zunächst alles vor, das mit Lacroix zusammenhing. Er vergrößerte eine Totalaufnahme aus dem Wohnzimmer und schaute sich ein Bild an, das wegen der Skalierung auf vierhundert Prozent nicht ganz scharf war: eine Gruppenaufnahme von einigen Jugendlichen mit Rennrädern. Das Foto wirkte recht alt und zeigte wohl Lacroix mit Freunden oder Teammitgliedern eines Sportclubs. Außerdem fand Albin einige Dateien, die aus Avignon überstellt worden waren und sich insbesondere um Patrice Chopard drehten, den Albin bereits am Strand von Martinique als möglichen Verdächtigen ins Auge gefasst hatte.

Danach waren die Aufnahmen und Dokumente an der Reihe, die im Zusammenhang mit dem Mord an Fred Bernard standen. Es waren deutlich mehr, denn es hatte Zeugen gegeben, die zusammen mit Bernard geradelt waren. Es gab Aufnahmen aus dem Büro seiner Apotheke, auch Fotos, die Theroux mit dem Handy in Bernards

Wohnung gemacht hatte – wiederum in erster Linie Dokumente, Verträge, Papiere und Reproduktionen von privaten Fotos.

Albin scrollte zurück und sah sich noch einmal die Fotos aus dem Dienstbüro der Apotheke an, vergrößerte eine Ansicht von Bernards Schreibtisch auf Maximum und bewegte den Bildausschnitt mit der Maus hin und her. Schließlich blieb er an einem gerahmten Bild hängen, das neben dem Computerbildschirm stand. Der Blickwinkel war nicht optimal, das Bild war beinahe nur von der Seite zu sehen, aber …

Albin ging noch einmal zurück zu den Fotos aus Lacroix' Wohnung, fand das, was er gesucht hatte, vergrößerte es erneut und stellte nun die beiden Ausschnitte nebeneinander, um sie zu vergleichen.

»Schau an«, murmelte er.

Der Aufnahmewinkel mochte noch so ungünstig sein – aber Albin war sich ziemlich sicher, dass die Motive identisch waren. Er suchte nach einer Möglichkeit, die Fotos auszudrucken, fand aber den passenden Befehl nicht und wusste auch nicht, wo der Drucker stand – hier im Büro jedenfalls nicht. Also nahm er sein eigenes Handy, fotografierte den Bildschirm, schloss dann sämtliche Ordner und meldete sich ab. Dann stand er auf, verließ das Büro, holte Tyson am Empfang ab, warf einen Blick auf die Uhr und schätzte, dass Castel und Theroux mit ihrem Besuch bei der Witwe von Justin Bonnet fertig und inzwischen mit den angekündigten weiteren Befragungen beschäftigt sein sollten. Dann wäre der Weg für ihn frei. Dennoch war es besser, das vorher zu verifizieren.

Er stieg in den SUV und fragte sich, ob oder warum

Theroux das nicht aufgefallen war. Mochte sein, dass er noch nicht genug Zeit gehabt hatte, sich damit zu befassen. Oder er war schlichtweg übermüdet, gestresst gewesen – oder eine Mischung aus allem – und hatte es deshalb nicht bemerkt. Wie auch immer: Albin überlegte, ob Bonnet wohl ebenfalls im Besitz einer solchen Fotografie gewesen war wie Bernard und Lacroix. Denn zwei mochten noch ein Zufall sein, dachte Albin und setzte rückwärts aus der Parkbucht. Aber bei drei Bildern würde man nicht mehr von Zufall sprechen können.

Bei dreien wäre es ein System.

21

Plötzlich, dachte Cat, überschlugen sich die Informationen und Erkenntnisse. Sie parkte gerade in dem Wendehammer, in dem sie schon einmal gehalten hatten, als sie die Witwe von Gaspard Lacroix besucht hatten, während Theroux auf dem Beifahrersitz ein Telefongespräch nach dem nächsten führte. Gerade regte er sich fürchterlich auf, weil Albin Leclerc ihn anrief und irgendetwas wissen wollte, weswegen Theroux schimpfte und Albin zum x-ten Mal sagte, dass er sich heraushalten sollte, und schließlich mit einem genervten Geräusch das Gespräch einfach beendete.

»Der Mann«, schimpfte Theroux, »kapiert es einfach nicht.«

»Ich habe ihm kürzlich gesagt, dass er unverbesserlich ist«, sagte Castel und stellte den Motor aus.

»So ist es.«

»Er hat geantwortet, dass man Gutes kaum noch besser machen kann.«

Theroux lachte auf. »Typisch.«

Dann stiegen sie aus – aber nicht, um noch einmal die Witwe aufzusuchen. Dieses Mal ging es um den Nachbarn Villefranche.

Eben noch hatten sie mit Claudia Bonnet gesprochen und sie behutsam nach den Gewohnheiten ihres verstorbenen Mannes befragt, nach möglichen Feinden und allem anderen, was für die Ermittlungen relevant sein könnte. Sie hatten auch nach den anderen beiden Opfern gefragt, aber von Claudia Bonnet nur das gehört, was die Ehefrauen der anderen Toten ebenfalls geantwortet hatten: Man kenne einander vom Sehen, wie man sich in einer Kleinstadt halt so kenne, und beim Apotheker Bernard sei man Kunde gewesen. Viel anzufangen war damit nicht, eigentlich gar nichts.

Und was Feinde anging, war es bei Justin Bonnet nicht anders als bei dem Polizisten Lacroix: Es gab so manche Exschüler, die ihrem früheren Lehrer nicht gewogen waren, wegen schlechter Noten zum Beispiel, weil er sie hatte durchfallen lassen ... Wenngleich laut seiner Witwe Claudia ein oder zwei Personen besonders impertinent gewesen waren, einer habe ihrem Mann sogar Drohbriefe geschrieben. Allerdings war sie wegen des Mordes an ihrem Mann so außer sich, dass sie sich an keine Details oder Namen erinnern konnte, zumal die Vorfälle einige Jahre zurücklagen. Cat und Theroux würden die Frau wie die anderen Witwen in jedem Fall nochmals befragen müssen, vielleicht auch ein drittes oder viertes Mal, nachdem sich der erste Schock über die Ereignisse gelegt hatte. Denn dann sah man meist klarer – zum Beispiel mit Blick auf Paul Villefranche.

Castel und Theroux blieben vor dem schweren Metalltor stehen, an das zu beiden Seiten der Maschendrahtzaun angrenzte. Auf einem der Pfosten des Tores konnte man eine Überwachungskamera erkennen. Villefranche war Cat bereits beim ersten Besuch bei der Witwe von Gaspard Lacroix sehr feindselig eigenbrötlerisch vorgekommen. Die übertriebene Sicherung seines Grundstücks unterstrich diesen Eindruck.

»Meine Güte«, murmelte Theroux und massierte sich die Nasenwurzel. Er hatte wegen seiner kleinen Tochter erneut eine kurze Nacht hinter sich und heute bereits mehr als genug zu tun gehabt. Dabei war der Tag noch nicht alt.

»Besser gesichert als Guantanamo«, bemerkte Cat.

»Paranoider Typ.«

Cat zuckte mit den Schultern und drückte den Klingelknopf ein weiteres Mal. Schließlich meldete sich eine unfreundliche Stimme im Lautsprecher der Gegensprechanlage.

»Wer da?«

»Polizei«, sagte Cat. »Capitaine Caterine Castel und Capitaine Alain Theroux. Wir würden gerne mit Ihnen sprechen, Monsieur.«

»Sie waren doch kürzlich schon hier?«

»Nicht, um Sie zu besuchen.«

»Wegen des Nachbarn.«

»Das ist richtig. Wir würden gerne …«

»Ich habe nichts zu sagen.«

»Es sind nur ein paar Fragen, die wir mit Ihnen …«

»Rede ich Chinesisch? Ich habe nichts zu sagen!«

Cat rollte mit den Augen. Und Alain, das war ihm anzumerken, stand kurz vor dem Explodieren. Er konnte es nicht ertragen, wenn Menschen die Polizei ignorierten oder sie wie Dummköpfe dastehen ließen.

»Jetzt hören Sie mal zu, Villefranche«, bellte Theroux in die Gegensprechanlage und beugte sich extra vor, um noch besser gehört zu werden. »Wir kommen nicht zum

Spaß hierher! Sie reden mit der Polizei und nicht mit dem Briefträger! Wenn Sie es ablehnen, mit uns zu sprechen, erhalten Sie eine amtliche Vorladung. Wenn Sie die ebenfalls ignorieren, bekommen Sie ein Bußgeld obendrauf und eine Haftandrohung! Ihr Nachbar ist ermordet worden, und Sie machen solche Anstalten, Mann! Was sollen wir da von Ihnen denken? Dass Sie etwas zu verbergen haben?«

Die Stimme am anderen Ende blieb stumm. Dann meldete sich der Türsummer. Das Metalltor sprang mit einem Klick auf.

»Meine Fresse«, murmelte Theroux. »Für wen halten sich diese Komiker? Und für wen halten die uns?«

Cat ließ das unkommentiert und ging neben Theroux auf das Haus von Villefranche zu, das im Zentrum einer akkurat gemähten Rasenfläche lag. Es gab ebenso akkurate Bepflanzungen rund um das Haus, das schlicht gebaut war und aus den fünfziger Jahren stammen mochte. An den Ecken des Dachs waren Scheinwerfer angebracht. Außerdem gab es einen Carport, in dem ein neu aussehender Geländewagen neben einem Motorrad geparkt war, und einen Schuppen – beides in tadellosem Zustand.

Villefranche stand vor der Haustür. Er trug einen Jogginganzug, der ihm einige Nummern zu groß war. Als Cat und Theroux den Mann vor ein paar Tagen beim Schneiden der Hecke gesehen hatten, hatte er deutlich ungepflegter gewirkt als jetzt. Vielleicht hatte er gerade frisch geduscht.

»Keine Ahnung«, rief er den beiden zu, »was Sie von mir wollen. Ich habe Ihnen letztes Mal schon alles gesagt, was ich weiß. Der ist regelmäßig Rad gefahren. Das war's.«

Cat und Theroux blieben vor der Treppenstufe stehen,

die zum Eingang führte, der von Villefranche blockiert wurde.

Cat nickte. »Das haben Sie uns erzählt, ja.«

Was er nicht erzählt hatte, war, dass er mit den Nachbarn in einem heftigen Grundstücksstreit lag, und auch nicht, dass er weitere gerichtliche Verfahren gegen seine Mitbürger führte, wie Castel und Theroux eben telefonisch erfahren hatten.

Zum Beispiel gegen den ermordeten Apotheker Fred Bernard.

Nach Informationen der Polizei war Paul Villefranche neunundsechzig Jahre alt und hatte viel Geld mit dem Verkauf einer kleinen Firma verdient, die er selbst aufgebaut und bis vor einigen Jahren geführt hatte: ein Gartenbauunternehmen. Außerdem war er für seine Prozessfreudigkeit bekannt und dafür, wegen jeder Kleinigkeit bei der Police Municipale anzurufen, denn er fühlte sich dauernd belästigt oder glaubte, Einbrecher hätten es auf ihn abgesehen. Außerdem notierte er regelmäßig Falschparker in der Stadt und zeigte sie an. Mit anderen Worten: ein unangenehmer Zeitgenosse.

»Dürfen wir reinkommen?«, fragte Cat.

»Wüsste nicht, wieso«, erwiderte Villefranche und verschränkte die Arme vor der Brust. »Reicht doch schon, dass ich Sie ohne gerichtliche Anordnung bis hierher vorlasse, oder?« Er blickte zu Theroux. »Und Sie: Was an der Gegensprechanlage gesagt wird, zeichne ich auf. Sie haben mir gedroht.«

Theroux öffnete bereits den Mund, um etwas zu entgegnen, das nach Cats Auffassung sicherlich nicht freundlich wäre. Deswegen kam sie ihm zuvor.

»Monsieur Villefranche, wir wissen zu schätzen, dass Sie sich einen Moment Zeit für uns nehmen. Es geht einerseits um den Rechtsstreit, den Sie mit Ihrem Nachbarn geführt haben. Andererseits geht es um eine Klage gegen den Apotheker Fred Bernard, und …«

»Ha!« Villefranche lachte auf und kratzte sich den Bauch, als ob er ganz allein wäre. »Der hat mir Tabletten angedreht, die mir geschadet haben. Hat mir Herzpillen von einem anderen Hersteller gegeben, und davon habe ich erst recht Probleme bekommen. Soll ich krepieren, weil angebliche Fachleute nichts von ihrem Beruf verstehen?«

»Natürlich nicht. Wir würden allerdings gerne wissen, wo Sie sich zu bestimmten Zeitpunkten aufgehalten haben und ob jemand das bezeugen kann.« Cat nannte ihm Tage und Uhrzeiten – genau die Zeiträume, in denen Bernard und Lacroix vermutlich erschossen worden waren. Außerdem fragte sie, wo sich Villefranche aufgehalten hatte, als auf Bonnet geschossen worden war.

Villefranche legte den Kopf schief, musterte Castel von oben bis unten, deutete dann mit dem Kinn nach vorn. »Sie sehen meinen Zaun? Die Warnschilder? Die Überwachungsanlagen?«

»Natürlich.«

»Das dient dazu, Kriminelle draußen zu halten, denn in dieser Stadt wimmelt es nur so davon. Verstehen Sie? Draußen halten. Nicht hier drinnen. Ich bin ein aufrechter Bürger, und es ist lächerlich, was Sie mir unterstellen wollen!«

»Wir unterstellen Ihnen überhaupt nichts«, sagte Theroux, dessen Handy summte. Er zog es aus seiner Jacke und checkte eine gerade eingetroffene Mail.

Cat redete weiter. »Monsieur, wir machen hier nur unsere Arbeit, es ist reine Routine. Also wenn Sie mir bitte sagen würden, wo Sie sich zu den betreffenden Zeitpunkten aufgehalten haben und ob jemand das bezeugen kann, wäre das freundlich und würde uns sehr weiterhelfen und Ihnen außerdem weitere Besuche von der Polizei ersparen. Sie sagen, dass Sie ein aufrechter Bürger sind. Dann benehmen Sie sich auch wie ein solcher und unterstützen die Polizei nach Kräften.«

»Hm«, brummte Villefranche, immer noch die Arme vor der Brust verschränkt. Dieses Mal schienen die Worte zu ihm durchgedrungen zu sein. »Ich war hier. Zu Hause. Ich gehe selten raus. Will ja nicht überfallen werden.«

»Gibt es Zeugen, die das bestätigen können?«

»Nein. Aber meine Überwachungskameras, die drinnen und draußen installiert sind. An den jeweiligen Zeitstempeln könnten Sie das erkennen. Aber ich werde den Teufel tun und sie Ihnen zeigen. Legen Sie Gerichtsbeschlüsse auf den Tisch, die meine Anwälte überprüfen, dann sehen wir weiter.«

Cat nickte. »Da wäre noch etwas«, sagte sie. »Sie dürfen Waffen besitzen, wie wir wissen. Es gibt eine entsprechende Lizenz. Besitzen Sie welche?«

»Natürlich.«

»Worum handelt es sich?«

Villefranche sagte, dass er nichts zu verheimlichen habe, und zählte sie auf: zwei Glock-Pistolen, eine doppelläufige Schrotflinte und ein Kleinkalibergewehr. Die gesuchte Waffe, die Bergara, war nicht darunter. Aber falls er als Täter in Frage kam, dann würde er der Polizei kaum auf die Nase binden, dass er im Besitz dieses Typs war. Mehr Aufschluss könnte allenfalls eine Hausdurchsuchung geben, wenngleich die Bergara an einem anderen Standort versteckt sein könnte. Waffengeschäfte zu überprüfen wäre nicht unbedingt zielführend, denn er hätte sich illegal ein Gewehr beschaffen können.

Cat wollte gerade noch etwas anmerken, als Theroux sie ansah und mit einer Geste bedeutete, dass er kurz unter vier Augen mit ihr reden wollte. Sie entschuldigten sich für einen Augenblick und traten einige Schritte vors Haus.

»Das war eine Nachricht von Claudia Bonnet. Wegen dieses früheren Schülers, der ihren Mann terrorisiert hat. Ihr ist der Name wieder eingefallen.«

»Und der ist?«

22

»Patrice Chopard?«, fragte Albin.

Claudia Bonnet trocknete sich die Augen mit einem Taschentuch und nickte. »Das habe ich eben Ihrem Kollegen geschrieben, der mir seine Nummer dagelassen hatte. Der Name war etwas mit einem T«, sagte sie mit leiser Stimme.

»Theroux?«

Die Witwe zuckte kraftlos mit den Schultern.

Albin trank einen Schluck Wasser. Sie saßen auf der Terrasse des alten Hauses, das vor einigen Jahren grundsaniert worden war. Es war aus Bruchsteinen gebaut. Hier draußen standen unzählige mit Kräutern bepflanzte Kübel. Ein gelber Sonnenschirm schützte den weißen Bistrotisch aus Gusseisen, unter dem Tyson es sich vor einer Schale mit Wasser bequem gemacht hatte.

Albin konnte sich kaum vorstellen, wie sich Claudia Bonnet fühlen musste. Ihr Mann getötet, den sie nach eigenen Worten noch davor gewarnt hatte, mit dem Rad aufzubrechen, wo doch ein Mörder in der Provence unterwegs war und auf Radler schoss. Doch ihr Mann war dennoch losgefahren. Das Ergebnis war bekannt.

Patrice Chopard.

Der Name, der Albin als Erstes im Zusammenhang mit dem Mord an Gaspard Lacroix eingefallen war, wurde nun also auch beim Mord an Justin Bonnet erwähnt.

»Er war ein ehemaliger Schüler«, erklärte Claudia Bonnet. »Justin ließ ihn zweimal durchfallen. Wir erhielten anonyme Drohbriefe. Ein anderes Mal war das Auto mit Fäkalien beschmiert, dann eine Fensterscheibe eingeworfen worden. Später stellte sich heraus, dass Chopard der Verursacher war, denn seine schlechten Noten hatten ihm ein Studium nicht möglich gemacht. Ich glaube, er ging dann zum Militär. Selbst Jahre später landete gelegentlich ein Drohbrief in unserem Briefkasten. Wir waren der Meinung, dass der Absender jedes Mal derselbe war. Es scheint, als habe der Mann das nie verwunden.«

Claudia Bonnet knetete ihre Fingerknöchel und starrte abwesend in den knallblauen Himmel. Vielleicht fragte sie sich, ob sie in einer der wenigen Wolken das Antlitz ihres Mannes erkennen würde. »Es ist so furchtbar«, sagte sie mit erstickter Stimme.

Albin schwieg und trank einen Schluck. Auch Tyson verhielt sich still und lupfte nicht einmal eine Augenbraue. Er schien die Stimmung zu spüren.

Albin hatte es stets gehasst, Angehörigen schlechte Nachrichten bringen zu müssen oder sich mit ihnen zu unterhalten. Die Menschen waren in diesen Momenten hochgradig verletzlich. Natürlich gewöhnte man sich als Polizist eine professionelle Distanz an, einen emotionalen Panzer. Aber die Trauer, der Schmerz und der Zorn waren oft sehr stark und trafen einen so ungefiltert und direkt, dass man sich nicht vollkommen davor schützen konnte – vor allem nicht, wenn es um Kinder ging, die Opfer von Verbrechen geworden waren. In dem Fall ließ man sich manchmal zu Versprechen hinreißen, die man nicht erfüllen konnte. Zum Beispiel das Versprechen, dass man einen

Täter in jedem Fall finden oder der Gerechtigkeit Genüge getan werden würde. Denn es war nie darauf Verlass, dass man einen Mörder schnell fand. Und egal, was man tat: Für Angehörige war es meist nicht genug. Auch nicht bezüglich der Gerechtigkeit. Was waren zehn oder fünfzehn Jahre Gefängnis gegen ein Menschenleben, gegen all das Leid?

Auch davor musste man sich schützen. Das Emotionale durfte man nie gegen das Faktische aufrechnen, und die Fakten standen in der Bibel der Justiz, im Strafgesetzbuch. Darin war alles geregelt. Auf dieses Buch konnte man alles abwälzen und ihm jede Verantwortung zuschreiben.

Ja, zehn oder fünfzehn Jahre waren demnach fair für ein Menschenleben, von höchsten Richtern unter Berücksichtigung aller Begleitumstände so entschieden, von Paragraphen auf der Grundlage einer freiheitlich-demokratischen Ordnung geregelt. Da konnte man als Polizist nichts machen. Gesetz war Gesetz. Man konnte lediglich dafür sorgen, dass die Täter gefunden und bestraft wurden. Der Rest lag bei Justitia, und wie die entschied, war nicht Albins Job.

Dennoch war die Gerechtigkeit eine verfluchte Büchse der Pandora, die man besser verschlossen hielt, weil ihr Inhalt giftig sein konnte wie im Fall des Kindermörders, den Albin vor einigen Jahren gejagt und dingfest gemacht hatte. Er hatte eine lebenslange Haftstrafe erhalten, die frühestens nach dreißig Jahren enden konnte – das war die *perpétuité réelle*, die Mitte der Neunziger für Sexualmorde an Kindern unter fünfzehn Jahren eingeführt worden war. Die härteste Strafe, die Frankreich zu bieten hatte.

Auf der anderen Seite standen die fünf toten Kinder, deren Eltern und Freunde und das, was der Mörder mit den

Kindern getan hatte und in Gedanken wieder und wieder durchleben konnte. Albin würde niemals das Lächeln in seinem Gesicht vergessen, als er auf der Anklagebank saß und Albin im Zeugenstand Details aus den Ermittlungen preisgab, als Tatwaffen und Fotos gezeigt wurden. Der Mörder war in sich gekehrt, als ob er sich an etwas erinnerte oder zurückdachte. Sein Lächeln war kaum wahrnehmbar gewesen, aber Albin hatte es bemerkt und war nachts immer wieder schweißgebadet aufgewacht. Das Gift der Gerechtigkeit hatte seine Poren durchdrungen, denn Albin hatte gesehen, was der Mörder getan hatte, und er wusste, dass es dem Mann kein Stück leidtat, im Gegenteil. Er fand, dass auch dreihundert Jahre Knast keine angemessene Strafe gewesen wären, dreihundert Jahre in der Hölle schon eher.

Albin trank noch etwas Wasser. »Es tut mir alles sehr leid, Madame, und wir tun unser Bestes. Ihre Hilfe ist für die Kollegen sehr wichtig.«

»Wer tut denn nur so etwas? Einfach auf unschuldige Menschen schießen?«

»Das möchten wir so schnell wie möglich herausfinden, und ich unterstütze die Polizei nach Kräften. Kannten Sie Gaspard Lacroix und Fred Bernard?«

»Den Apotheker kenne ich. Monsieur Lacroix – kennen wäre zu viel gesagt.« Sie zuckte mit den Schultern.

»Und Ihr Mann?«

»Ich wüsste nicht, dass er jemals explizit über die Herren gesprochen hätte. Monsieur Bernard kennt ja jeder.«

»Was war mit Lacroix?«

»Wir hatten damals mit ihm zu tun, als wir von den Drohungen betroffen waren.«

Albin nickte.

Das ist bemerkenswert, schien Tyson zu flüstern.

»Bemerkenswert«, erwiderte Albin in Gedanken, »weil Lacroix in Avignon tätig war und in Carpentras nichts zu suchen hatte. Bemerkenswert auch deswegen, weil Patrice Chopard erneut auftaucht.«

Zufall – oder System?

»Wir werden sehen.« Albin fragte: »Hatte Ihr Mann seinerzeit persönlich bei Monsieur Lacroix nachgefragt und um Hilfe gebeten?«

»Ich glaube, das war so. Vielleicht, weil er Kunde bei ihm war? Ich weiß es leider nicht. Er war schockiert, als bekannt wurde, dass Lacroix Opfer des Schützen wurde. Auch bei Bernard, und … nun ist er selbst …«

Claudia Bonnet kamen wieder die Tränen. Albin ließ ihr Zeit. Dann fragte er: »Ihr Mann hatte ein Arbeitszimmer?«

»Natürlich, möchten Sie es sehen? Ihren Kollegen hatte ich es schon gezeigt.«

»Gern«, sagte Albin.

Claudia Bonnet stand auf, um ins Haus zu gehen. Albin folgte ihr, Tyson trottete hinterher.

Das Arbeitszimmer lag ein Stockwerk höher. Es war mittelgroß. An den Wänden standen überbordende Bücherregale und solche, die mit Aktenordnern gefüllt waren. Auf dem antik wirkenden Schreibtisch stand ein älterer Computer. Papiere stapelten sich, Mappen in unterschiedlichen Farben sowie eine Reihe von gerahmten Fotos mit Familienbildern. Es standen auch Bilder in den Regalen. Aber keines war mit denen vergleichbar, die Albin auf den bei Lacroix und Bernard entstandenen Fotos gesehen hatte.

»Er war vor einigen Stunden noch hier, und nun …«

Wieder weinte Claudia Bonnet und strich mit der Hand über einen Regalboden. Dort lag ein Bilderrahmen. Er war umgefallen oder auf seine Frontseite gelegt worden. Sie stellte ihn wieder hin.

Albin erkannte das Bild sofort wieder.

»Dieses Foto«, sagte er. »Dazu hätte ich eine Frage. Oder auch drei …«

23

Auf dem Weg nach Villeneuve-lès-Avignon hatte Albin an einem Kiosk mit angeschlossenem Melonenstand gestoppt, zwei kleine Flaschen Wasser gekauft und ein Eis am Stiel, das er beim Fahren geleckt hatte. Gerade ließ er Avignon hinter sich und fuhr auf der Route Nationale 100 über die Brücke der Rhône. Das Wasser des Flusses hatte die Farbe von grünem Schiefer. Das Sonnenlicht glitzerte auf den Wellen. Im Radio wechselten sich die Nachrichten mit Rap-Musik und amerikanischem Pop ab. Albin hätte lieber etwas Klassik gehört. Nachdem er zuletzt gezwungen war, sich intensiver mit dieser Musik zu befassen, hatte er ihre entspannende Wirkung für sich entdeckt. Aber was gerade im Klassik-Radioprogramm lief, war schwermütig und gefiel ihm nicht, und er hatte wieder vergessen, wie sich das Handy und das Autoradio so koppeln ließen, damit er eine Playlist von Spottisowieso anhören könnte.

Claudia Bonnet hatte vorhin nur wenige Antworten gehabt und damit gleichzeitig neue Fragen aufgeworfen. Zu dem Gruppenbild hatte sie immerhin erklären können, dass es offensichtlich aus den Jugendtagen ihres Mannes stammte und wohl zur Schulzeit aufgenommen worden war, die er in einem Internat, der heutigen *Sébastian Villain International School*, in der Nähe von Villeneuve-lès-Avignon verbracht hatte. Früher hieß die Bildungseinrichtung schlicht und ergreifend *Institut Sébastian Villain*, galt aber nach wie vor als eines der Eliteinternate des Südens – und ehrlich gesagt war es überraschend, dass aus Absolventen wie Lacroix bloß ein normaler Polizist geworden war. Jedenfalls mussten Lacroix, Bernard und Bonnet gemeinsam auf die Schule gegangen sein, wobei das Gruppenbild entstanden war. Da alle Rennräder dabeihatten und außerdem Sportbekleidung trugen, lag nahe, dass sie einem Sportclub angehört hatten. Es mochte einer sein, der an das Internat angebunden gewesen war, oder ein öffentlicher Verein. Das würde sich zeigen.

Vor allem fragte sich Albin …

… *wer die anderen auf dem Foto sind*, murmelte Tyson aus dem Kofferraum.

»Richtig«, erwiderte Albin in Gedanken und überholte einen Lkw.

Denn das Foto zeigte neun junge Männer im Alter zwischen sechzehn und achtzehn Jahren. Also war die Aufnahme rund fünfzig Jahre alt und stammte aus der ersten Hälfte der siebziger Jahre.

Eine wilde Zeit, auch für Albin. Damals hatte er einen Bart und lange Haare gehabt, die verschwinden mussten, als er auf die Polizeiakademie ging. Er hatte Pink Floyd und Genesis gehasst, aber Led Zeppelin und die Stones geliebt. Die gefielen ihm noch heute, wenngleich er es für unwürdig hielt, dass die alten, faltigen Kerle es nicht lassen konnten, auf der Bühne herumzuzappeln. Aber früher …

Er war sogar mal nach Villefranche-sur-Mer bei Nizza

getrampt, weil er gehört hatte, dass Keith Richards dort in einer Villa lebte, in deren Keller die Stones *Exile on Main Street* aufgenommen hatten. Zu jenem Zeitpunkt im Sommer 1974 waren die Stones allerdings längst weitergezogen, und jemand anders hatte in dem Haus gelebt, weswegen Albin am Zaun auf das Wohl von Keith Richards einen Joint geraucht hatte und dann wieder zurückgetrampt war. Albin hatte nur selten mal einen durchgezogen, weil es damals alle taten und weil es kinderleicht war, an Gras heranzukommen: Immerhin lag Marseille quasi vor der Haustür, und die French Connection war gerade erst gesprengt worden. Allerdings hatte er allen Drogen abgeschworen, nachdem er den ersten Drogentoten mit eigenen Augen gesehen hatte.

Warum ist ihnen das Bild so wichtig?, fragte Tyson. *Alle drei hatten es in ihrem unmittelbaren Umfeld aufgestellt. Du solltest dich übrigens schämen, dass du in Theroux' Büro herumgeschnüffelt hast.*

»Ich habe das Prozedere nur abgekürzt. Hätte ich ihn gefragt, ob ich die Bilder und Vernehmungsprotokolle sehen kann, hätte er abgelehnt, sich angestellt wie eine Prinzessin und sie mir zwei oder drei Tage später dann doch gezeigt. Von daher …«

Jedenfalls …

»Ja?«

… zeigt das Foto neun Personen. Drei davon haben wir identifiziert. Ich wundere mich, dass sie offensichtlich keinen Kontakt mehr hatten, obwohl sie doch alle in der Nähe lebten.

»Mit den Jahren verliert man sich aus den Augen«, erwiderte Albin.

Trotzdem hätte doch zumindest Bonnet gegenüber seiner Frau erwähnen müssen, dass er mit den anderen Opfern zur Schule gegangen ist. Es hätte ihm doch auffällig vorkommen müssen, dass ausgerechnet zwei Mitschüler Opfer des Schützen wurden.

»Zwei können Zufall sein, Tyson.«

Aber nicht drei.

»Deswegen sitzen wir hier im Auto, mein Freund.«

Aber wenn Bonnet angenommen hätte, dass es jemand auf seine früheren Mitschüler abgesehen hätte oder auf die Jungs von dem Foto – dann wäre er doch nicht aufs Rad gestiegen, weil er ja selbst zu der Gruppe gehörte, oder? Er hätte sich doch eher versteckt oder die Polizei angerufen.

»Genau das bringt mich ins Grübeln. Vielleicht hat er keine Gefahr erkannt, weil es keine gibt. Oder er hat sie ignoriert.«

Oder es gibt etwas, bemerkte Tyson, *das ihn zurückgehalten hat, sich bei der Polizei zu melden.*

»Wie auch immer: Wir müssen herausfinden, wer darauf noch abgebildet ist. Mir ist übrigens aufgefallen, dass das Foto im Arbeitszimmer von Bonnet auf dem Gesicht lag. Als habe er es betrachtet, aber nicht mehr ansehen wollen.«

Oder es ist einfach umgefallen.

»Möglich. Trotzdem auffällig. Ebenso auffällig, dass Patrice Chopard einerseits mit Lacroix über Kreuz lag und andererseits mit Bonnet.«

Es wäre interessant zu erfahren, ob es zwischen ihm und dem Apotheker Fred Bernard ebenfalls eine Parallele gibt.

»Du wirst noch ein richtiger Polizeihund, mein Freund.«

Pah, bin ich doch schon längst.

»Du bist nichts anderes als ein Schwerenöter, der Möpsinnen nachstellt. Gibt es da etwas, das ich wissen muss? Hm?«

Tyson schwieg.

Albin grinste. Er setzte den Blinker, um von der Nationalstraße abzufahren. Wenig später bog er erneut ab und folgte einer gut ausgebauten, wenngleich schmalen Straße, die durch einen Golfplatz führte, dann an einer Reitsportanlage entlang und schließlich in einen großen Parkplatz mündete. Eine Gruppe von Rennradfahrern sauste an ihm vorbei – allesamt junge Kerle in identischen Trikots mit Wappen im Stil amerikanischer Colleges und den gut lesbaren Buchstaben SVIS, was wohl eine Abkürzung von *Sébastian Villain International School* war.

Der Campus bestand aus einigen neuen Gebäuden und einer Reihe von älteren, die vom früheren *Château les Sablèyes* dominiert wurden, in dem das Internat residierte. Es stammte aus dem 16. Jahrhundert und erinnerte mit seinen vier Türmchen an eine kleine Ritterburg – mit dem Unterschied, dass Ritterburgen nicht in einem rötlichen Ockerton gestrichen und wie eine mondäne Nobelherberge herausgeputzt waren. Und genauso wirkte hier alles: Wie ein sündhaft teures Fünfsterneanwesen mit Reitställen, Tennisplätzen und der Golfanlage.

»Das ist mal eine Schule«, murmelte Albin, während er Tyson aus dem Kofferraum hob und ihn anleinte.

Gemeinsam gingen sie durch einen kleinen, mit Buchsbaumhecken gestalteten Park und erreichten eine Steintreppe, vor der ein Wasserspiel plätscherte. Die Treppen führten hinauf zu dem Schlösschen, in dem Albin die Verwaltung vermutete. Er lag richtig und betrat das Innere. In dem weitläufigen Foyer sah er sich um, betrachtete einige Ölgemälde und alte Fotografien an den Wänden. Weil er nirgends einen Wegweiser erkannte, fragte er zwei Mädchen in blauen Schul-T-Shirts nach dem Sekretariat und ließ sich den Weg zeigen.

Zwei Minuten später stand er vor einem Tresen und hörte von einer Angestellten mittleren Alters und mittlerer Größe, dass die Direktorin ihn nicht empfangen könne, wenn er keinen Termin habe, aber man könne gerne einen in etwa zwei Wochen vereinbaren.

Albin ließ sich davon nicht beeindrucken. Er zog die Geldbörse aus der Hintertasche seiner Jeans, zupfte den abgelaufenen Polizeiausweis daraus hervor und verdeckte das Ausstelldatum routiniert mit dem Finger.

»Ich komme von der Polizei in Carpentras«, erklärte er. »Ich habe nur ein paar Fragen im Zuge einer laufenden Ermittlung, aber die sind durchaus dringend.«

Die Sekretärin lupfte eine Braue. »Was haben wir denn mit Carpentras zu tun? Hat einer unserer Schüler etwas angestellt? Das kann ich mir kaum vorstellen.«

Albin setzte seinen Polizeiblick auf, der alles oder nichts bedeuten konnte, und ließ die Fragen der Frau unkommentiert. Schließlich kam sie zu dem Schluss, dass es besser wäre, mit der Chefin zu sprechen.

Sie führte ein kurzes Telefonat. Dann stand sie auf, führte Albin zu einer Tür, klopfte kurz an und öffnete schließlich. Albin betrat den Raum, der etwa vier Meter hoch sein musste. Die Decken waren mit Stuck verziert, die Wände in einem kühlen Hellblau gestrichen. Die Einrichtung war eine Mischung aus mit Chrom verzierten modernen Ledersofas und Sesseln sowie einem wuchtigen, antiken Schreibtisch, auf dem ein Apple-Computer thronte. Die Direktorin kam dahinter hervor und ging auf Albin zu. Ihre Schritte hallten auf dem alten Parkett laut wider.

Jeanette Mougins war eine adrette Mittvierzigerin mit dezentem Make-up und hochgesteckten, schwarzen Haaren. Sie trug eine schwarze Bluse und einen cremefarbenen Rock. Ihr Händedruck war fest und ihr Lächeln unverbindlich. Es hellte sich etwas auf, als sie Tyson sah.

»Das ist ja ein süßer Hund.«

»Ich lasse ihn bei dieser Hitze ungern im Auto.«

»Natürlich nicht!«, sagte Jeanette Mougins und machte große Augen. Gleichzeitig bot sie Albin mit einer Geste einen Platz auf dem Ledersofa an. Davor stand ein Glastisch mit Wasserfläschchen und einigen Broschüren über das Internat.

Albin nahm Platz und versank in dem Polster, das deutlich bequemer war, als es aussah. Die Direktorin wählte einen Sessel, der Albin gegenüberstand.

»Wie kann ich Ihnen weiterhelfen, Monsieur le Commissaire?«, fragte sie.

Albin gefiel die Anrede. Er musste etwas Schwung nehmen, um sich im Sofa nach vorn zu beugen und sein Handy auf dem Glastisch zu platzieren. Das Display zeigte das alte Gruppenfoto. Er drehte es so herum, dass Jeanette Mougins es gut betrachten konnte.

»Es geht um diese Aufnahme. Und es geht um mindestens drei ehemalige Schüler.«

Mougins rutschte auf die Sesselkante und betrachtete das Foto. »Ich hoffe, es ist nichts Unangenehmes geschehen?«

»Das ist zum gegenwärtigen Zeitpunkt schwer zu sagen«, erwiderte Albin. »Jedenfalls betrifft es nichts aus der jüngeren Vergangenheit. Ich würde gerne verifizieren, ob drei bestimmte Personen Ihr Internat besucht haben. Und ich würde gerne wissen, ob sie auf diesem Foto abgebildet sind und um wen es sich bei den weiteren Personen handelt.«

Mougins nickte. Zwischen ihren fein gezupften Augenbrauen bildete sich eine schmale Falte, die bedeuten mochte, dass sie nachdachte oder sich Sorgen machte – oder beides. Sie fragte: »In welchem Zusammenhang interessiert sich die Polizei dafür?«

Albin lehnte sich wieder zurück und versank erneut in den Kissen. »Es handelt sich um ein schwebendes Verfahren. Deswegen darf ich Ihnen leider nicht allzu viel dazu sagen, Madame. Die Aufnahme dürfte in den siebziger Jahren entstanden sein.«

»Ja«, sagte Mougins und strich sich eine lose Strähne hinter das Ohr, setzte sich wieder aufrecht hin und faltete die Hände über ihrem Knie. »Ich erkenne das an den Trikots. Damals hieß unsere Schule noch Institut Sébastian Villain, bevor sie in der neuen Trägerschaft Anfang der Zweitausenderjahre gründlich umstrukturiert und neu benannt wurde. Haben Sie die Namen der Ehemaligen, für die Sie sich interessieren?«

»Natürlich.«

»Derlei Auskünfte unterliegen allerdings dem Datenschutz. Ich kann sie nicht einfach so herausgeben, Monsieur Leclerc. Dafür würde ich eine offizielle Anfrage benötigen.«

»Natürlich«, sagte Albin, der mit einer solchen Einschränkung bereits gerechnet hatte, von Formulierungen wie »darf nicht« und »kann nicht« allerdings selten beeindruckt war.

Seit er das Büro betreten hatte, hatte er die Direktorin taxiert und eingeschätzt. Sie war eine freundliche, aber bestimmte Person, die auf den Ruf ihrer Eliteschule außerordentlich bedacht war. Nach Albins erstem Eindruck gäbe Mougins fraglos eine gute Politikerin ab – und ohnehin führte man eine solche Kaderschmiede nicht, wenn man nicht einiges auf dem Kasten hatte. Jedenfalls nahm Albin an, dass er bei der Frau am besten weiterkommen würde, wenn er ebenfalls freundlich, aber bestimmt agieren würde. Es half manchmal in Vernehmungen und bei Ermittlungen, wenn man den Duktus des Gegenübers übernahm, um so eine Aura der Sympathie zu erzeugen. Wie sagte man noch? Imitation ist die höchste Form der Wertschätzung, und das spürte der andere.

Albin sagte: »Die Namen der drei mutmaßlichen Ehemaligen sind Gaspard Lacroix, Fred Bernard und Justin Bonnet. Sicherlich gibt es öffentliche Jahrbücher, in denen man einfach nachschauen könnte?«

»Ich kann Ihnen gerne solche Jahrbücher zeigen lassen. Es gibt nur einen Unterschied, wenn Sie unverbindlich in unserer Bibliothek blättern oder mich als Direktorin offiziell um etwas bitten. Zudem sind wir eine private Einrichtung. Der Zugang zu unserer Bibliothek ist damit ebenfalls privat und nicht öffentlich.«

»Na klar«, antwortete Albin und rutschte in den Kissen herum. Das Sofa war enorm gemütlich. »Allerdings verhält es sich so, dass die drei betreffenden Personen tot sind, und ich verrate nicht zu viel, wenn ich Ihnen sage, dass alle drei Opfer eines Scharfschützen geworden sind, der in den vergangenen Tagen in der Region rund um Carpentras sein Unwesen trieb.«

Jeanette Mougins erstarrte.

»Die Namen der drei Toten wurden schon in den Medien genannt. Von daher ist es kein Problem, wenn ich sie Ihnen nenne. Die Mordopfer sind meines Wissens hier zur Schule gegangen. Sie sind nach meiner Einschätzung außerdem auf diesem Foto abgebildet – zusammen mit anderen Ehemaligen, wie ich glaube. Nun möchte ich meinen Verdacht gerne bestätigen und außerdem wissen, um wen es sich bei den übrigen Personen handelt, damit wir mit ihnen sprechen können.«

Mougins Gesichtsfarbe war deutlich blasser als eben. Sie räusperte sich. »Glauben Sie denn …« Sie räusperte sich erneut. »Glauben Sie denn, die anderen sind in Gefahr, oder … oder dass einer von ihnen womöglich …« Mougins beendete den Satz nicht.

Albin zuckte mit den Schultern. »Grundsätzlich können wir nichts ausschließen, Madame. Und Sie wissen vielleicht, dass die Tour de France in wenigen Tagen durch Carpentras führt – zu einer Zeit, in der jemand auf Radfahrer schießt. Auch darüber wurde bereits in den Medien spekuliert, und auch hier verrate ich nicht zu viel. Man könnte also sagen«, Albin lächelte unschuldig, »dass es einen gewissen Zeitdruck gibt, weswegen ich auf eine Kooperation gehofft hatte. Offizielle Anträge können wir selbstverständlich jederzeit nachreichen – wie Sie wissen, dauert es meist ein paar Tage, diese anzufertigen. Möglicherweise haben wir diese Zeit aber nicht, wenn Sie verstehen, was ich sagen will. Wir möchten verhindern, dass noch etwas geschieht. Und dafür erscheint es uns als essenziell zu erfahren, wer auf diesem Foto abgebildet ist.«

Chef, schien Tyson zu sagen, der unter dem Glastisch lag, *du redest wie ein großer Diplomat mit Engelszungen!*

»Mal abwarten«, erwiderte Albin in Gedanken, »wie sie darauf reagieren wird.«

Jeanette Mougins reagierte zunächst damit, dass sie ihre Unterlippe einsog und auf Albins Rede mit Kopfnicken antwortete. »Darf ich Ihr Handy kurz haben? Wegen des Fotos?«

»Natürlich«, sagte Albin.

Sie nahm das Telefon, stand auf und verließ das Büro. Die Tür ließ sie offen. Albin konnte daher hören, wie im Sekretariat gemurmelt wurde. Etwa zwei Minuten später kam die Direktorin wieder herein, schloss die Tür hinter sich, nahm auf ihrem Sessel Platz und gab Albin das Handy zurück.

»Es könnte einen Moment dauern«, sagte sie und rang sich ein Lächeln ab.

»Herzlichen Dank«, sagte Albin.

»Sie müssen verstehen, Monsieur le Commissaire, dass unsere Schule auf keinen Fall negative Presse vertragen kann, zumal das Institut Sébastian Villain mit unserer heutigen Schule absolut nichts zu tun hat. Nur der Name des Gründers und der der Stiftung ist identisch. Sind Sie mit der Geschichte der Schule vertraut?«

Albin verneinte und nahm an, dass Jeanette Mougins

mit Smalltalk die Zeit überbrücken wollte, bis sich jemand um das Foto und die Namen gekümmert hatte. Es konnte in jedem Fall nicht schaden, etwas mehr zu erfahren, dachte er.

»Eher nicht«, sagte Albin. »Was ich bislang gesehen habe, ist allerdings sehr beeindruckend. Der Golfplatz, Reitställe, und ich habe ein Radlerteam gesehen.«

Jeanette Mougins lächelte. »Herzlichen Dank«, antwortete sie und sagte dann: »Wir sind sehr auf die möglichst umfassende sportliche Ertüchtigung unserer Schüler bedacht. Wir haben außerdem eine Rudermannschaft, und unser Radlerteam hat eine Tradition, die bis zur Gründung des Instituts Sébastian Villain nach dem Zweiten Weltkrieg zurückführt. Wir haben bereits mehrere nationale Wettbewerbe gewonnen. Unsere Schüler kommen heute nicht nur aus Frankreich, weswegen wir die Bezeichnung *International* in unserem Titel führen. Unsere Schule hat Minister, Professoren, bekannte Künstler und Geschäftsführer von global tätigen Unternehmen sowie einige prominente Sportler hervorgebracht, worauf wir sehr stolz sind. Unser Gründer, Sébastian Villain, war selbst ein begeisterter Rennradfahrer, und in seinem Geist lebt die Tradition fort. Villain war Pädagoge. Er hat das Château les Sablèyes von einem Onkel geerbt und die Chance ergriffen, hier nach den Grundsätzen des demokratischen Lernens eine zukunftsweisende Schule zu gründen. Sein Ziel war, in der Provence eine Institution von landesweitem Rang ins Leben zu rufen. Wenige Jahre später hat sich eine Stiftung gegründet – und heute stehen wir da, wo wir stehen, und das Vergangene ist seit Jahrzehnten vergangen.«

»Warum sagen Sie das? Dass das Vergangene vergangen ist?«

»Ich weise immer gern darauf hin, weil es in der Regel zu Fragen kommt. Wir gehen offen mit unserer Geschichte um. Es bleibt uns auch nichts anderes übrig.«

Albin machte eine ahnungslose Geste.

»Als die Schule noch das Institut Sébastian Villain war, war es eine reine Jungenschule, und sie hatte den Ruf, sehr streng zu sein. Es kam außerdem zu einer Reihe von Vorfällen, die später von der Polizei untersucht wurden und zu der Entlassung einiger Lehrer und der Schulleitung führte. Die Grundidee des demokratischen Lernens war verwässert worden und rückte in den Schatten einer Erziehung mit einem sehr hohen Grad an Konsequenz und einer konservativen Wertevermittlung. Der Geist der Schule hatte sich verflüchtigt. Und mit einigen Disziplinarmaßnahmen und harten Reaktionen auf Regelverstöße wurden die Grenzen deutlich überschritten.«

»Inwiefern?«

»Es kam zu Gewaltanwendungen und Anzeigen, darunter auch wegen sexueller Nötigung von Schutzbefohlenen, außerdem zu Selbstmorden von Schülern. Das ist allerdings fast vierzig Jahre her, und beinahe hätte das Institut deswegen schließen müssen. Nur dem dennoch guten Ruf der Schule, der Tradition, dem beruflichen und gesellschaftlichen Erfolg vieler ehemaliger Schüler und dem Willen der Trägerstiftung, mit den Ereignissen offen umzugehen und alles ganz neu auszurichten, ist es zu verdanken, dass es uns heute noch gibt. Das alles war sehr bedauerlich und unentschuldbar. Unsere Schule und das pädagogische Konzept haben sich jedenfalls massiv gewandelt. Ich habe hier selbst meinen Abschluss gemacht, bis ich vor fünf Jahren die Freude hatte, zur Direktorin der SVIS ernannt zu werden und an meine alte Wirkungsstätte zurückzukehren. Sie brauchen sich nur umzusehen und können verstehen, von welchem Geist die SVIS durchdrungen ist. Von den Schatten der Vergangenheit ist nichts mehr zu sehen.«

Und davor, dass mit Albin einer dieser Schatten in ihr Büro gekommen war, hatte Jeanette Mougins fraglos Angst, dachte Albin. Vor schlechter Presse. Vor einem Skandal. Ganz generell davor, dass das Internat wieder ins Gespräch kommen würde.

»Ich verstehe«, sagte Albin.

»Ich bin ganz offen: Wir könnten es absolut nicht gebrauchen, dass eine Verbindung zwischen der SVIS und den fürchterlichen Morden hergestellt wird. Auf der anderen Seite haben wir nichts zu verbergen und werden kooperieren, wo es uns nur möglich ist.«

»Natürlich. Und das ist sehr freundlich, wir werden in jedem Fall drauf achten, dass …«

Es klopfte an der Bürotür, die anschließend einen Spalt weit geöffnet wurde. Die Sekretärin steckte ihren Kopf hindurch und nickte der Direktorin zu, die sofort aufstand, sich für einen Moment bei Albin entschuldigte und kurz darauf mit einem Aktenordner und einem Buch sowie einer Dokumentenmappe zurückkehrte und wieder Platz nahm.

Albin blieb stumm, während Jeanette Mougins die Seiten aufblätterte, die die Sekretärin mit Post-it-Zetteln markiert hatte. Sie ging die Dokumentenmappe durch und schlug dann auch das Buch auf, bei dem es sich dem

Anschein nach um ein gedrucktes Jahrbuch der Schule handelte.

Mougins atmete tief ein, straffte sich etwas und sagte schließlich: »Ich kann mich darauf verlassen, dass die Informationen, die ich Ihnen gebe, unter uns bleiben?«

»Solange es möglich ist, bleiben sie unter uns. Das hier ist keine offizielle Zeugenvernehmung, Madame. Es ist ein informativer Besuch, der uns bei den Ermittlungen helfen könnte. Mehr ist es zum gegenwärtigen Zeitpunkt nicht.«

»Ich kann Ihnen die Informationen geben, die öffentlich zugänglich sind, Monsieur Leclerc. Für alles andere …«

»Ich weiß«, kürzte Albin ab.

Die Direktorin nickte. Sie wirkte angespannt und nicht zufrieden mit dem, was vor ihr auf dem Glastisch lag. »Die Herren Lacroix, Bernard und Bonnet haben das frühere Institut besucht und 1977 ihren Abschluss gemacht. Sie waren Mitglieder des Rennradteams der Schule.«

Mougins drehte das Jahrbuch so, dass Albin das Foto darin sehen konnte: Es war die Aufnahme, die bei Bonnet stand und die auf Theroux' Fotos aus den Wohnungen von Bernard und Lacroix zu sehen war.

»Das Team umfasst immer zehn Mitglieder. Als das Bild entstand, waren es nur neun. Ich kann Ihnen nicht sagen, warum das der Fall war. Die Bildunterschrift zeigt die Namen der übrigen Mitglieder.«

Albin nickte. »Darf ich mir die Namen notieren beziehungsweise diese Seite des Jahrbuchs abfotografieren?«

»Mit der Versicherung, dass nichts davon öffentlich wird – gerne zur internen Verwendung.«

Albin nickte erneut, nahm sein Handy und knipste das Foto ab.

»Ich hoffe, es hilft Ihnen weiter, Monsieur le Commissaire.«

»Das tut es«, antwortete Albin.

24

Die Nacht senkte sich über die Provence, und der Vollmond stieg auf. Er sah riesig aus und stand flach über dem Horizont – beinahe so, als sei er der Erde auf einmal verdächtig nahe gekommen.

Cat stand auf der Terrasse und trank ein Glas Rotwein, während Jean drinnen den Abwasch machte. Eben hatten sie draußen gegessen, gegrillten Fisch mit Rosmarinkartoffeln und gebratenem Gemüse. Jean musste gleich noch ein wenig arbeiten, E-Mails lesen und außerdem den Entwurf für einen Katalogtext zu der neuen Ausstellung korrigieren. Dazu hatte er noch eine Korrespondenz mit seinem Rechtsanwalt zu erledigen – wegen der unerfreulichen rechtlichen Auseinandersetzung über die finanziellen Angelegenheiten mit seiner Ex …

Vorhin hatte er Cat beim Kochen den Nacken geküsst und ihr an die Hüften gefasst. Sie hatte gespürt, dass er in Stimmung war. Aber sie hatte sich ihm spielerisch entzogen. Nicht, weil sie kein Interesse gehabt hätte. Aber das Wissen, dass es Mikrophone in der Wohnung gab, lähmte sie. Am liebsten wäre sie in ein Hotel oder in Jeans Wohnung in Aix gezogen.

In dem Moment, als sie sich aus Jeans Griff wand, hatte sie endgültig beschlossen, dass sie etwas unternehmen musste.

Tatsächlich hatte sie Vollant bereits eine Mail geschickt, in der sie ihm getextet hatte, dass sie dringend mit ihm sprechen musste. Vollant hatte direkt geantwortet und einen Ort und eine Zeit vorgeschlagen. Cat hatte akzeptiert.

Sie war sich noch nicht sicher, worauf dieses Treffen hinauslaufen würde. Aber sie konnte so einfach nicht mehr weitermachen. Und das galt ebenfalls für das ewige Hin und Her zwischen Jean und seiner Ex. Auch das musste endlich ein Ende haben. Und es könnte ein Ende haben, falls Martinet Wort halten würde.

Cat hatte bereits beschlossen, dass sie Jean von einer Erbschaft erzählen würde und es ihm selbst überlassen würde, wie er das Geld verwendete. Cat würde ihm das anbieten, worüber sie früher schon einmal nachgedacht hatte, nämlich einen privaten Kredit, mit dem er seine Schulden quasi umschichten konnte. Natürlich hätte sie jederzeit selbst einen Kredit aufnehmen können und ihm das Geld auch einfach so gegeben. Aber sie wusste, dass Jean zu stolz wäre, das Angebot anzunehmen.

Deswegen die Idee mit dem privaten Kredit nach einer Erbschaft, denn das würde es etwas leichter für ihn machen. Hoffentlich.

Am Ende würde sie Jean über die vermeintliche Erbschaft natürlich belügen müssen. Sie würde ihn hintergehen, wie sie es schon einmal getan hatte, als sie ihre Möglichkeiten bei der Polizei ausgenutzt hatte, um seine persönlichen Verhältnisse zu überprüfen. Sie wollte damals, als ihre Beziehung noch nicht einmal eine solche war, sicher sein, dass sie ihm vertrauen konnte. Jean war sauer darüber gewesen, hatte Cat aber vergeben. Ob er das noch einmal tun würde, wenn er erführe, dass es überhaupt keine Erbschaft gab?

Auf der anderen Seite konnte Cat zum gegenwärtigen Zeitpunkt unmöglich mit offenen Karten spielen. Das war der Fluch im Leben einer Polizistin: Man konnte niemals alles mit seinem Partner teilen – und, ehrlich gesagt, war das auch oft genug besser so. Man musste nicht alles mit nach Hause nehmen, was man draußen an Schrecken erlebte.

Man zog sich ja auch die schmutzigen Schuhe von der Arbeit aus, bevor man das Haus betrat.

Cat leerte ihren Wein und beschloss, dass sie sich über derlei Probleme später immer noch den Kopf zerbrechen konnte. So oder so führte kein Weg daran vorbei, dass sie etwas tun musste. Das Geld, das Martinet versprochen hatte, war eher ein Bonus, das Sahnehäubchen, wenn man so wollte. Es war nicht das wesentliche Motiv für Cat.

Sie stellte das Glas ab und ging nach drinnen, wo die kleine schwarze Möpsin Mila unter dem Wohnzimmertisch auf der Seite lag und Cat anblinzelte. Hoffentlich, dachte Cat erneut, war da nichts geschehen, als sie sie kürzlich mit Tyson erwischt hatte.

Cat nahm ihre Turnschuhe, zog sie über die bloßen Füße und ging zu Jean in die Küche.

»Ich muss noch einmal ins Büro«, sagte sie, stellte sich auf die Zehenspitzen und küsste seine Wange.

»Oh?«, erwiderte er und spülte ein Backblech ab.

»Dauert nicht lange. Es ist wegen der laufenden Fälle. Ich muss mir noch einmal eine Akte holen, um eine Besprechung vorzubereiten. Die habe ich vorhin leider vergessen.«

»Na ja, ich bin ja auch noch beschäftigt. Und wenn wir fertig sind …« Er zwinkerte.

Sie lächelte ihn mit einem Augenaufschlag an, dachte an die versteckten Wanzen und überlegte, dass sie sich mit Kopfschmerzen herausreden oder einen anderen Weg finden würde, um sich Jeans Annäherungsversuchen zu entziehen – und verfluchte sich gleichzeitig dafür, dass sie in eine solche beschissene Situation geraten war, verfluchte all diejenigen, die dafür verantwortlich waren.

»Mal sehen, Monsieur«, erwiderte sie spielerisch, gab Jean noch einen Kuss und verschwand in den Flur, wo sie ihr Handy in die Tasche steckte, in der sich außerdem ihre Papiere, der Motorrollerschlüssel und ihre Dienstwaffe befanden.

Sie hängte sich die Tasche um, bevor sie das Haus verließ, ihren Helm aufsetzte und mit dem Motorroller losfuhr.

25

Albin saß mit einem Glas Wasser vor dem Fernseher, während Veronique gerade Clara ins Bett brachte. Die Kleine übernachtete heute hier, weil Manon mit ihrer Freundin Giselle in ein Restaurant nach Avignon gefahren war, deren Vater wiederum auf ihre Tochter Josefine aufpasste.

Ganz netter Typ, dachte Albin. Das war sein erster Eindruck von dem Mann gewesen, der zudem in der Lage war, seine Enkeltochter als Alleinstehender zu bändigen. Nicht, dass Albin sich das nicht zutrauen würde. Dennoch war er glücklich darüber, dass Veronique ihm diesen Job abnahm. Sie hatte darin deutlich mehr Routine, zumal sie auch mehr leibliche Enkel hatte als Albin.

Albin verfolgte gerade eine Dokumentation, in der es – Ironie des Schicksals – um die Beltway Sniper Attacks in den USA ging. Zwei Heckenschützen hatten vor etwas über zwanzig Jahren Washington D.C. und andere Bundesstaaten in einem Zeitraum von etwa drei Wochen unsicher gemacht und auf Passanten geschossen, wobei sie insgesamt zehn Menschen töteten und mehrere schwer verletzten. Die beiden waren als Team aufgetreten und hatten ein umgebautes Auto genutzt, aus dem sie liegend aus dem Kofferraum schießen konnten.

Zunächst war von nur einem Schützen ausgegangen

worden. Dass es sich um ein Team handelte, fand die Polizei erst bei der Verhaftung heraus. Die Sniper hatten innerhalb weniger Tage zugeschlagen. Allein im Oktober 2002 kam es an mehr als zehn Tagen zu Angriffen, teilweise zu mehreren pro Tag. Je mehr Opfer der Haupttäter John Allen Muhammad und der erst siebzehnjährige Lee Boyd Malvo verzeichneten, desto mutiger und leichtsinniger wurden sie. Gleichzeitig setzten sich die Killer im Laufe der Zeit mit der Polizei in Verbindung, indem sie telefonisch Kontakt aufnahmen oder Schreiben hinterließen. Auf der Grundlage seiner Erfolge war der Haupttäter Muhammad zu dem Schluss gekommen, eine Art Gott zu sein, der über Leben und Tod entschied. Gleichzeitig verhöhnte er die Polizei, die offensichtlich nicht in der Lage war, ihn zu finden und zu stoppen.

Das Mörderteam hatte die Opfer mehr oder weniger zufällig ausgewählt, einfach den Wagen irgendwo geparkt, jemanden ins Fadenkreuz genommen und dann aus dem Kofferraum das Feuer eröffnet. Allerdings stellte sich die Zufälligkeit als ein System heraus: Muhammad und Malvo suchten und fanden ihre Opfer bei täglichen Routinen wie beim Einkaufen, beim Tanken, an der Bushaltestelle, auf Parkplätzen, beim Spazierengehen. Trotz der augenscheinlichen Beliebigkeit handelte es sich dennoch stets um koordiniert und geplant ausgeführte Taten.

Es gab lediglich Mutmaßungen über das Motiv. Und erst gegen Ende der Serie war ein Brief mit der Forderung über zehn Millionen Dollar an einem Tatort gefunden worden. Aber man konnte davon ausgehen, dass Erpressung nicht sein ursprüngliches Motiv war.

Ursprünglich ging es kurioserweise um das Verdecken

einer Straftat, die noch gar nicht geschehen war. Muhammad plante nämlich, seine Exfrau zu töten, und wollte es so aussehen lassen, als sei sie das Opfer eines Serienkillers, den er erst noch erschaffen musste: den Sniper. Und daran schien er dann Geschmack gefunden zu haben.

Muhammad war früher Soldat gewesen, kannte sich mit Waffen aus und hatte im Irak gekämpft, allerdings nicht als Scharfschütze. Nach der Armeezeit hatte er Pech damit gehabt, ein eigenes Unternehmen aufzuziehen und sein Privatleben auf die Reihe zu bekommen. Seinen Kompagnon hatte er wie einen Ziehsohn aufgenommen. Und was die Waffe anging: Sie war aus dem Lager eines Händlers »verschwunden« – was dem Händler eine saftige Strafe einbrachte. Mit anderen Worten: Der Sniper hatte sich die Waffe illegal besorgt und eine gewählt, die er vermutlich aus seiner Zeit bei der Armee kannte. Verwendet wurde ein halbautomatisches Bushmaster, das für Distanzen von dreihundert Metern ausgelegt war.

»Was sagt uns das alles über unseren Fall?«, murmelte Albin.

Tyson, der auf dem Teppich lag, betrachtete Albin nachdenklich. *Entweder eine Menge*, schien er zu erwidern, *oder gar nichts.*

»Es sagt uns«, dachte Albin, »dass ein Scharfschütze vielleicht nicht allein agiert und ein persönlicher Rachefeldzug ein Motiv sein kann, den man zunächst mit einem terroristischen Angriff verwechselt. Es sagt uns aber auch, dass sich ein Täter im Verlauf seiner Serie entwickelt und ein anfangs kleines Motiv plötzlich viel größere und noch gefährlichere Ideen nach sich ziehen kann.«

Außerdem, bemerkte Tyson, *offenbart es ein planvolles,*

taktisches Vorgehen und dass eine illegal erworbene Waffe verwendet wurde, mit der der Schütze vertraut ist. Es zeigt uns, dass der Täter mit dem entsprechenden Equipment auch erfolgreich sein kann, wenn er kein ausgemachter Experte ist.

»Richtig.«

Wie auch immer stellt sich die Frage, ob es zum Beispiel einen Zusammenhang zwischen Patrice Chopard und diesem Burschen geben könnte, den Castel und Theroux ins Visier genommen haben, diesen Nachbarn, diesen …

»Villefranche«, sagte Albin und trank etwas Wasser. »Ein älterer Mann und ein etwas jüngerer Mann. Wie bei Muhammad und Malvo. Ein Lehrer und ein Schüler.«

Wer weiß, meinte Tyson. *Und was hat der Radlerclub damit zu tun?*

»Keine Ahnung«, murmelte Albin und merkte auf, als sein Telefon klingelte.

Es lag neben ihm auf dem Sofa. Das Display zeigte eine Dienstnummer der Polizei aus Carpentras. Zahir war dran, der heute Nachtschicht hatte. Albin hatte ihn vorhin um einen Gefallen gebeten.

»Also, ich habe das nachgeprüft«, erklärte Zahir. »Diese Namen, die Sie mir gegeben haben.«

»Ja«, antworte Albin, »ich bin ja nicht senil. Ist nicht mal zwei Stunden her.«

»Okay, es handelte sich um neun Personen. Gaspard Lacroix, Justin Bonnet und Fred Bernard sind tot, wie wir wissen. Dann gibt es vier weitere Verstorbene: Cédric Kassar kam vor acht Jahren bei einem Autounfall in einem waghalsigen Überholvorgang mit seinem Jaguar in Paris ums Leben, Christian Debernis starb vor vier Jahren in

Bordeaux im Krankenhaus an Krebs, Julien Donzel hatte Alzheimer, und Yves Hilely kam vor zwei Jahren bei einem Badeunfall ums Leben, als er seinen Hund im Meer retten wollte und dabei einen Herzanfall erlitt.«

»Hm«, machte Albin.

Eine Ausfallquote von beinahe fünfzig Prozent in dem ehemaligen Radlerteam. Allerdings waren jeweils drei eines natürlichen Todes gestorben, und im Alter kurz vor siebzig konnte das durchaus geschehen. Einer kam vor Jahren bei einem Unfall ums Leben, den er selbst verursacht hatte. Auch das konnte passieren.

»Zwei Personen leben noch«, erklärte Zahir. »Einer davon ist Antoine Boux, der in Cassis wohnt.«

Der Name sagte Albin irgendetwas.

»Das ist *der* Antoine Boux«, erklärte Zahir. »Dem gehört Boux Béton, das ist ein sehr großes Bauunternehmen. Er ist Millionär und hatte vor ein paar Jahren seine Firma in einem Megadeal veräußert, weil er sich zur Ruhe setzen wollte. Mein Schwager ist Investmentberater. Der hatte Boux-Aktien. Man sagt, Boux sei schwer krank und würde in Cassis in seiner Villa leben wie Citizen Kane persönlich.«

»Hm«, machte Albin erneut und überlegte, dass ein schwerkranker Millionär kaum in der Provence radeln und eher nicht mit einem Scharfschützengewehr in Weinfeldern herumlungern würde.

»Der andere ist ein Gerard Niemanns. Er hat einen großen Antiquitätenhandel und wohnt in L'Isle-sur-la-Sorgue.«

»Fährt er heute noch Fahrrad?«, fragte Albin. Vermutlich, denn er war ja auch im Schulteam gewesen.

»Woher soll ich das denn wissen?«

»Nur so«, antwortete Albin und bedankte sich bei Zahir. Dann nahm er Veroniques iPad vom Wohnzimmertisch und stand auf, um vor der Tür eine zu rauchen und gleichzeitig nach Boux und Niemanns zu googeln.

26

Bei Monteux gab es den Lac de Monteux – ein Wasserspaßzentrum für Familien, das über jede Menge Freizeitangebote verfügte. Man musste nur auf den Schnellweg nach Avignon fahren und war von Carpentras aus in wenigen Minuten am Ziel. Außerdem gab es dort einen großen Parkplatz, der um diese Uhrzeit kaum noch frequentiert war.

Castel war dort noch nie gewesen. Um sich zu erfrischen, fuhr sie lieber in eine der zahlreichen Schluchten, die der Nesque oder des Toulourenc, oder zum Lac du Paty, der ein Stausee war und immerhin über ein bisschen natürliches Ambiente verfügte.

Aber zum Schwimmen kam sie ohnehin nicht her. Der Mond stand inzwischen deutlich höher am Himmel. Tausende von Sternen glitzerten. Unter den Lampen, die den Parkplatz erhellten, schwärmten zahllose Insekten. Castel erkannte den dunklen BMW-Sportwagen und hielt mit dem Roller in der Parkbucht direkt daneben. Sie nahm den Helm ab, fuhr sich durch die Haare und nickte Vollant zu, der an der Motorhaube lehnte und wartete, bis Castel zu ihm trat. Sein Schädel war kahlgeschoren, die Figur drahtig. Er trug ein schlichtes T-Shirt und eine Jeans.

Cats Hände waren feucht. Sie wischte sie an der Hosennaht ab und spürte ihren Puls. Am liebsten wäre sie

Vollant an die Gurgel gegangen. Aber sie durfte jetzt keinen Fehler machen.

»Interessanter Treffpunkt«, sagte Castel und ging zu ihm.

»Wäre dir ein romantisches Café lieber gewesen? Kerzenlicht? Dezenter Jazz?« Ein ironisches Lächeln umspielte Vollants Lippen.

»Reden wir nicht lange drumherum«, sagte Castel. »Es geht um Martinet. Er plant etwas. Er hat mit mir gesprochen und will, dass ich noch mal gegen euch aussage. Ich glaube, dieses Mal will er euch richtig fertigmachen.«

Vollant steckte die Hände in die Hosentaschen und nickte vor sich hin. »Weswegen erzählst du mir das?«

»Wer war noch gleich der Mann, der den Bri-Bac-Korpsgeist beschworen hat und mir erzählte, dass Martinet mich aufs Kreuz legen will, wie er das schon mal getan hat? Ich rede von diesem Typen mit dem Angeber-BMW, der mich damit zugetextet hat, dass seine Telefonnummer kein Geheimnis ist und ich mich melden und vorher mit ihm reden soll, bevor ich mit Martinet spreche.«

Vollant schwieg sich aus und betrachtete seine Schuhspitzen. Er blickte auf und fragte erneut: »Warum erzählst du mir das?«

»Ich will mit alldem nichts zu tun haben. Ich will, dass Martinet mich in Ruhe lässt. Es ist mir völlig egal, was du und die anderen da am Laufen habt, okay? Ich weiß nicht mal ansatzweise, worum es geht. Martinet hat nur irgendwelche Andeutungen gemacht – aber wie gesagt: Spielt keine Rolle. Ich will ihn nicht länger an den Hacken kleben haben und auch nicht, dass er mir noch einmal einen Strick drehen kann, und deswegen sage ich dir Bescheid.

Damit du weißt, was auf dich zukommt und du dich vorbereiten kannst. Denn wenn Martinet erneut ins Leere läuft, kapiert er vielleicht, dass er mit mir nichts anfangen kann, und lässt mich zufrieden.«

Vollant nickte erneut vor sich hin und fuhr sich mit der Hand über das unrasierte Kinn. »Was hat er dir über uns erzählt?«, fragte er.

Castel erwiderte: »Spielt das eine Rolle?«

»Würde mich interessieren, was er gesagt hat und wie du dazu stehst.«

»Kann wohl nichts Schlimmes gewesen sein, weil ich sonst auf Martinets Seite wäre. Zuletzt hat er mich dazu benutzen wollen, um einen Vorwand zu haben, gegen dich vorzugehen, weil er ansonsten nichts in der Hand hat. Ich habe mir gedacht: Okay, einmal mache ich das mit Martinet, damit Schluss ist und er mich in Ruhe lässt – aber es ist nicht Schluss, denn jetzt kommt er schon wieder an, und ich werde mich nicht von ihm instrumentalisieren lassen.«

»Dann sag ihm doch einfach, er soll dich in Ruhe lassen.«

»Wird er aber nicht. Du weißt, dass er mich zu einer Aussage gegen euch wegen möglicher Unterschlagung von Beweismaterial und Drogen gebracht hat – wegen damals, als ihr noch in der Bri-Bac wart und ich in der Logistik.«

»Ich weiß. Und es ist Unsinn.«

»Er hat auf Band, dass ich nicht hundertprozentig gearbeitet habe. Okay, das tut vielleicht niemand immer. Aber er könnte damit gegen mich vorgehen, und das kann ich nicht noch mal gebrauchen.«

»Warum hast du dich auch belastet?«

»Er hat mir suggeriert, dass es keine Rolle spielt. Und jetzt tut er das Gegenteil.«

»Ich habe dich gewarnt, dass er dich linken und ausspucken wird wie eine ausgelutschte Zitrone.«

»Das ganze verfickte System ist scheiße, Bertrand! Ich habe so die Nase voll davon. Ich wünschte, es …« Cat machte eine Geste mit den Händen, »… es … keine Ahnung, ich kann es nicht mehr ertragen. Es wird echt Zeit, dass einer mit einem eisernen Besen Leute wie Martinet und sein Gefolge aus den Büros fegt. Ich könnte dir noch Hunderte weiterer Hintern nennen, in die mal kräftig getreten werden müsste, und wenn man schon mal dabei ist, dann sollte man gleichzeitig an noch ganz anderen Stellen aufräumen, echt. Frankreich ist kaputt.« Cat machte ein genervtes Geräusch und fuhr sich erneut durch die Haare. »Sorry«, sagte sie, »aber ich bin im Augenblick wirklich etwas dünnhäutig.«

»Das sehen viele so wie du, Cat«, sagte Vollant. »Und ich gebe dir völlig recht.«

Castel musterte Vollant, atmete durch. Es schien, als kaufte ihr Vollant die Aufregung ab. Kunststück, denn ein Teil davon war echt. »Martinet hat mir erzählt, dass ihr irgendwelche Sachen mit Drogen und Waffen am Laufen habt. Er glaubt, ihr hättet euch radikalisiert und würdet einer rechten Terrorgruppe angehören.«

Vollant lachte leise, fuhr sich wieder über das Kinn. »Ich weiß. Aber das ist Bullshit«, sagte er. »Martinet hat keine Ahnung. Er ist einer von diesen linksliberal infiltrierten Anzugträgern, die nicht ein einziges Mal in den Vorstädten waren, so wie wir. Er hat keine Ahnung, was dort passiert und wer das alles steuert: Algerier, Libyer, Marokkaner. Und ausgerechnet die Polizisten, die in der Brigade fortlaufend etwas gegen das Ergebnis dieser beschissenen liberalen Einwanderungspolitik unternehmen müssen und ins offene Feuer der Kalaschnikows von arbeitslosen achtzehnjährigen Drogendealern aus dem Maghreb gejagt werden, die tritt er dann noch in den Hintern.«

»Ganz deiner Meinung. Ich hasse es. Aber gut – wir sind keine Politiker. Ist nicht meine Baustelle. Ich will nur meine Ruhe. Und wenn du irgendeinen Weg findest, Martinet ins Messer laufen zu lassen, oder wenn Martinet aufgibt, weil er annimmt, nur ein Phantom zu jagen, bekommst du von mir einen Kuchen.«

Vollant lachte erneut. Jetzt blickte er Castel an und sagte: »Du arbeitest in Carpentras völlig unter Wert, Cat. Wir kennen uns. Ich weiß, was du draufhast. Mit jemandem wie dir kann man etwas anfangen.«

»Wie meinst du das?«

Vollant zuckte mit den Achseln. »Nur so. Und wegen Martinet – ich sehe, was ich tun kann. Ich muss ein Gespräch mit ein paar Leuten führen.«

»Was auch immer.«

Vollant dachte nach. Schließlich sagte er: »Vielleicht ist es sogar noch besser, wenn sie es von dir selbst hören.«

Cat machte eine abwehrende Geste. »Ich will da nicht hineingezogen werden, Bertrand.«

»Wirst du nicht. Aber du willst Martinet loswerden. Du willst mit dem ganzen Mist nichts mehr zu tun haben. Und du willst, dass deine Arbeit endlich einen Sinn hat, oder?«

»Wer will das nicht?«

»Es hilft nicht, wenn man der Hydra immer nur einen einzelnen Kopf abschlägt.«

»Hat noch nie geholfen, wenn du mich fragst. Sie wachsen immer nach.«

Vollant nickte. »Nur reden, Cat. Glaub mir. Ist besser und bringt dich weiter. Du bist auf zack. Du würdest es merken, wenn du in irgendetwas hereingezogen würdest.«

»Würde ich.«

»Und das wirst du nicht. Ich zeige dir, woran Martinet interessiert ist, und du wirst verstehen, dass er nur sein eigenes Süppchen kochen will, um auf deine Kosten auf der Karriereleiter voranzukommen. Könnte vielleicht sogar ganz interessant für dich sein. Ich rufe dich an?«

Cat zuckte mit den Schultern. »Okay. Wenn du meinst. Ruf mich an.«

Und dachte: Habe ich dich, Vollant, du mieser kleiner Drecksack.

27

Albin hatte das Rennrad auf den Kopf gestellt und spannte die Kette, nachdem er die Reifen aufgepumpt hatte. Zum Glück waren die Schläuche noch intakt. Er drehte die Pedale, checkte die Bremsen und stellte sie nach. Dann ölte er die Zahnräder der Gangschaltung, justierte sie neu und prüfte sie. Insgesamt war er mit dem Zustand des Fahrrads zufrieden, das er vor etwa zwanzig Jahren in einem Anflug von Midlife-Crisis gekauft hatte, weil er der Meinung war, er müsse dringend etwas für seine Figur und die Gesundheit tun und könne jeden Morgen zur Arbeit radeln. Das hatte er zweimal getan. Seitdem stand das Fahrrad unter einer speziellen Plane im Carport, und dass alles noch in Schuss war, führte Albin darauf zurück, dass er seinerzeit ein Heidengeld für das Rad ausgegeben hatte, weil man sagte: Kauf dir gleich etwas Richtiges – alles andere ist bloß rausgeworfenes Geld.

Veronique kam nach draußen. Sie hatte ihre Sachen dabei und Clara im Schlepptau, die sie mit in den Laden nehmen wollte, wo Manon sie dann abholen würde. Tyson war ebenfalls in ihrem Gefolge, da Albin gesagt hatte, dass er heute unterwegs sein werde. Veronique stockte und machte große Augen. Tyson ebenfalls.

»Was wird das denn?«

»Ich bringe mein Fahrrad auf Vordermann.«

»Du? Und Fahrrad fahren?«

»Dazu habe ich das Gerät schließlich einmal erworben, Madame Leclerc.«

»Aber du fährst nie Fahrrad. Warum denn dieser Sinneswandel?«

»Irgendwann muss man ja mal damit beginnen.«

»Aber doch nicht ausgerechnet zu einem Zeitpunkt, wo dieser …« Veronique blickte kurz zu Clara, dann wieder zu Albin. Sie wollte in Gegenwart des Kindes offensichtlich nicht das Wort »Mörder« oder »Scharfschütze« in den Mund nehmen. »Du setzt dich jedenfalls nicht auf dein Fahrrad, mein Lieber, das ist viel zu gefährlich!«

»Will Opa jetzt Fahrrad fahren?«, fragte Clara in einem Tonfall, als ob Albin einen Ausflug zum Mond plante.

»Besser nicht«, sagte Veronique.

Albin stand auf, wechselte den Schraubenschlüssel von der einen in die andere Hand. »Ich plane keine Radtour. Ich werde das Rad mitnehmen und zum Verkauf anbieten.«

»Ach.«

»Es steht hier ja nur herum.«

»Aber es wäre grundsätzlich gar nicht schlecht, wenn du Rad fahren würdest und etwas für deine Gesundheit tätest.«

Albin warf das Werkzeug in die Kiste und wischte die Hände an einem Lappen ab. »Durchaus«, erwiderte er, »aber dann mit einem anderen Rad. Dieses hier ist ein Profigerät. Ich bräuchte etwas Gemütlicheres mit einem weichen Sattel. Hiermit hole ich mir ja einen wunden Hintern.«

Veronique lachte hell auf. »Na, wie du meinst. Ich muss jetzt jedenfalls los.«

Sie gab Albin drei Küsse auf die Wangen und rauschte mit Clara und Tyson ab.

Albin blickte ihnen hinterher. Dann räumte er das restliche Werkzeug fort, lud das Fahrrad in den Kofferraum des SUV, dessen Sitze er umgeklappt hatte, holte seine Sachen aus dem Haus und fuhr los.

Unterwegs sah er bereits Barrikaden am Straßenrand stehen und Fahrzeuge vom Bauhof an einigen Kreuzungen, von denen ebenfalls Absperrungen abgeladen und bereitgestellt wurden. Ein klares Zeichen dafür, dass die Tour de France unaufhörlich heranrollte.

L'Isle-sur-la-Sorgue war heute nicht so überlaufen wie an anderen Tagen. Es herrschte kein Markt. Die meisten Touristen schienen sich ihre Zeit heute anderswo zu vertreiben. Mit seinen vielen Kanälen und der mitten durch den Ort fließenden Sorgue hatte sich das Städtchen die Bezeichnung »Venedig des Comtat« durchaus verdient. Überall gab es entlang des Ufers Restaurants und Cafés, wo man draußen sitzen und auf den Fluss blicken konnte. Vor allem war L'Isle für seine Antiquitätengeschäfte berühmt.

Es gab auf der *L'Île aux brocantes* oder im *Village des Antiquitaires* unzählige Händler, kleinere und größere Geschäfte und Hallen, die sich mehrere Anbieter teilten. Man hatte es auf nautische Instrumente aus Messing abgesehen? Dafür gab es Spezialisten. Durften es Möbel und Einrichtungsgegenstände aus dem Art déco oder Art nouveau sein? Spezialisierte Händler hatten sie auf Lager – ebenso Verchromtes aus den fünfziger Jahren, Gemälde, Bücher, sonstige Möbel, Lampen. Kurzum: Es gab nichts, das hier nicht an Antiquitäten zu finden war. Manches war

Ramsch, anderes immens wertvoll – und grundsätzlich konnte man davon ausgehen, dass man in L'Isle stets mehr bezahlte als bei den Brocanteuren auf den Flohmärkten in anderen Orten. Und selbst die nahmen einem für wurmstichige Tische oder blaue Sodawasserflaschen ein Vermögen ab – weil sie wussten, dass Touristen scharf darauf waren.

Albin suchte sich den Weg zum Geschäft von Gerard Niemanns, das etwas außerhalb des Zentrums zu finden war. Es handelte sich um ein Eckhaus mit zwei großen Schaufenstern, auf die in geschwungenen Lettern »Niemanns Brocante« geschrieben war und in denen Tische, Kronleuchter, Geschirr, Gemälde und jede Menge andere Dinge zu sehen waren. Außerdem schloss sich an das Gebäude ein größerer Schuppen an sowie ein Metallzaun. Er umgab einen Hof, der ebenfalls mit Antiquitäten vollstand.

Albin parkte am Straßenrand, holte sein Rennrad aus dem Kofferraum und stieß das Tor zum Hof mit der Schulter auf. Es öffnete sich quietschend. Er ging über den Kies, betrachtete die alten Schränke, Tische, Fahrräder, Nähmaschinen, Lampen, Stühle, die dort aufgebaut waren – als sei eben jemand ausgezogen und wartete auf den Möbelwagen. Er suchte nach dem Eingang zum Haus oder der Halle. Gerade als er ihn verortet hatte, kam eine junge Frau aus dem Schuppen, der ebenfalls mit allen möglichen Dingen vollstand und links und rechts von großen Palmen in Terrakottatöpfen flankiert wurde.

»Guten Morgen, kann ich Ihnen helfen, Monsieur?«, fragte die Frau. Sie hatte die dunklen Haare zum Zopf geflochten, trug ein Jeanshemd und eine weiße Hose.

»Ich suche Gerard Niemanns«, erklärte Albin.

»Sind Sie mit ihm zum Radfahren verabredet?« Die Frau betrachtete Albins Luxusdrahtesel. »Da müssen Sie sich gerade verpasst haben, er ist eben losgefahren.«

»Oh«, machte Albin.

Mist. Er hatte eigentlich geplant, sein Rennrad anzubieten und das Geschäft als Vorwand zu nutzen. Natürlich hatte er sich darauf vorbereitet, dass Niemanns sagen würde: »Das ist doch keine Antiquität«, worauf Albin sich dumm gestellt und irgendetwas erwidert hätte, um unverbindlich mit dem Mann ins Gespräch zu kommen, ohne gleich damit ins Haus zu fallen, dass er polizeilicher Berater aus Carpentras war. Aber nun musste er umdenken.

»Tja«, sagte er, »das ist aber schade. Ich habe mich etwas verspätet. Aber vielleicht hole ich ihn noch ein – welche Route fährt er denn?«

Die Frau sagte: »Er hatte gar nicht erzählt, dass er noch jemanden erwartet.«

»Ist eher spontan. Eigentlich wollte meine Frau verhindern, dass ich mich aufs Rad setze, wo dieser Verrückte draußen herumschießt.«

Die Frau nickte. »Das habe ich dem Chef auch gesagt, aber er meinte, der sei ja nicht in dieser Gegend hier aktiv und er wolle seine täglichen Routinen deswegen nicht umstellen. So ist er eben.«

»So kennen und so lieben wir ihn, den guten Gerard«, antwortete Albin und lachte. »Na, dann sehe ich mal zu. Ist er wieder in Richtung Cavaillon?«

»Nein, er fährt doch immer nach Fontaine-de-Vaucluse und von dort aus in die Berge.«

»Ach, richtig, das hatte er erwähnt.« Albin tippte sich grinsend gegen die Stirn und erklärte: »Das Alter. Vor fünf Minuten ist er los?«

»Ganz kurz bevor Sie kamen. Weniger als fünf Minuten.«

»Na, dann will ich mal in die Pedale treten«, sagte Albin und schwang sich aufs Rennrad.

Verdammt, dachte er, als er den harten Sattel spürte, so haben wir nicht gewettet. Aber er konnte Niemanns kaum mit dem Auto hinterherfahren – besser, ihn beim Radeln einzuholen und ein wenig zu schwatzen. Dennoch, dachte Albin … na, Hauptsache, er bekam keinen Kreislaufkollaps, und fuhr dann los.

Albin radelte durch den Ort, orientierte sich und fand die D25, die Route de Font de Vaucluse, die Niemanns vermutlich wählen würde. Er war erstaunt darüber, wie gut das Rad fuhr und wie rasch er vorankam. Ist wie Fahrradfahren, dachte er: Man verlernt es einfach nicht.

Und tatsächlich fühlte es sich gut an. Man bekam viel mehr mit von der Umgebung und der Landschaft als im Auto. Er schaltete zwei Gänge höher, nachdem er das Ortsausgangsschild hinter sich gelassen hatte und nach einer Kurve einen weiteren Radler ausmachte, der etwa zweihundert Meter vor ihm in einem gemächlichen Tempo fuhr. Das musste Gerard Niemanns sein, nahm Albin an und schloss zu ihm auf, ließ sich dann etwas rollen und rief: »Bonjour! Monsieur Niemanns?«

Der Mann blickte über die Schulter zu Albin, der mittlerweile neben ihm fuhr.

»Ja? Warum?«

»Leclerc«, keuchte Albin, »Berater der Polizei in Carpentras. Ich weiß, es ist etwas ungewöhnlich, so auf dem Fahrrad – aber ich möchte gerne über etwas mit Ihnen sprechen.«

»Polizei?«, fragte Niemanns.

Er trug Radlerhose und ein Trikot sowie einen Helm und eine Sportsonnenbrille. Seine Haut war gebräunt. Er wirkte schlank, fit und erheblich professioneller auf dem Rennrad als Albin in seiner Alltagskluft.

»Ja«, antwortete Albin und bekam kurz einen Schreck, als ein Lkw überholte, der dazu auf die Gegenspur ausweichen musste. »Ich will nicht lange drum herumreden: Sie haben von den drei Opfern des Scharfschützen gehört?«

»Natürlich, die Medien sind voll davon.«

»Kannten Sie die drei?«

Niemanns blickte zu Albin. »Wie kommen Sie darauf?«

»Reden wir nicht lange drum herum, Niemanns«, erwiderte Albin und deutete auf die Einfahrt zu einem Lavendelfeld auf der linken Seite. »Können wir kurz stoppen und sprechen? Ich möchte nicht, dass wir nach dem nächsten Überholvorgang an der Kühlerhaube eines Lkw kleben wie ein paar zermatschte Fliegen.«

Niemanns blickte wieder zu Albin. Dann nickte er knapp und folgte Albin in die mit Kies bestreute Einfahrt. Rechts standen zwei große Müllcontainer, links ein Pfosten mit drei Briefkästen. Das dazugehörige Haus war erst in einigen hundert Metern Entfernung am anderen Ende des Feldes zu sehen.

Albin stoppte. Niemanns ebenfalls.

»Was wollen Sie?«, fragte Niemanns.

»Sie sind mit Gaspard, Bernard und Lacroix zur Schule

gegangen. Genauer gesagt: auf das Internat Sébastian Villain. Sie waren gemeinsam im Rennradteam der Schule. Ich nehme an, Sie haben auch ein Foto von damals? Dasselbe haben wir bei den drei Toten gefunden. Ich habe mich kundig gemacht, wer die abgebildeten Personen sind. Eine davon sind Sie. Vier weitere sind eines natürlichen Todes gestorben, Monsieur Boux erfreut sich allerdings noch seines Lebens, in der Nähe von Cassis, wie man vernimmt.«

Niemanns hörte sich das alles stoisch an. Schwer zu sagen, wie er darauf reagierte. Wegen der Sonnenbrille und dem Helm konnte Albin ihm nichts am Gesicht ablesen.

»Und was wollen Sie von mir?«, fragte er schließlich.

»Zunächst eine Bestätigung, dass meine Informationen richtig sind.«

»Sind sie«, antwortete Niemanns und nickte.

»Hatten Sie noch Kontakt zueinander?«

Niemanns verneinte. »Seit vielen Jahren nicht mehr, nein. Eher seit Jahrzehnten nicht. Man kannte sich, kannte die Namen, das war alles. Es tut mir sehr leid, dass die drei ermordet wurden. Da kam wieder viel hoch, als ich es erfuhr. Viele Erinnerungen.«

»Haben Sie sich nicht gewundert, dass die drei Opfer eines Mörders wurden?«

»Zunächst nicht. Dann schon. Aber das kann ja nur Zufall sein.«

»Können Sie sich vorstellen, wer ein Interesse daran hätte, Mitglieder des früheren Radclubs des Instituts Sébastian Villain zu töten?«

»Beim besten Willen nicht«, sagte Niemanns, schien

dann noch über etwas nachzudenken, schüttelte mit dem Kopf und wiederholte: »Beim besten Willen nicht. Ist die Polizei denn der Meinung, dass es da einen Zusammenhang gibt?«

»Nun, er ist augenscheinlich. Natürlich kann man sagen, dass der größte Teil der Clubmitglieder nicht ermordet worden ist. Dennoch sind es drei Personen, und es geht bei polizeilichen Ermittlungen auch darum, Zusammenhänge ausschließen zu können.«

»Natürlich. Und Sie glauben, ich sei in Gefahr, oder wie?«

»Fühlen Sie sich bedroht?«

»Überhaupt nicht.«

»Wo waren Sie in den vergangenen Tagen?«

»Immer im Geschäft natürlich. Ich öffne um acht und schließe um zehn Uhr.«

Albin nickte. »Sie haben eben gesagt: Da kam wieder viel hoch an Erinnerungen. Würden Sie mir beschreiben, was das für Erinnerungen sind?«

»Wozu?«

»Weil alles eine Rolle spielen kann.«

»Na ja, wir hatten damals eine ziemlich gute Zeit. Aber auch eine sehr schwierige. Das Internat war sehr streng. Wirklich sehr streng. Das schwappte auf uns über. Wir waren raue Burschen.«

»Es gab damals neun Mitglieder im Team. Die Direktorin der Schule sagte mir, es seien eigentlich immer zehn.«

»Ja.«

»Warum nur neun?«

»Damals war jemand ausgeschieden, weil er von der

Schule abging. Wie gesagt: Es waren harte Zeiten. Also war ein Platz im Team vakant. Es gab mehrere Bewerber. Aber natürlich kam man nicht einfach so in das Team. Ich seinerzeit ebenfalls nicht. Niemand. Wir verstanden uns als Elite, und die Schulleitung unterstützte diese Haltung. Man musste sich bewähren.«

»Inwiefern?«

»Es gab Rituale, Prüfungen. Leistung allein reichte nicht aus. Leistung konnte jeder erbringen. Die Aspiranten hatten es nicht leicht – genau wie wir alle damals.« Niemanns lachte spöttisch. Dann verfinsterte sich seine Miene. »Da war dieser Bursche, Jerome Daubigny. Er wollte mehr als jeder andere ins Team. Dafür musste er mehr als jeder andere leiden.«

»Leiden?«

Niemanns nickte. »Wir waren jung. Wir waren verrückt, und die Regeln habe nicht ich aufgestellt. Wie gesagt: Man musste viel über sich ergehen lassen, bis man reif genug war, ins Team aufgenommen zu werden. Für Jerome war es zu hart. Aber man weiß nicht, was mit dem sonst noch nicht stimmte. Ist immer leicht, anderen die Verantwortung zuzuschieben.«

»Was geschah mit ihm?«

»Er stand sehr unter Druck, denke ich. Nicht nur wegen des Teams. Auch wegen der Schule und insgesamt. Er war kein harter Bursche wie wir. Eher der softe Typ. Er stellte sich allen Aufgaben – aber am Ende fand man ihn mit einem Strick um den Hals im Wald.«

»Selbstmord?«

Niemanns nickte. »Hatte sich erhängt. War alles zu viel für ihn geworden.«

»Ich hörte davon, dass es an der Schule Skandale gab.«

»Das ist wohl so. Man hat uns nicht mit Samthandschuhen angefasst. Wir haben ebenfalls niemanden mit Samthandschuhen angefasst. Und jetzt würde ich gerne weiterradeln, Monsieur Leclerc.«

»Sie sollten im Moment besser nicht in der Gegend herumradeln. Das könnte gefährlich sein – zumindest so lange, bis wir den Täter gestellt haben.«

Niemanns zuckte mit den Schultern. »Ich wüsste nicht, vor wem ich Angst haben sollte.«

»Sagen Ihnen die Namen Chopard und Villefranche etwas?«

Niemanns überlegte. »Das sind Namen, die ich schon mal gehört habe. Keine seltenen Namen.«

»Und in welchem Zusammenhang kennen Sie die Namen?«

Niemanns nahm den Helm ab und fuhr sich über die verschwitzten Haare. »Na ja«, sagte er dann. »Mit einem Villefranche hatte ich ziemlich Ärger wegen einer Haushaltsauflösung. Unangenehmer Typ. Hat mich verklagt.«

Da schau an, dachte Albin. »Aber das ist inzwischen erledigt?«, fragte er.

»Ist erledigt. Ich kann mir nicht vorstellen, dass der mir irgendetwas wollte.«

»Und Chopard?«

»Der Name sagt mir etwas – aber ich weiß gerade nicht, in welchem Zusammenhang.«

»Patrice Chopard aus Avignon. Exsoldat.«

»Hm. Tja, ich weiß gerade nicht. Ein Patrice … Hm. Vielleicht fällt es mir später noch ein.«

»Würden Sie mir noch mal genauer erzählen, was damals mit diesem Jungen war, der Selbstmord beging?«

Niemanns seufzte, weil er verstand, dass Albin ihm noch etwas länger auf den Geist gehen würde, und nickte schließlich. Er öffnete den Mund, um etwas zu sagen.

Dann knickte sein Kopf zur Seite, platzte in einer rosafarbenen Wolke auf. Etwas Nasses spritzte Albin ins Gesicht und auf das Shirt. Im selben Moment hörte Albin einen Knall. Niemanns sackte zusammen, als habe jemand die Luft aus ihm herausgelassen.

Albin warf sich auf den Boden.

Er blickte in Niemanns tote Augen. Unter seinem Schädel breitete sich eine Blutlache aus.

Albin blieb flach liegen. Er atmete so schnell wie ein Hundertmeterläufer. Sein Atem ließ Staub vom Boden aufsteigen. Er schloss die Augen. Bilder fuhren in seinem Kopf Karussell.

Veronique. Manon. Clara. Tyson. Der erste Kuss als Teenager. Der Brand in einem Haus und er in Polizeiuniform mit einem Kind auf dem Arm in den Flammen. Seine Hochzeit. Manons Geburt. Clara als Baby auf dem Schoß. Ihm wurde schwindelig. Alles war still. Nur sein eigenes Keuchen. Dann das Geräusch eines aufheulenden Motors.

Albin riss die Augen auf, hob den Kopf, orientierte sich. Der Knall war von vorne gekommen. Niemanns Kopf war von hinten und leicht seitlich getroffen worden. Albin sah hin und her, zum Ende des Lavendelfeldes. Da war ein Weg hinter dem Haus. Eine Staubfahne stieg auf. Das Motorengeräusch. Ein Motorrad.

Albin sprang auf und lief los. Er wusste, dass es zwecklos war. Dennoch rannte er durch die Lavendelsträucher, stolperte über lose Steine. Das Bike fräste sich hundert oder zweihundert Meter vor ihm durch den Acker. Der Fahrer trug Schwarz. Einen weißen Helm. Hatte etwas auf den Rücken geschnallt.

Albin sprintete voran, zog im Laufen das Handy aus der Hosentasche und spürte, wie seine Bronchien brannten. Das Rauchen rächte sich.

Das Motorrad fuhr weiter, zog eine Staubfahne hinter sich her. Albin verlangsamte das Tempo. Mit zitternden Fingern stellte er den Kameramodus ein, schaltete auf Video und streckte das Handy nach vorne, lief dann weiter, aber verstand, dass mit einer völlig verwackelten Aufnahme nichts anzufangen sein würde. Er blieb stehen, außer Atem.

Das Motorrad schien eine Straße zu erreichen. Albin machte eine Wischbewegung auf dem Display, zoomte so weit heran, wie es nur ging. Seine Finger hinterließen eine Blutspur auf dem Glas. Der Biker bog nach links ab. Wenige Sekunden später war er nicht mehr zu sehen. Das Geräusch wurde leiser und verschmolz dann mit dem des Windes.

Albin stoppte die Aufnahme. Er öffnete Google-Maps, sah seinen eigenen Standort, verglich ihn mit der Karte, erkannte die Straße, auf der der Schütze sich befinden musste.

Er wählte Castels Nummer. Sie ging sofort dran.

»Castel«, keuchte Albin. Seine Lungen brannten. Er konnte nur stammeln. »Castel, neues Opfer des Schützen. Täter ist flüchtig, auf Motorrad, weißer Helm, unterwegs in L'Isle-sur-la-Sorgue, Chemin du Lagnien, Richtung

Route de Saumane! Versetzen Sie alles in Alarm! Den Ort abriegeln, alle Zufahrtsstraßen!«

»Albin, was …«

»Castel!«, rief Albin. »Sofort!«

28

Doch die Fahndung blieb ohne Ergebnis. Der Schütze war entkommen. Die Polizei kam zu spät.

Albin stand am Rande des Lavendelfelds und rauchte eine Zigarette, paffte eine große weiße Wolke in die Luft und blickte ihr hinterher. Er hatte sich das Gesicht mit Wasser abgewaschen, das ein Polizist ihm gereicht hatte. Sein Shirt war mit einigen dunkelroten Flecken besprenkelt – Niemanns Blut, das inzwischen getrocknet war. Fliegen schwirrten über der Plane, mit der die Leiche abgedeckt worden war, nachdem die Spurensicherung und die Rechtsmedizin sich alles angesehen hatte.

Berthe hatte Albin kurz umarmt, um ihn zu trösten. Aber er fühlte sich okay. So okay man sich fühlen konnte, wenn direkt vor einem jemand erschossen worden war. Sogar Castel und Theroux hatten sich zurückgehalten, ihn wegen seines eigenmächtigen Handelns zu beschimpfen, zumindest am Anfang. Später hatte Theroux gemeint, dass er Albin doch ausdrücklich gesagt habe, er solle sich nicht einmischen, was Castel bestätigte. Albins Antwort war gewesen, dass das wohl sowieso nichts an Niemanns Tod geändert hätte, und von daher sei es ja auch egal.

Immerhin hatte er einige wichtige Beobachtungen machen können, nämlich dass der Schütze mit einem Motorrad unterwegs war. Mit ein wenig mehr Glück hätten sie den Schützen sogar stellen können. Und wer wusste, ob sich im Verlauf der Fahndung diesbezüglich nicht noch etwas tun würde. Außerdem konnte Albin seine Idee abhaken, dass möglicherweise zwei Schützen zusammenarbeiten würden. Er hatte nur einen gesehen. Natürlich mochte es immer noch sein, dass es eigentlich zwei waren und einer im Hintergrund agierte, der *Planer* war, wenn man so wollte.

Jetzt standen Theroux und Castel zusammen bei Albin, telefonierten und sahen sich immer wieder in der Gegend um.

»Mir ist das wirklich nicht aufgefallen mit dem Gruppenfoto«, sagte Theroux, als er sein Gespräch beendete, das Telefon immer noch in der Hand.

»Kann passieren«, sagte Albin, rauchte und stieß den Rauch durch die Nasenlöcher aus. »Jedenfalls ist jetzt nur noch einer aus dem Radlerteam übrig: Antoine Boux in Cassis. Und der wird sich kaum noch auf ein Fahrrad setzen. Motorrad wird er wohl auch nicht fahren, wie man hört.« Natürlich wäre es möglich, dass er nur der Auftraggeber war. Albins Instinkt sagte ihm aber, dass Boux eher ein Ziel darstellen würde. Doch um ihn zu ermorden, wäre ein völlig anderer Modus erforderlich als der, den der Schütze bislang an den Tag gelegt hatte. Boux würde nicht radeln. Er würde in seiner Villa sitzen. Und da war noch etwas.

»Ich stelle mir ein paar Fragen«, sagte Albin. »Erstens: Warum hat er nicht auch auf mich geschossen? Und warum nicht auf die Radler, die Fred Bernard begleitet haben? Weil er es nicht auf uns abgesehen hatte. Wir waren keine Ziele.«

»Trotzdem hast du wahnsinniges Glück gehabt, Albin«, sagte Theroux.

Albin paffte und schüttelte mit dem Kopf. »Nein, ich war nicht das Ziel. Ich war vollkommen uninteressant. Genau wie die anderen. Ein Schütze, der es auf maximalen Schaden anlegen würde, hätte auch auf die anderen oder auf mich geschossen. Ihm ging es ausschließlich um die Personen, die er auch erwischt hat. Womit ich mittlerweile bezweifle, dass er es auf die Tour de France abgesehen hat. Es geht ihm um etwas anderes.«

»Und wenn er an diesen Boux nicht herankommt, dann ist die Serie beendet?«

»Wer weiß«, sagte Albin. »Niemanns hat mir gesagt, dass er Ärger mit diesem Villefranche hatte. Bei dem Namen Chopard klingelte auch etwas bei ihm.«

»Die Kollegen nehmen sich bereits Niemanns Geschäft vor«, erwiderte Theroux. »Die stellen alles auf den Kopf. Wenn sich das bestätigt, dann werde ich alles dransetzen, dass wir Durchsuchungsbeschlüsse für Villefranche und Chopard erhalten.«

»Klingt ziemlich dünn.«

»Ist aber die beste Spur, die wir haben. Ehrlich gesagt ist es die einzige Spur. Die beiden Namen stehen in Verbindung zu den anderen drei Opfern. Wenn es nun auch eine zu Niemanns gibt …« Theroux zuckte mit den Achseln.

Albin nickte, drückte die Zigarettenkippe auf einem Stein aus und ließ den Filter in der Hosentasche verschwinden, um den Tatort nicht mit Fremdspuren zu kontaminieren. Außerdem hatte ihm Clara einmal die Leviten gelesen, weil sie im Kindergarten erfahren hatte, wie sehr Zigarettenfilter die Umwelt verschmutzen und wie lange es dauert, bis diese abgebaut sind. Albin wollte seiner Enkelin keine Welt voller Kippen hinterlassen.

»Und da«, sagte Theroux und nickte in Richtung Straße, »kommt auch schon der richtige Mann für die Anträge.«

Albin sah sich um und erkannte einen silbernen Audi, der gerade hinter einem Streifenwagen parkte. Es war der Dienstwagen von Staatsanwalt Luc Bonnieux. Prost Mahlzeit! Jetzt würde es Stress geben.

Doch der folgte nur bedingt. Bonnieux ließ sich ins Bild setzen, während er sein Sakko auszog und die Ärmel des hellblauen Hemdes aufkrempelte, gelegentlich nickte und Albin immer wieder musterte, während der sich eine weitere Zigarette anzündete und der Spurensicherung bei der Arbeit im Lavendelfeld zusah. Sie schienen irgendetwas gefunden zu haben. Schließlich dachte Bonnieux nach, betrachtete die verstaubten Spitzen seiner hellbraunen Lederschuhe, nahm die randlose Brille ab, putzte sie mit seinem Schlips, blinzelte in den Himmel und schien zu einem Entschluss gekommen zu sein.

»Okay«, sagte er und setzte die Brille wieder auf. »Sollte sich bestätigen, dass es eine Verbindung zwischen Villefranche und Chopard zu Niemanns gibt, bewirke ich einen Durchsuchungsbeschluss. Bis dahin möchte ich alles erfahren, was die beiden jemals angestellt haben. Wenn sie falsch geparkt haben, will ich das in einer Akte haben. Alle gerichtlichen Unterlagen zu Chopard und was die Kollegen aus Avignon über ihn haben, was sie aus seiner Armeezeit zusammengetragen haben sowie die behördlichen Unterlagen zu Villefranche, jede Klage, die er jemals geführt hat. Ich will alle verfügbaren Daten, Kontenbewegungen, Kreditkartenabrechnungen, Handyverträge – was auch immer wir bekommen können. Die beiden sind die heißesten Kandidaten, die wir im Augenblick haben.«

Theroux und Castel nickten unisono.

Bonnieux redete weiter und klang ein wenig so, als würde er laut denken, die Situation für sich selbst sortieren und die um sich Stehenden einbeziehen wollen.

»Mich interessiert außerdem dieser Radlerclub. Die eine Hälfte ist bereits tot, die andere Hälfte wurde umgebracht. Über die, die eines natürlichen Todes gestorben sind, will ich ebenfalls alles wissen. Vielleicht fällt uns dann noch etwas auf, das wir bislang nicht in Betracht gezogen haben. Die Kollegen in Cassis werden wir um Amtshilfe in Bezug auf diesen Boux bitten, den Letzten noch Lebenden. Niemand hat es auf die Tour de France abgesehen. Es geht um die Personen im Radlerclub. Auf die allein hat der Schütze es abgesehen. Oder das Schützenteam. Wie auch immer.«

Albin spürte Bonnieux' prüfenden Blick auf sich, zuckte jedoch nur mit den Achseln und paffte.

Bruno Grinamy von der Spurensicherung kam herüber. Er hielt einen durchsichtigen Beweismittelbeutel in der Hand und schwitzte in seinem faserfreien Overall.

»Wir haben Patronenhülsen gefunden«, sagte er und wackelte mit dem Beutel. »Bei den anderen drei Morden nicht. Da hatte der Schütze sie aufgesammelt oder aufgefangen. Scheint, als ob er es dieses Mal eiliger hatte. Mit etwas Glück finden wir Fingerabdrücke. Das Kaliber scheint mir in jedem Fall zu der bisherigen Tatwaffe zu passen.«

»Weswegen sollte er es eiliger gehabt haben?«

»Vielleicht wegen mir«, sagte Albin.

»Klar«, meinte Bonnieux. »Weil das Opfer nicht allein war.«

»Fred Bernard war ja auch in Begleitung mehrerer Personen«, erwiderte Albin. »Bei Bernard hat er sich dennoch Zeit gelassen. Hier nicht.«

»Weil er dich durchs Zielfernrohr erkannt hat?«, fragte Grinamy.

Albin nickte. »Könnte sein.«

Theroux sagte: »Du glaubst, der hat gesehen: Oh, das ist Albin Leclerc, die Polizei ist vor Ort?«

»Sozusagen.«

Castel hustete. »Kennen Sie Villefranche und Chopard persönlich, Albin? Wissen die, wer Sie sind?«

Albin kratzte sich am Kinn. »Villefranche ist mir nie über den Weg gelaufen, meine ich. Chopard schon. Aber das will nichts heißen. Es wurden gelegentlich Fotos von mir in der Zeitung veröffentlicht. Unser Täter ist ein sehr planvoller Mensch. Er wird sich mit allen Polizisten befasst haben, die ihm auf den Fersen sein könnten.«

Grinamy schmunzelte. »Albin ist bekannt wie ein bunter Hund.«

»Außerdem«, ergänzte Albin, »war ich in dem Internat. Da könnten mich eine Menge Leute gesehen haben. Ich habe mit den Witwen gesprochen …«

»Jedenfalls habe ich Glück gehabt«, meinte Grinamy und wendete sich zum Gehen. »Du hast mir nämlich die Urlaubsbilder von Martinique noch nicht gezeigt. Mit einem Loch im Schädel würde daraus nichts mehr werden.«

Albin grinste.

»Mit Ihnen alles in Ordnung, Leclerc?«, fragte Bonnieux, nachdem Grinamy sich abgewandt hatte. »So mental?«

»Warum? Weil ich inzwischen geneigt bin, Ihnen in Sachen ›Keine Gefährdung der Tour de France‹ zuzustimmen?«

»Niemanns wird unmittelbar vor Ihnen erschossen. Das ganze Blut auf Ihrem Hemd. Es hätte Sie ebenfalls erwischen können.«

»Mit mir ist alles in Ordnung«, sagte Albin.

»Wenn Sie noch im Dienst wären, würde ich Sie zu einer psychologischen Betreuung schicken und Ihnen eine oder zwei Wochen Sonderurlaub geben.«

»Nicht nötig«, erwiderte Albin. »Ich habe schon Schlimmeres erlebt.«

29

Albin hatte tatsächlich schon Schlimmeres erlebt. Er hatte Menschen sterben sehen. Er hatte selbst getötet, war verletzt worden, hatte Verletzungen zugefügt, Leid und Entsetzen erfahren, in die tiefsten Abgründe geblickt. Es war nicht immer einfach, damit umzugehen. Manchmal gelang es besser, manchmal schlechter.

Er hatte Routinen entwickelt, verdrängte schlimme Erlebnisse und schob sie von sich. Aber ehrlich gesagt war es damit wie mit dem Unkraut in den Ritzen zwischen den Betonplatten auf seiner Terrasse. Man konnte es herauszupfen, abschneiden oder anders bekämpfen. Doch es kam immer wieder, und wenn man sich nicht darum kümmerte, dann wucherte es. An einem Tag sah man nichts. Doch dann war es plötzlich zurück und spross fröhlich vor sich hin.

Nachts war alles noch mal eine völlig andere Sache. Tagsüber sah man die Dinge kommen, konnte sich schnell wegdrehen, sich ablenken, an etwas anderes denken und in die Sonne blicken. Aber nachts war man ungeschützt. Nachts kamen die Erinnerungen wie ein Nebel, gegen den man sich nicht wehren konnte, weil alle Türen weit offen standen. Sie legten sich wie nasser Tau auf die Seele – und manche wie eine mit Wasser vollgesogene Decke, die einem den Atem raubte.

Albin fuhr mit einem Stoßseufzer aus dem Schlaf hoch und schnappte nach Luft. Das Herz hämmerte in seiner Brust. Sein T-Shirt war klatschnassgeschwitzt, die Bettdecke ebenfalls. Er atmete einige Male tief durch, pumpte Sauerstoff in die Lungen, während die Bilder in seinem Kopf immer noch Karussell fuhren. Er sah Blut, Leichen, tote Augen, die ihn anstarrten, die Gesichter von Menschen, deren Mörder nie gefunden worden waren, Halbtote, die nach ihren vermissten Körperteilen suchten, missbrauchte und geschundene Menschen. Und er sah sich selbst, wie er sich Blut aus dem Gesicht wischte und sich fragte, ob es sein eigenes Blut war und wie es so weit kommen konnte, dass er erschossen wurde, obwohl er doch gar nichts spürte.

Albin starrte aus dem Fenster. Der Mond schien und warf kaltes Licht ins Schlafzimmer. Der Radiowecker zeigte zwei Uhr siebenunddreißig an.

Lange hatte er also noch nicht geschlafen. Er hatte fast zwei Stunden wach gelegen, nachgedacht, mit den Bildern des Tages gekämpft und sich von einer Seite auf die andere gedreht, vorsichtig, um Veronique nicht zu wecken, die leise neben ihm schnarchte.

Als er nach Hause gekommen war, hatte sie ihn nach seinem Tag gefragt, und er hatte ihr berichtet, dass ein weiterer Mann erschossen worden war – aber nicht davon, dass er unmittelbar daneben gestanden hatte. Es gab Dinge, die hielt Albin lieber von ihr fern. Nicht, dass er sie belog. Nur manches Detail ließ er einfach aus. Sie hatte auch sein neues Polohemd bemerkt – Albin hatte es auf dem Weg nach Hause gekauft und das mit Blut befleckte in den Mülleimer einer Bushaltestelle gestopft. Schließlich, nachdem Albin sich geduscht hatte – deutlich länger und gründlicher, als er es sonst tat –, hatten sie gegessen und noch etwas ferngesehen.

Jetzt stand er auf, nahm ein frisches T-Shirt aus der Schublade, ging ins Bad und wischte sich mit einem Handtuch den Schweiß ab, wechselte dann sein Shirt und ging die Treppe hinab in die Küche, wo er eine halbe Flasche Wasser auf ex leerte. Er nahm sein Feuerzeug und eine Zigarette, öffnete die Terrassentür und rauchte, ließ sich von der kühlen Nachtluft erfrischen. Er vernahm das Tickern von Pfoten hinter sich und sah dann Tyson, der sich neben ihn hockte und ebenfalls zum Mond hinaufblickte.

Was passiert mit uns, wenn wir sterben? Reisen wir dann zu den Sternen?, schien er zu fragen.

»Gar nichts passiert«, erwiderte Albin. »Es wird einfach dunkel. Und dann sind wir weg. Als ob wir in den Tiefschlaf fallen. Alle von uns hinterlassen Spuren. Manche sind tiefer als andere. Aber auch die verblassen mit der Zeit wie Fußstapfen am Meer, die von den Wellen fortgespült oder vom Wind verweht werden.«

Welche Spuren wirst du hinterlassen?

Albin paffte. »Ist nicht wichtig. Solange ich das Leben von einigen Menschen, die mir nahe sind, ein wenig positiv beeinflusst habe, bin ich zufrieden.«

Hast du das Gefühl, dass es gelingt?

»Denke schon. Meine Frau ist zufrieden. Meine Enkelin ebenfalls. Meine Tochter kommt mir auch zufrieden vor. Sie hat schlimme Dinge erlebt. Ich mache mir Vorwürfe, dass ich mich lange nicht besser um sie gekümmert habe. Dieser Gilles stand zwischen uns. Na ja, und meine Arbeit auch. Ich habe viele wichtige Dinge vernachlässigt und aus dem Blick verloren. Schätze, das ist Schicksal. Aber ich denke, die Dinge bessern sich. Und ich bessere mich ebenfalls, zumindest ein wenig. Ich hoffe, dass diese verfluchte Scheidung bald durch ist und sich für Manon neue Perspektiven eröffnen. Ich hoffe, dass sie bald einen netten Kerl findet und sich neu verliebt. Sie kommt sehr gut allein klar, logisch. Aber sie ist nicht glücklich, und ihr Partner hat sich als Psychopath entpuppt. Vielleicht bin ich selbst schuld daran. Wäre ich ein besseres Vorbild gewesen, dann hätte sich Manon vielleicht anders entwickelt und einen besseren Mann gefunden als Gilles. Und Veronique – ich will sie nicht verlieren. Ich habe schon einmal eine Ehe vor die Wand gefahren. Das darf nicht wieder passieren.«

Wir alle haben eine Rolle im Leben. Und deine ist es nun mal, Verbrecher zu fangen. Wir können nur bis zu einem bestimmten Grad aus unserer Haut heraus. Veronique hat das akzeptiert. Sie lässt dich sein, wie du bist – innerhalb gewisser Grenzen. Ich weiß, du zweifelst manchmal an dir und denkst, du müsstest dich besser um alle kümmern, ihnen mehr Aufmerksamkeit widmen und dass du ihnen nicht das gibst, was sie wirklich verdienen. Aber vielleicht brauchen sie das gar nicht, denn sonst würden sie es dich ja spüren lassen. Außerdem ist es vielleicht so mit der Gerechtigkeit: Wir erreichen niemals hundert Prozent, sondern nähern uns dem immer nur an.

Albin inhalierte den Rauch und stieß ihn in einem feinen Strahl in den Nachthimmel. »Wenn ich es schaffe, nur ein bisschen mehr Gerechtigkeit in diese Welt zu bringen, bin ich schon zufrieden.«

Schaffst du das denn?

Albin zuckte mit den Achseln und betrachtete seinen kleinen Garten. »Manchmal komme ich mir vor wie ein Gärtner. Ich mähe den Rasen. Der Rasen wächst wieder. Ich mähe erneut. Das Gras kommt zurück. Aber irgendjemand muss es tun, weil sonst alles verwildert. Ein Garten will gepflegt werden. Das ist die Verantwortung, die wir übernehmen, wenn wir die Natur domestizieren.«

Große Worte.

»Ist mit Hunden genauso. Die Menschen haben sich die Tiere untertan gemacht. Also müssen sie sich um sie kümmern. Es ist ein Geben und Nehmen. Ich gebe dir Futter und gehe mit dir Gassi – und du …« Albin blickte zu Tyson. »Du gibst mir auch etwas.«

Ach, und was?

»Weiß der Geier.«

Mach schon – wird das eine Liebeserklärung?

»Das könnte dir so passen«, murmelte Albin und löschte die Zigarette. Er würde die Kippe gleich im Müll entsorgen.

Na los, Chef! Wenn du schon einen großen Moment der Wahrheit hast, dann raus damit! Für mich bist du jedenfalls der Größte! Herr und Hund, du weißt schon! Halbgott!

»Jetzt ist es aber gut! Na ja, um ehrlich zu sein: Ich mag dich auch.«

Mehr nicht?

»Doch. Schon. Aber jetzt Schluss mit der Gefühlsduselei.«

Hast recht. Du solltest versuchen, dir noch eine Mütze Schlaf zu gönnen. Der Tag morgen könnte lang werden.

»Könnte er«, erwiderte Albin und ließ Tyson ins Wohnzimmer.

Was machen wir denn morgen?, fragte der.

»Ich war lange nicht an der Côte d'Azur«, sagte Albin und schloss die Terrassentür. »Zum Beispiel in Cassis.«

30

Das Département Bouches-du-Rhône lag nicht im Zuständigkeitsbereich des Département Vaucluse, weswegen Staatsanwalt Luc Bonnieux gestern von Amtshilfe gesprochen hatte. Man musste ein paar Anträge ausfüllen, Telefonate führen und die Kollegen bitten, sich um das Anliegen zu kümmern – beziehungsweise ein Okay dafür einholen, wenn man gewissermaßen in fremden Gewässern fischen wollte. Wesentlich schneller ging es natürlich, wenn man sich außerhalb der Bürokratie bewegte.

So wie Albin, der in seinem SUV auf der Autobahn mit dem schönen Namen Route du Soleil und der profaneren Bezeichnung A7 in Richtung Marseille gefahren war, auf der A8 Aix-en-Provence passiert und nach rund eineinhalb Stunden bei flüssigem Verkehr schließlich auf der A52 Cassis erreicht hatte.

Cassis lag an der Calanques-Küste, die sich von hier bis nach Marseille erstreckte. Die Buchten der französischen Riviera verglich man mit Fjorden, und tatsächlich hatten die tiefen Einschnitte in die Klippen eine Menge davon – mit dem Unterschied, dass es hier zwischen den zerklüfteten massiven Felsen türkisfarbenes Wasser und weiße Strände gab.

Der Ort selbst war ein malerisch zwischen mit Pinien bewachsenen Felsen gelegenes ehemaliges Fischerstädtchen, wobei dieser Begriff eher ein Marketinginstrument war. Cassis war so viel Fischerstädtchen wie St. Tropez, und die Einzigen, die hier wirklich noch fischten, waren die Mitarbeiter von Restaurants und Bars, die die vielen Touristen in die gastronomischen Betriebe am Hafen locken wollten, dessen Becken von hübschen bunten Häusern mit farbenfrohen Markisen umgeben und ansonsten voller Boote und schneeweißer Yachten war.

Im Radio hatte Albin die Nachrichten gehört und einen längeren Bericht über den Stand der Dinge bei der Tour de France verfolgt, die unaufhörlich auf ihren Höhepunkt zurollte, die Bergetappe am Mont Ventoux. Allerdings hatte er nur mit einem Ohr gelauscht, weil ihn Sport absolut nicht interessierte und er mit den Namen der Fahrer und denen der Teams nichts anfangen konnte – auch nicht mit diesem Fahrer, den sie alle nur »Benny« nannten und der in einem kurzen Interview gesagt hatte, dass er sich wie verrückt freue, als Provenzale bei seiner allerersten Tour de France eine legendäre Etappe vor Heimpublikum fahren zu dürfen, und verspreche, sein Bestes zu geben, um die Landsleute stolz zu machen. Ob er denn am Berg dann zeigen werde, was in ihm stecke? Er kenne den Ventoux doch wie seine Westentasche, fragte der Reporter und entlockte Benny damit ein Lachen und ein »Wer weiß, wir werden sehen«. Sympathischer Typ, recht locker, hatte Albin gedacht, und außerdem in der Lage, sich einigermaßen zu artikulieren. Dieser Sport konnte bei allem, was man so über Doping hörte, Sympathieträger wirklich gut gebrauchen.

Er orientierte sich an den Ansagen der weiblichen Stimme der Routenführung, bog einige Male ab und fuhr schließlich auf einer schmalen, aber erstklassig gepflegten Privatstraße auf ein Anwesen zu, das über einer Felsbucht thronte – eine herrschaftliche Villa, deren Ockerton sich vom blauen Himmel und dem tintenblauen Meer abhob, umgeben von Zypressen und Pinien.

Albin stoppte vor einem Eisengatter, das in eine alte Bruchsteinmauer eingelassen war. Er ließ das Fenster herab, drückte eine Klingel und erklärte in die Gegensprechanlage, wer er war, was er wollte und dass er selbst wisse, dass er keinen Termin habe, da die Polizei bekanntlich selten Termine verabredete, wenn sie ein sehr dringendes Anliegen habe, was aktuell der Fall sei. Kurz darauf öffnete sich das Tor automatisch.

Albin fuhr voran. Der graue Asphalt verwandelte sich in hellen Kies, der links und rechts von Rasenflächen gesäumt war, auf denen Wassersprenger ihren Dienst verrichteten. Schließlich stoppte er vor dem Hauptgebäude im Schatten von großen Palmen. Er stieg aus, holte Tyson aus dem Kofferraum und erblickte eine junge Frau in einer weiten Leinenhose und einer lässigen blauen Bluse, die mit einem unverbindlichen Lächeln auf ihn zukam. Außerdem entdeckte Albin in den Palmen Überwachungskameras sowie zwei Männer in schwarzen Hosen und schwarzen Poloshirts mit Funkgeräten am Gürtel, die irgendetwas zum Pool schleppten, aber eher wie Sicherheitspersonal und nicht wie Hausmeister wirkten.

»Mein Name ist Nicole Sartre, wie kann ich Ihnen helfen?«, stellte sich die junge Frau vor und blickte mit ihrem professionellen Lächeln zu Tyson herab.

Albin zeigte ihr sein Kärtchen und seinen abgelaufenen Polizeiausweis, indem er ein weiteres Mal das Datum mit dem Finger abdeckte, und erklärte, was er bereits der Gegensprechanlage erzählt hatte.

»Es geht um eine laufende Ermittlung. Einige frühere Freunde von Monsieur Antoine Boux sind verstorben. Wir würden gerne wissen, ob er in letzter Zeit Drohungen erhalten hat oder dergleichen.«

Das Gesicht der Frau verfinsterte sich. »Oh, ist er etwa in Gefahr?«

Albin lächelte und sagte: »Es geht lediglich um die Beantwortung einiger dringender Fragen, mehr nicht. Zehn Minuten, dann bin ich auch schon wieder fort.«

Die Frau spielte mit ihren Fingern und schien nachzudenken. »Ich bin Monsieur Boux' persönliche Assistentin. Sie müssen verstehen, dass er schwer krank und jede Aufregung zu vermeiden ist.«

»Natürlich.«

»Deswegen würde ich ein solches Thema ungerne anschneiden lassen, und …«

»Ich werde das beachten.«

»… eigentlich lieber nicht …«

»Madame, ich weiß, das ist alles sehr überfallartig. Aber Sie müssen verstehen, dass uns die Zeit davonläuft. Wir veranlassen gerne eine gerichtliche Verfügung und eine Vorladung zu einer Zeugenvernehmung oder senden einen Streifenwagen vorbei, der Monsieur Boux dann abholt. Aber ich meine, dass das alles noch sehr viel aufregender sein würde als ein kurzes Gespräch mit mir, in dem sich alles klären ließe und ich absehen kann, ob Monsieur Boux uns überhaupt sachdienliche Hinweise geben könnte.«

Die Assistentin dachte weiter nach, spielte mit ihren Fingern und nickte schließlich. »Bitte kommen Sie herein. Ich werde Monsieur Boux fragen, ob er sich zu dem Thema ein paar Minuten für Sie nehmen möchte. Falls nicht, dann müssten Sie bitte den anderen Weg beschreiten.«

»Klar«, erwiderte Albin, folgte der Geste der jungen Frau und betrat das Foyer der Villa. Der Boden war mit Marmor ausgelegt, die Decken mit Stuck verziert. An den Wänden hingen alte Plakate der Tour de France in goldenen Rahmen und Fotografien von Radlern mit Unterschriften, die Albin allesamt nichts sagten.

»Einen Augenblick bitte«, sagte Nicole Sartre und verschwand hinter einer großen Flügeltür.

Albin sah sich weiter um. Auf einem Tisch lagen Broschüren von Boux' Baufirma, außerdem ein dicker Foliant, der dem Aufdruck nach die Firmengeschichte der letzten hundert Jahre behandelte und anlässlich des Jubiläums vor fünf Jahren erschienen war. Kostspielig. Doch es passte, denn hier wirkte nichts preisgünstig.

Schicke Villa, sagte Tyson. *Zudem in dieser Lage.*

»Kann man wohl sagen«, murmelte Albin.

Hier ist überall Personal. Es gibt viele Sicherheitssysteme. Der Mann ist gut bewacht und das gewiss rund um die Uhr. Außerdem scheint es zu stimmen, was du gehört hast. Er ist schwer krank und wird kaum als Täter in Betracht kommen.

Albin nickte. »Andererseits kann man mit viel Geld viel kaufen und Menschen bezahlen, die Dinge für einen erledigen.«

Stimmt auch wieder. Denkst du denn …

»Ich denke gar nichts. Aber ich schließe auch nichts aus.«

Schließlich öffnete sich die Flügeltür, und Nicole Sartre kam lächelnd heraus. Albin wertete das als gutes Zeichen.

»Monsieur Boux nimmt sich gern einige Minuten«, sagte sie. »Bitte folgen Sie mir.«

Was Albin tat. Auf dem Weg bekam er einige Instruktionen in Bezug auf den Umgang mit Antoine Boux.

Die Schritte der Assistentin klackerten auf dem Marmorboden. »Ich möchte Sie bitten, jegliche Aufregung zu vermeiden. Monsieur Boux leidet an einer schweren Herzkrankheit und hatte bereits mehrere Infarkte.«

»Natürlich«, erwiderte Albin und betrachtete im Gehen die Gemälde an den Wänden, die schönen Möbel und kleinen Skulpturen. Entweder, Boux hatte einen treffsicheren Geschmack, oder er leistete sich einen ausgezeichneten Innenausstatter.

Boux lag in einem Liegestuhl im Schatten einer Überdachung auf der Terrasse des Anwesens neben dem großen Swimmingpool. Er blickte nicht einmal auf, als seine Assistentin Albin vorstellte und sich dann entfernte. Stattdessen starrte er wie hypnotisiert auf einen riesigen Fernseher, der an der Außenwand angebracht war. Dort lief eine Übertragung der Tour de France. Mit seiner Halbglatze und den dunkelbraunen Augen erinnerte Boux Albin ein wenig an den älteren Pablo Picasso. Er trug Badeschlappen mit Gucci-Aufdruck, Shorts und ein weißes Leinenhemd und wirkte in Anbetracht der Vorankündigung über seinen Gesundheitszustand durchaus vital.

Allerdings entdeckte Albin eine Sauerstoffflasche neben dem Tisch vor Boux, auf dem sich außerdem eine Dose mit Medikamenten, ein Tablett mit Eiswasser und Gläsern sowie zwei Telefone und ein Laptop befanden. Hinter dem Liegestuhl stand eine Gehhilfe.

»Sie kommen aus Carpentras«, sagte Boux, ohne aufzuschauen. »Sehen Sie sich die Bergetappe an? Sie Glücklicher. Was würde ich darum geben, dabei zu sein, aber …« Er schlug mit der flachen Hand auf seine Brust. »Stattdessen hocke ich hier und verfolge den hoffentlich größten Triumph meines Lebens im Liegen. Ein Trauerspiel ist das, kann ich Ihnen sagen, Leclerc.«

»Ich hatte es zunächst vor«, antwortete Albin, »aber jetzt denke ich nicht mehr, dass ich mir den Trubel antun werde. Es gibt genug andere Dinge zu tun. Zum Beispiel sich um den Anlass zu kümmern, der mich zu Ihnen führt.«

»Wie kann man sich als Franzose die Bergetappe entgehen lassen, wenn sie direkt vor Ihrer Nase abläuft?«

»Vor meiner Nase laufen zurzeit wichtigere Dinge ab.«

Jetzt blickte Boux zu Albin, musterte ihn wortlos von oben bis unten, tat dasselbe mit Tyson und bekam anschließend einen Hustenanfall. Er bedeutete Albin mit einer Geste, dass er auf einer der mit buntem Stoff bezogenen Outdoorcouchen Platz nehmen solle, was Albin tat. Boux hustete immer noch, zeigte auf das Wasser, worauf Albin ein Glas eingoss, es Tyson hinstellte und sich dann selbst eines nahm, während Boux zur Sauerstoffflasche griff und ein paar Züge inhalierte.

»Ich bin ein wandelndes Ersatzteillager«, brummte er. »Früher hätte ich bei den Burschen da im Fernsehen noch mithalten können. Nicht vorne wie unser Topfahrer Benny, doch für das hintere Mittelfeld hätte es gereicht. Aber das Schicksal hatte andere Pläne mit mir. Einstieg in das Unternehmen und all der Unsinn. Ich bin froh, dass ich damit nichts mehr zu tun habe. Ich habe alles verkauft. Ich bin nicht mal mehr im Vorstand.«

»Ich habe ein paar Fragen an Sie, und zwar geht es um einige Ihrer früheren Mitschüler aus dem Radteam des Internats. Namentlich handelt es sich um Gaspard Lacroix, Fred Bernard, Justin Bonnet und Gerard Niemanns«, sagte Albin.

Boux lachte kurz auf. »Die Namen habe ich ja seit Jahrzehnten nicht mehr gehört.«

»Die vier sind tot.«

»Ich bald auch.«

»Sie wurden in den vergangenen Tagen beim Radfahren erschossen. Alle vier.«

Boux' Augen weiteten sich. Er schwieg einen Moment. »Erschossen? Beim Radfahren? Alle vier?«

»Einer nach dem anderen. Mit einem Präzisionsgewehr. Vier andere ehemalige Mitglieder das Radlerclubs sind eines natürlichen Todes gestorben. Meines Wissens sind Sie der Letzte, der noch lebt.«

Boux setzte sich auf. Seine Stirn lag in Furchen. Er nahm sein Wasserglas, öffnete die Pillendose und warf eine Tablette ein, spülte sie herunter, indem er das Glas in einem Zug leerte. Dann nahm er noch einen Zug Sauerstoff aus der Flasche.

»Ton aus!«, rief er dem Fernseher zu, der daraufhin verstummte. Schlagartig war es leise. Irgendwo zirpte eine Grille. Eine Libelle huschte über den Swimmingpool. »Ich bin schockiert«, sagte Boux. »Ich weiß nichts darüber. Wer sollte denn die Burschen erschießen? Das waren doch angesehene Bürger. Warum?«

»Das fragt sich die Polizei ebenfalls«, erwiderte Albin. »Sagen Ihnen die Namen Villefranche und Chopard etwas?«

Boux blickte nach links. Ein Zeichen dafür, dass man versuchte, sich an etwas zu erinnern. Blickte man nach rechts, dachte man sich eher etwas aus. Er verneinte. »Auf Anhieb nichts. Gar nichts. Aber wissen Sie: Ich habe in meinem Leben mit so vielen Menschen zu tun gehabt.«

»Sie erwähnten eben, dass Sie keinen Kontakt mehr zu Ihren früheren Clubmitgliedern hatten?«

»Hatte ich nicht. Glauben Sie, ich bin in Gefahr?«

»Ich kann nur sagen, dass vier Menschen erschossen wurden und Sie der letzte noch Lebende aus dem früheren Radlerclub sind.«

»Mein Anwesen ist gut bewacht. Und ich habe absolut keine Ahnung, warum jemand mich umbringen wollte. Na ja, abgesehen von meinen beiden Exfrauen und einigen früheren Geschäftspartnern vielleicht.« Boux lachte heiser.

Albin lachte nicht. »Sie sollten gründlich darüber nachdenken, ob es Drohungen gegen Sie gab, denen Sie vielleicht noch vor einiger Zeit nichts beigemessen haben, die aber jetzt eine andere Bedeutung haben könnten.«

Boux schwieg und nickte.

Albin leerte sein Wasserglas und goss unmittelbar nach. Auf dem Bildschirm liefen nach wie vor Bilder von Radfahrern, Einblendungen von Listen, Interviews und Landkarten.

»Monsieur Boux, wie war denn das damals genau mit Ihrem Radlerclub im Internat? Ich habe Fotos von Ihrer Gruppe gesehen. Alle Opfer hatten ein solches.«

»Ich ebenfalls. Erinnerungsstück an alte Zeiten. Steht in meinem Arbeitszimmer.«

»Dafür, dass Sie alle keinen Kontakt mehr hatten, waren Sie einander dennoch recht wichtig, kann das sein? Sonst würde man kein derartiges Bild aufstellen, das man jeden Tag sieht.«

»Wir waren damals mehr als ein Team und mehr als Freunde, Leclerc. Wir waren Elite. Wir waren Halbgötter. Jeder hat uns bewundert. Uns stand die Welt offen.« Boux blickte zum Fernseher. »So wie ihm. So wie Benny.«

Albin sah ebenfalls zum Bildschirm. Dort lief ein stummes Interview mit einem attraktiven jungen Mann mit strahlendem Lächeln. Er trug ein Trikot, das mit jeder Menge Aufnähern bestückt war. Das war also dieser Provenzale, über den vorhin schon im Radio gesprochen worden war. Auf seinem rechten Oberarm sah Albin ein großes Logo mit dem Aufdruck …

Albin blickte zu Boux. »Wird er von Ihnen gesponsert? Von Ihrem Unternehmen?«

Boux lachte auf. »Sie haben wirklich überhaupt keine Ahnung vom Radsport, oder?«

»Null«, sagte Albin.

»Benny fährt für das Team AFBDC, eine Abkürzung für die vier Hauptsponsoren. Das B in der Mitte bin ich. Boux. Was meinen Sie, was ich mit dem ganzen Geld aus dem Verkauf meines Unternehmens gemacht habe? Ich habe es alles in den Sport gesteckt und mich in das Team eingekauft. Damit Benny alles erreichen kann, was ich niemals geschafft habe. Er ist mein größter Stolz und steht vor dem Erfolg seines Lebens. Und mit ihm stehe ich vor meinem größten Triumph, Leclerc!«

Albin sah genauer hin. Nun las er auch den vollen Namen des Rennfahrers. »Benny«, fragte er, »ist …«

»Nicht leiblich«, kürzte Boux ab. »Ich habe keine Kinder. Aber er ist mein Protegé, mein Ziehsohn. Benny Boux.«

31

Benny Boux lag mit geschlossenen Augen auf dem Rücken und ließ sich die Beine massieren. Nur noch eine Stunde bis zum Start der Etappe. Und morgen dann der Ventoux.

Benny war in einem kleinen Dorf am Fuße des Berges geboren worden. Wahrscheinlich kannte er ihn wie kein anderer Fahrer der Tour de France. Er redete sich deswegen zwar nicht ein, das Rennen morgen zu gewinnen. Es gab deutlich stärkere und routiniertere Fahrer. Aber natürlich träumte er davon und würde in jedem Fall alles geben und hoffentlich einen der vorderen Plätze belegen, vielleicht sogar unter den zehn besten Fahrern am Gipfel ankommen. Was Probleme mit sich bringen könnte.

»Adduktoren sind okay, oder?«, fragte Ray, während er Bennys Beinmuskeln bearbeitete.

Benny nickte. »War nur ein kleiner Schreck. Ein Zwicken, mehr nicht.«

Gestern hätte es fast einen Crash gegeben. Nicht beim Fahren, vielmehr am Tourbus. Total bescheuert. Benny war nach der Zieleinfahrt von einem der Begleitfahrzeuge ins Basecamp gebracht worden. Dort standen der große Nightliner und alle möglichen anderen Fahrzeuge und Zelte, Lkws mit Ersatzrädern und sonstigem Equipment. Der Tourbus war nagelneu und wirklich riesig, verfügte über eine große Dusche für zwei Personen, mehrere Fernseher und eine Bar mit Snacks.

Im Schnitt musste man als Fahrer der Tour de France bis zu zehntausend Kalorien täglich zu sich nehmen, um den Energiebedarf auszugleichen. Das entsprach ungefähr vier Kilo Schweinesteak mit vier Kilo Kartoffeln. Das konnte kein Mensch verdrücken, schon gar kein Leistungssportler. Das Essen musste leichte Kost sein, und deswegen brauchte man natürlich Nahrungsergänzungsmittel.

Die Ärzteteams, Köche und anderen Coaches gaben in dieser Hinsicht extrem auf einen acht, zumal es nach einer gewissen Zeit regelmäßig zu Magen-Darm-Problemen kam. Ein Profifahrer konnte sich die natürlich nicht leisten. Nicht einmal einen leichten Schnupfen, und den bekam man ebenfalls schnell: Bei manchen Etappen musste der Körper Temperaturunterschiede von bis zu fünfundzwanzig Grad verkraften. Eine Tour de France forderte einem über dreitausend Kilometer und dreißigtausend Höhenmeter bei einer Durchschnittsgeschwindigkeit von bis zu vierzig Stundenkilometern alles ab. Zeit zum Regenerieren hatte man nicht, allenfalls im Entmüdungsbecken und ein paar Stunden vor und nach der Etappe. Es war eine übermenschliche Herausforderung, weswegen man als Fahrer sensibler war als ein Schmetterling oder ein Rennpferd, aber dennoch funktionieren musste wie ein Schweizer Uhrwerk.

Jedenfalls wollte Benny gerade in den Bus einsteigen und stand auf den Stufen. Da hatte ein anderer Fahrer im selben Moment die Tür von innen geöffnet. Benny hatte sie fast vor den Kopf bekommen, war mit einem Ausfallschritt ausgewichen und von einer Stufe abgeglitten. Ein satter Dreiviertelspagat. Dabei hatte er ein scharfes Stechen an der Innenseite des linken Oberschenkels verspürt. Aber zum Glück war nichts passiert.

»Großer Tag morgen«, sagte der Masseur.

»Erst mal heute schaffen«, erwiderte Benny und schloss die Augen.

Ihm erschien der Berg, der graue Riese, der Ventoux.

Jeder im Team wusste, dass diese Etappe für Benny nicht nur ein Heimspiel war. Sie war außerdem für die Menschen und Fahrradfans etwas Besonderes. Benny war »einer von hier«, und er würde dafür sorgen, dass alle stolz auf ihn sein würden. Zwar war Benny davor gewarnt worden, einen Alleingang zu starten, er solle besser bei seiner Rolle im Team bleiben. Aber eigentlich war jedem klar, dass er das nicht tun und irgendwann ausbrechen würde, um es dem verdammten Berg zu zeigen und außerdem seine Klasse als Fahrer unter Beweis zu stellen.

Benny war neu im Team. Es war seine erste Tour. Und normalerweise bildeten die Fahrer eine Hauptgruppe, in der die stärkeren Teammitglieder zunächst im Hintergrund blieben, bevor sie dann zum Spurt ansetzten. Der Grund war einfach: Die anderen Fahrer kämpften gegen den Wind an und sicherten den Stärkeren damit fünfzehn bis zwanzig Prozent mehr Leistungskraft, die die Topfahrer dann später ausschöpfen konnten.

Wenn Benny sich nicht daran halten würde, könnte das Ärger geben und würde es wahrscheinlich auch. Auf der anderen Seite wusste Benny, dass Antoine, den er immer noch »Papa« nannte, genau das von ihm erwarten würde, und er war immerhin ein Teilhaber des Teams. Allzu schlimme Konsequenzen hätte Benny also wohl nicht zu befürchten. Und wie gesagt: Es war stets im Unterton zu vernehmen, dass man damit rechnete, dass Benny den Medien und seinen Provenzalen eine Show liefern würde. Und das schien okay zu sein.

Was an den Straßen und in seinem Heimatort Bédoin los sein würde, war bei der Streckenbesichtigung kürzlich zu erleben gewesen. Schon in der Vorbereitungswoche hatten sich die Fans, Zeitungen, Radio- und TV-Sender und die Blogger in der Gegend um Carpentras regelrecht überschlagen, als Benny kam. Sie hatten ihm von der Straße aus zugejubelt. Es gab einen Empfang für ihn im Rathaus. Er trug sich ins Goldene Buch ein, gab Interviews und Autogramme, machte Selfies mit Fans – auch mit den Kids aus dem Radteam, das er in seiner Heimat unterstützte. Na ja, im Wesentlichen hielt er das Gesicht dafür hin, denn die eigentliche Förderung bezahlte natürlich Papa. Dennoch war es Benny ein Herzensanliegen, Jugendliche aus sozial nicht so gut gestellten Schichten zum Sport zu bewegen. Das war ein guter Weg, um seine Persönlichkeit herauszubilden. Man hatte Erfolgserlebnisse, die manche Jugendliche nie in ihrem Leben hatten, weswegen sie sich diese auf anderem Wege verschafften: mit Messern, Drogen, Kriminalität.

Sport konnte ein Ausweg sein. Das hatte Benny selbst erfahren. Er wusste, dass er ein Vorbild war, was Verantwortung mit sich brachte. Deswegen hatte er immer auf ein sauberes Image geachtet und um illegale leistungssteigernde Mittel stets einen großen Bogen gemacht. Natürlich kam man im heutigen Hochleistungssport nicht völlig ohne aus.

Benny hatte sich dem Ganzen nicht komplett verwehren

können. Tatsächlich wäre er sonst nicht da, wo er heute war. Aber er hatte immer Wert darauf gelegt, zumindest nichts Verbotenes zu nehmen. Und das hatte Papa ihm auch eingebläut: »Es geht um den Sport. Doping ist kein Sport. Doping ist Schummeln. Bleib lieber zeit deines Lebens Zehnter, aber sauber und mit einem guten Gewissen.«

Das war Bennys Maxime. Dafür wurde er zwar manchmal schief angeschaut, doch das war ihm egal. Außerdem wusste er ganz genau, was auf dem Spiel stand. Er hatte Werbeverträge mit Unternehmen, Firmen und dem Ministerium in der Kampagne für sauberen Sport, viele Fans, eine großartige Freundin, ein schickes Haus – all das würde er samt der sportlichen Karriere verlieren, wenn er sich auf illegale Drogen einließ. Und auch Papas Unterstützung würde er wohl opfern müssen, wenn er sich jemals etwas spritzen lassen würde.

Ray lockerte Bennys Beinmuskeln. Benny verschränkte die Arme hinter dem Kopf und schloss die Augen, stellte sich den Verlauf der heutigen Etappe vor, ging noch einmal alles durch.

Ray sagte: »Du schlägst dich wirklich gut. Das sagen alle. Morgen ist der große Tag für dich, oder?«

»Am Ventoux, ja«, erwiderte Benny. »Ich komme ja von dort.«

»Von wo genau?«, fragte Ray, der aus Lyon stammte und seit fünf Jahren für das Team arbeitete.

»Bédoin«, antwortete Benny. »Mein Vater war einer der Männer, die damals Tommy Simpson helfen wollten.«

Die Bergetappe war untrennbar mit diesem Namen verbunden. Er war 1967 am Ventoux gestorben. Dort oben gab es für ihn einen Gedenkstein, so wie eine Tafel in Bédoin. Simpson war 1962 der erste Brite, der das Gelbe Trikot tragen durfte. Kurz vor dem Gipfel fiel er mit Herzversagen tot vom Rad. Später wurde klar, dass er Amphetamine und Alkohol im Blut hatte und an Dehydrierung gestorben war.

»Echt?«, fragte Ray. »Ist ja ein Ding.«

»Mein Vater war einer der Streckenposten. Er ist selbst an Herzversagen gestorben.«

Das war, als Benny gerade zehn Jahre alt war. Sie hatten nie viel Geld gehabt und danach noch viel weniger. Seine Mutter schlug sich als Wäscherin durch, trank aber viel zu viel Alkohol und nahm Tabletten, weswegen sie einige Male in eine Klinik musste und das Jugendamt Pflegefamilien für Benny einsetzte. Später wurde seiner Mutter das Sorgerecht entzogen, weil sie einfach nicht mehr in der Lage dazu war, sich um Benny zu kümmern. Als er siebzehn wurde, bekam er die Nachricht, dass sie gestorben war. Sie hatte sich zu Tode getrunken. Vielleicht sogar mit Absicht.

Benny hatte sich schon früh in das Radfahren geflüchtet. Der Sport hatte ihn gerettet, und seine Erfolge hatten schließlich Antoine Boux, der ein großer Radsportfan war, auf Bennys Talent und sein Schicksal aufmerksam gemacht.

Boux war der Meinung, dass Benny unbedingt gefördert werden müsse, weil er mit seinem sozialen Hintergrund ansonsten keinerlei Chance dazu hätte. Er hatte Benny unter seine Fittiche genommen und schließlich ein paar Anträge ausgefüllt, damit er und seine Frau als Bennys Pflegeltern fungieren konnten.

Antoine hatte in Benny stets eine jüngere Version von sich selbst gesehen. Einmal hatte er gesagt: »Ich hätte so sein können wie du. Aber das Schicksal hatte andere Pläne. Ich habe das immer bedauert. Ich wollte nie etwas anderes als Radfahren und einmal zur Tour de France.« Benny hatte das nie verstanden. Antoine war mehrfacher Millionär. Er hatte – abgesehen von Kindern – alles, was man sich nur wünschen konnte. Erst später hatte Benny begriffen, dass es einen Unterschied zwischen dem gibt, was man vom Leben bekommt, und dem, was man sich vom Leben erhofft. Und dass Geld, Macht, Einfluss und Ansehen wertlos sind, wenn einem das fehlt, was einen wirklich glücklich machen würde.

»Tut mir leid mit deinem Vater«, sagte Ray. »Ich hatte immer gedacht, der alte Boux wäre dein Vater.«

»Ist er auch. Mein Pflegevater, aber nicht mein leiblicher.«

»Verstehe«, sagte Ray und klatschte mit der Hand auf Bennys Oberschenkel. »Na, dann sei morgen am Ventoux mal vorsichtig«, ergänzte er.

»Werde ich.«

»Wirst du denen eine Show liefern?«

Benny sagte nichts, lächelte nur.

Ray zwinkerte. »Ready to go«, sagte er.

Benny öffnete die Augen, nickte und stand auf.

Ready to go, dachte er. Und wie.

32

»Und Sie«, fragte Albin, »verfolgen alles hier am Fernseher?«

Boux lachte auf. »Sehe ich so aus, als würde ich auf einen Berggipfel steigen, Leclerc? Ich würde alles dafür geben, aber ich werde mit meinem Hintern hier sitzen bleiben und mir alles im Fernsehen anschauen und außerdem eine Schalte zu den Begleitfahrzeugen erhalten. Die sind vollgestopft mit Technik. Ich werde alles an Daten bekommen. Schließlich bezahle ich viel Geld für den Spaß.«

»Sie haben sich nur in das Team eingekauft, um Benny den roten Teppich auszurollen und ihm das alles zu ermöglichen?«

Boux machte eine abschätzige Geste. »Natürlich fördert man die Kinder, wenn man kann. Benny ist ein Talent. Ich habe ihn von Anfang an unterstützt, weil er ansonsten keine Chance gehabt hätte. Schwierige soziale Herkunft. Aber wissen Sie: Selbst wenn er kein Spitzenfahrer geworden wäre, hätte ich das mit dem Team gemacht. Ich habe das Geld. Ich liebe den Sport. Sie müssen sich vorstellen, dass die jährlichen Kosten für ein Tourteam im Durchschnitt bei mehr als zwanzig Millionen Euro liegen, und es fahren über zwanzig Teams. Das sind kleine Unternehmen mit einer Crew von fünfzig Personen, die sich allesamt um die Fahrer kümmern. Man braucht Hotels,

Lkws, Ärzte, Techniker ... Die Tour wird von mehr als dreißig Millionen Menschen verfolgt. Da eignet sie sich perfekt als Werbefläche. Sponsorengelder erwirtschaften aber nur rund siebzig Prozent eines Teametats. Der Rest sind alle möglichen anderen Einnahmen. Die Preisgelder machen nur den geringsten Teil aus, vielleicht fünf Prozent.« Sein Blick verlor sich ins Nirgendwo. Er zuckte mit den Schultern. »Wer weiß, ob ich überhaupt noch eine Tour erleben darf. Und ich rede dabei nicht von diesem Mörder, dem Sie auf den Fersen sind.«

»Verstehe«, sagte Albin und warf einen Blick zu Tyson, der ihn mit einem Stirnrunzeln ansah.

»Zudem habe ich keinen Schimmer, wer mir etwas antun sollte und warum. Auch nicht, warum jemand die anderen töten sollte.«

»Sie haben gesagt, Sie alle fühlten sich damals als Elite. Als Halbgötter.«

»Das taten wir. Wissen Sie, das Internat war sehr streng. Es wurde nicht davon geredet, aber es gab harte Strafen für Verstöße. Es gab Schläge. Es gab andere körperliche Strafen, morgendliche Runden, Isolation. Der Druck war sehr hoch. Es hat mir nicht geschadet, aber nicht jeder hat das ausgehalten.«

»Ich habe von der heutigen Schulleitung etwas über Selbstmorde und ähnliche Vorkommnisse gehört. Man geht offen mit der Vergangenheit um.«

»Ist immer besser, mit offenen Karten zu spielen.«

Albin leerte sein Wasserglas. »Spielen Sie mit offenen Karten, Boux?«

Boux sah Albin mit großen Augen an. »Was wollen Sie damit sagen?«

»Nur eine Frage«, erwiderte Albin. »Alle Mitglieder Ihres früheren Radteams sind tot. Vier wurden ermordet, und zwar im Vorfeld der Tour de France. Ich halte das nicht für einen Zufall. Sie sind der einzige Überlebende.«

»Wollen Sie damit unterstellen, dass ich dahinterstecke?«, blaffte Boux.

»Ich unterstelle gar nichts. Aber ich glaube, dass Sie mir etwas über Jerome Daubigny erzählen können.«

Boux stockte.

Bingo, dachte Albin.

»Was …«, stammelte Boux, »wieso … Wie kommen Sie auf diesen Namen?«

»Ich habe mich mit Niemanns vor seinem Tod unterhalten. Er hat mir berichtet, dass die Strenge des Instituts auf das Verhalten der Schüler überschwappte. Dass Sie alle raue Burschen waren. Das Team zählte immer zehn Fahrer. Sie waren nur neun, weil jemand ausgeschieden war. Es gab Bewerber um den Platz, aber die Aspiranten hatten eine sehr harte Zeit, denn man kam nicht einfach so in das Team. Man musste Prüfungen überstehen, Bewährungen. Niemanns klang bedrückt, als er sich an die alten Zeiten erinnerte. Er sagte, dass Jerome Daubigny mehr als jeder andere ins Team wollte und dafür mehr als jeder andere leiden musste. Er war ein softer Typ, stellte sich trotzdem allen Anforderungen. Doch am Ende nahm er sich das Leben, und man fand ihn im Wald, wo er sich erhängt hatte. Stimmt die Geschichte?«

»Es ist lange her …«

»Richtig oder falsch?«, fragte Albin.

Boux atmete tief durch, fuhr sich mit der Hand durchs Gesicht und sagte: »Richtig.«

»Was ist damals genau geschehen?«

»Jeder musste da durch. Ich ebenfalls. Außerdem war es nicht nur im Radteam so, beileibe nicht. Die Ruderer, das Tennisteam, die Fußballer: Es war überall dasselbe. Alles verschworene Gemeinschaften mit ihren jeweiligen Ritualen und Prüfungen.«

»Durch was genau musste man durch?«

»Es ging darum, Hingabe zu zeigen. Dafür musste man sich erniedrigen lassen, oftmals ziemlich, und es ist bei einigen durchaus eskaliert. Wissen Sie, wir standen alle unter großem Druck, wir waren jung – und wenn man spürte, dass jemand nicht genug Persönlichkeit und Charakterstärke besaß, dann konnte es schon mal heftiger werden. Da fielen Grenzen, und man musste sich ja vor keinem verantworten. Die Institutsleitung war im Bilde über die Prüfungen in den Sportteams. Die wussten, was da ablief, und fanden es in Ordnung. Bei den Fechtern zum Beispiel, da war ich mal dabei. Da wurde richtig gefochten, verstehen Sie? Da gab es Wunden. Wer in das Team wollte, musste ohne Schutz kämpfen. Die anderen hatten welchen. Das war blutig.«

»Mich interessiert, was im Radteam los war, Boux. Mit diesem Jerome Daubigny.«

»Man musste sich zum Affen machen, sein Taschengeld abgeben, als persönlicher Sklave des Teams Beschimpfungen über sich ergehen lassen. Ich musste damals einen Anhänger an mein Rad schnallen, und die Teamchefs saßen darin. Dann ging es bergauf unter Beschimpfungen und Schmähungen. Bis ich mir die Seele aus dem Leib kotzte und bewusstlos vom Rad fiel. Man musste nackt durch die Stadt laufen. Es wurden einem böse Streiche gespielt.«

»Daubigny«, wiederholte Albin. »Was war mit dem?«

Boux schwieg eine Weile. Dann erzählte er: »Er war ein hagerer Bursche, der für den Radsport brannte. Er trainierte wie ein Irrer. Aber jeder wusste, dass er nicht gut genug sein würde, niemals. Eigentlich hatte er keine Chance. Aber er wollte um jeden Preis ins Team. Er hätte seinen rechten Arm dafür gegeben. Tja, und dann haben wir gesagt: Warum nicht? Mal sehen, wie sehr er es wirklich will. Wie gesagt: Er hatte eigentlich keine Chance. Aber wir waren verrückt damals. Hemmungslos. Wir wollten uns amüsieren. Der arme Kerl hatte keine leichte Zeit. Wir haben ihn von einer Brücke in die Rhône springen lassen. Er hat nicht gezögert und wäre dabei fast ertrunken, konnte sich gerade eben noch ans Ufer retten. Zu den Teamtreffen musste er mit einer Eselskappe und in Windeln erscheinen, uns alle mit ›Herr und Meister‹ anreden, während er lediglich ›du Stück Scheiße‹ genannt wurde – und das war noch höflich. Es wurde immer verrückter, und wir hatten überlegt, ob wir es stoppen sollten. Und eines Morgens hörten wir dann, dass er sich erhängt hatte. Schrecklich.«

»Wurden Sie von der Schulleitung bestraft?«

»Wo denken Sie hin? Die Polizei kam, und wir dachten: Au Backe, jetzt geht es uns an den Kragen. Aber man hat die schützende Hand über uns gehalten. Uns ist nichts passiert. Wir haben es noch nicht einmal bereut – verstehen Sie, uns wurde ja suggeriert: Der Junge wurde gemessen, gewogen und für nicht gut genug befunden. Nur die Starken kamen weiter. Natürliche Auslese.«

»Grauenhaft.«

Boux nickte. »Das war es.«

»Hatte Daubigny Geschwister? Enge Freunde?«

»Eine ältere Schwester. Sie hieß Denise. Ein sehr hübsches Mädchen.«

»Kannten Sie Denise?«, fragte Albin.

Boux schüttelte mit dem Kopf. »Das wäre zu viel gesagt«, erwiderte er. Sein Blick verlor sich wieder im Nichts.

»Was wäre denn nicht zu viel gesagt?«

Boux' Blick änderte sich nicht. Er schwieg. Albin gab ihm den Raum dazu. Er hatte das Gefühl, dass sich etwas Bahn brechen wollte, das Boux in den tiefsten Tiefen seiner Erinnerung begraben hatte.

Schließlich begann er zu reden. Seine Stimme klang nun völlig anders. Leise, schwach, manchmal nur wie ein Flüstern.

»Jerome hatte uns Fotos von ihr gezeigt. Sie gefiel uns allen gut. Es gab damals keine Mädchen an der Schule. Wir hatten keinerlei Kontakte, aber hatten dennoch nichts anderes im Kopf als Mädchen und Sport. Wir standen in der Blüte unserer Jugend. Seine Schwester war etwas älter, also eine junge Frau und voll entwickelt. Als Teil seiner Prüfung musste uns Jerome mehr Fotos von ihr besorgen. Sie beim Duschen oder Baden fotografieren. Was er dann auch tat. Er lieferte, und wir wollten immer mehr. Schließlich haben wir ihm aufgetragen, dass er seine Schwester zu einem Treffpunkt bringen sollte, wo wir sie in Natur sehen konnten. Er sollte sie uns sozusagen ausliefern. Der ultimative und letzte Teil seiner Prüfung, die ihn schließlich ins Team bringen würde, das haben wir versprochen. Wir haben gesagt, er solle das als eine Partyeinladung tarnen. Er meinte, sie würde niemals im Leben mitkommen. Also wurden K.-o.-Tropfen besorgt. Ich weiß nicht mehr, woher die stammten und wer sie letztendlich organisiert hatte. Jerome weigerte sich. Aber wir sagten: Das ist die ultimative Prüfung. Bestehst du sie, bist du im Team. Schließlich hat er sie zu der Hütte gebracht. Das war unser geheimer Treffpunkt – eine alte Scheune bei Avignon, allein und verlassen. Dort horteten wir Schnaps und Zigaretten. Jerome hat ihr die Tropfen gegeben, sie in ihr Auto gesetzt und war dann losgefahren. Er hatte natürlich keinen Führerschein, aber egal. Vor Aufregung hatten wir bereits sehr viel getrunken, und Denise – sie stand unter dem Einfluss dieser Tropfen und war nicht ganz bei sich. Wir haben ihr dann noch etwas mehr davon gegeben. Das Mädchen war völlig willenlos. Wir waren betrunken, erregt und hielten uns für die Meister des Universums. Wir wollten endlich eine echte nackte Frau sehen und haben sie ausgezogen. Und dann führte eines zum anderen.«

»Was meinen Sie damit?«, fragte Albin.

Boux seufzte. Schwieg. Rieb sich die Augen. Dachte nach. »Na«, sagte er leise, »es ist jetzt auch egal. Die anderen sind tot, und ich, ich bin so gut wie tot.«

»Boux. Reden Sie. Was ist passiert?«

»Wir haben es mit ihr getan. Einer nach dem anderen«, erwiderte Boux, griff wieder nach seiner Sauerstoffmaske und inhalierte einige Male. »Einer nach dem anderen«, wiederholte er.

»Und der Bruder? Jerome?«

»Der sah alles mit an. Er hatte seine Schwester ausgeliefert, danebengestanden und sich später angehört, was für ein guter Fick seine notgeile Schwester, diese kleine Schlampe, doch sei. Ich meine: Es war nicht so geplant. Niemals. Wir waren nicht mehr wir selbst.«

»Das entschuldigt nichts.«

»Nein. Tut es nicht.«

»War die Gruppenvergewaltigung der Grund für den Selbstmord?«

Boux nickte. »Zwei Tage danach«, sagte er, »brachte sich Jerome um.«

33

Im Lage- und Besprechungsraum war es warm wie in einer Biosauna. Kein Wunder, denn er war mit etwa zwanzig Polizisten gefüllt, darunter auch Polizeichef Claude Montfavet, der schweigend vor sich hin schwitzte, und Staatsanwalt Luc Bonnieux, der sich immer wieder theatralisch mit einem weißen Stofftaschentuch die Stirn abtupfte. Normalerweise war der Raum klimatisiert. Doch die Klimaanlage war nach einer Wartung vor zwei Tagen ausgefallen. »Never change a running system«, oder wie sagte man? Zudem war heute Freitag, und die Techniker waren im Grunde schon im Wochenende. Außerdem rollte morgen die Tour de France durch die Stadt. Kurzum: Keine Chance, dass vor Montag ein Serviceteam kam, um das zu reparieren.

Cat schwitzte ebenfalls und spürte, dass ihr ein Tropfen die Wirbelsäule hinablief, als sie sich streckte, um am Whiteboard etwas zu zeigen. Sie blickte über die Schulter zurück zu den Kollegen, deren Blicke an ihr hafteten. In dem Moment wurde ihr bewusst, dass sie ein enges Trägertop trug, das ihr gerade etwas hochgerutscht war, und ihr Auditorium bis auf drei Kolleginnen ausschließlich aus Männern bestand.

Wurde mal Zeit, dass sich die Gleichstellungsbeauftragte diese fragwürdige Quote genauer ansah.

Castel stellte sich wieder normal hin, zog den Saum des Tops zurück über den Hosenbund der Jeans und erklärte: »Wir sind nicht hundertprozentig sicher, ob das Motorrad auf den vergrößerten Standbildern dem Modell entspricht, das auf Villefranche zugelassen ist, aber es ist immerhin möglich. Außerdem haben wir verifiziert, dass er rechtliche Auseinandersetzungen mit Monsieur Niemanns hatte. Damit steht er in Verbindung auch mit diesem Opfer. Wir wissen, dass er sehr viele Klagen geführt hat und in mehrere laufende Verfahren mit weiteren Personen verstrickt ist. Das müssen wir alles aufarbeiten. Es hat sich noch keine Verbindung zwischen Niemanns und Chopard aufgetan, wenngleich Niemanns zumindest angedeutet haben soll, dass der Name ihm etwas sagt, bevor er erschossen wurde. Aber wir haben aus Avignon die Bestätigung darüber erhalten, dass Chopards Vater einige Jahre lang als Fahrer für einen Gemüsehändler gearbeitet hat und über einen längeren Zeitraum auch das Institut Sébastian Villain angefahren hat, in dem die Opfer früher zur Schule gegangen sind. Wir müssen uns in jedem Fall darauf fokussieren, ob es eine Verbindung zwischen Villefranche und Chopard gibt.«

Herbault und Griffon meldeten sich fast gleichzeitig – und waren sich für einen Moment unschlüssig, wer etwas sagen sollte. Sie saßen hinter Zahir, der wiederum neben Eric Noirot und Melina Miolan von der sogenannten »Überwachungstaskforce« saß.

Herbault schlug seinen Notizblock auf und sagte: »Patrice Chopards Vater ist letztes Jahr gestorben. Wir haben mit den Kollegen aus Avignon gesprochen, die sich wiederum mit den Nachbarn des Vaters unterhalten haben.

Chopard hat demnach die Wohnung aufgelöst und ein paar Brocanteure kommen lassen. Handelseinig wurde er sich unter anderem mit Niemanns.«

»Ach«, machte Cat und sah, wie Staatsanwalt Luc Bonnieux und Theroux ebenfalls aufmerkten.

»Ja«, erklärte Herbault, »es ist wohl so, dass Chopards Vater ein großer Sportfan war und einige Autogrammkarten, Sammelbilder und Plakate besaß, auch signierte Trikots.«

»Von Radsportlern?«, fragte Cat.

»Das wissen wir nicht genau«, erwiderte Griffon. »Aber es ist wahrscheinlich.«

Herbault fuhr fort: »Niemanns hat in seinem Geschäft eine Menge Sport-Devotionalien gehabt. Er wird davon gehört haben, dass da in einem Nachlass einiges abzustauben ist. In Niemanns Geschäftsunterlagen haben sich entsprechende Quittungen über einen Ankauf befunden. Vielleicht hat er deswegen angedeutet, dass ihm der Name zwar etwas sagt, er sich aber spontan nicht genau erinnern könnte.«

»Damit haben wir die Verbindung zwischen Chopard und Niemanns«, bestätigte Cat das Offensichtliche und fixierte Bonnieux, der vor sich hin nickte und sein Taschentuch einsteckte.

»Dennoch«, sagte Bonnieux, »will ich wissen, ob Villefranche und Chopard miteinander zu tun hatten und ob es eine Verbindung zwischen ihnen gibt. Gleichzeitig müssen wir sicherstellen, dass die Touretappe morgen ohne Zwischenfälle verläuft. Ich würde mir wünschen, wir hätten mehr in der Hand. Aber immerhin haben wir etwas.«

»Mehr«, redete Theroux dazwischen, »erfahren wir sicherlich, wenn wir uns Chopard und Villefranche intensiv vorknöpfen und sie vorladen. Und wenn wir uns gründlich bei ihnen umsehen.«

»Und«, ergänzte Cat mit Blick auf Eric Noirot und Melina Miolan, »wenn wir sie überwachen, um sicherzustellen, dass sie sich morgen die Tour de France am Fernsehen anschauen und nicht irgendwelche anderen Dinge anstellen.«

Bonnieux machte eine abschätzende Geste. »Wir bewegen uns im Moment immer noch auf sehr dünnem Eis.«

Herbault sagte: »Villefranche und Chopard sind das Beste, was wir im Moment haben. Es gibt Verbindungen zwischen ihnen und allen Opfern und eine Verbindung zum Institut über Chopards Vater. Vielleicht taucht noch eine zu Villefranche auf, wenn wir tiefer graben.«

Die meisten Kollegen nickten.

Theroux blickte aus dem Fenster und sagte beinahe beiläufig: »Mann, da würden aber viele Medien kurz von der Tour abgelenkt sein, wenn wir morgen zwei Hausdurchsuchungen im Fall der Snipermorde vornehmen – sozusagen punktgenau zugreifen ...« Er zuckte mit den Schultern. »Was auch immer wir dann herausfinden. Aber eine Signalwirkung hätte das sicherlich. Wäre auch eine gute PR: Wir tun was für die Sicherheit.«

Bonnieux schürzte die Lippen. Cat verkniff sich ein Grinsen. Sie wusste, wie sehr Bonnieux auf Öffentlichkeitswirksamkeit fixiert war. Er war ein Mann, der seit Jahren unbedingt weiterkommen wollte, aber stets auf der Stelle trat. Vermutlich stellte er sich gerade vor, wie er in einer Pressekonferenz vor die Medien trat, die europa-, wenn nicht gar weltweit für einen Moment ihren Fokus auf das Vaucluse und den Mont Ventoux richteten.

»Ich denke«, sagte Bonnieux schließlich, »wir können das mit den Durchsuchungsbeschlüssen vor dem Hintergrund der Gefahr im Verzug hinbekommen und verantworten. Und wir vergeben uns absolut nichts, wenn wir Villefranche und Chopard bis dahin observieren. Damit meine ich eine präventive Überwachung der Zielpersonen. Vierundzwanzig Stunden ab sofort, die Durchsuchungsbeschlüsse möchte ich vorher mit dem Richter besprechen. Ich möchte das absichern, denn wie gesagt: Wir befinden uns auf sehr dünnem Eis. Aber angesichts der Dimension dieses Falles und des Ausmaßes der drohenden Gefahr müssen wir ganz besonders vorsichtig und aufmerksam sein. Falls es später dennoch Ärger geben sollte, nehme ich das auf meine Kappe. Das werde ich auch dem Richter verdeutlichen.«

Cat lächelte. Damit stärkte Bonnieux der Polizei den Rücken und hielt den Kopf für sie hin. Das hörte die Polizei immer gerne.

»Was ist mit Boux?«, fragte Bonnieux dann.

Castel erwiderte: »Wir haben die für die Region Cassis zuständigen Kollegen gebeten, bei Boux vorstellig zu werden. Sobald es möglich ist, werden wir dorthin fahren, um an der Befragung teilzunehmen. Aber natürlich steht das Wochenende ins Haus – und wie das immer so ist: Sie sagen, vor nächster Woche schaffen sie es nicht. Und auf eigene Faust ohne deren Okay – das können wir nicht einfach machen, oder?«

Bonnieux schüttelte energisch den Kopf.

»Aber«, ergänzte Cat, »die Kollegen haben versprochen, die Gendarmerie häufig Streife fahren zu lassen beziehungsweise mit einem Fahrzeug vor Boux' Anwesen zu parken. Er verfügt dort außerdem über Kameras und eine Alarmanlage sowie einen privaten Sicherheitsdienst. Der soll ebenfalls verständigt werden, ohne den Mann selbst unnötig zu beunruhigen.

»Dann hoffen wir«, sagte Bonnieux und stand auf, »dass das ausreichen wird.«

34

Denise und Jerome Daubigny, überlegte Albin und starrte auf den Verkehr. Rechts an der Autobahn A52 sah er ein großes Schild mit einem »L« – eine Raststätte der Kette E. Leclerc. Wie geschaffen für einen kurzen Stopp.

Er fuhr ab, suchte sich einen Parkplatz und stieg aus, um Tyson ins Freie zu lassen. Es roch nach Abgasen und wilden Kräutern. Er steckte sich eine Gitanes an, während Tyson auf einer Rasenfläche herumstromerte, schnüffelte und nach einem geeigneten Platz zum Pinkeln suchte. Albin paffte in den blauen Himmel, betrachtete den vorbeirauschenden Verkehr, ohne ihn wirklich zu sehen.

Er überschlug das mögliche Alter von Denise Daubigny. Wenn sie die ältere Schwester von Jerome Daubigny war, müsste sie heute mindestens Mitte, eher Ende sechzig sein. Kaum vorstellbar, dass sie mit einem Scharfschützengewehr die Personen bestrafen würde, die sie vergewaltigt und ihren Bruder in den Selbstmord getrieben hatten. Vor allem: Warum Jahrzehnte später? Warum zu diesem Zeitpunkt?

Es hatte wenig Sinn, sich Fragen über das Wenn und Aber zu stellen. Alles war möglich, und Antworten fand man nur mit Hilfe von Ermittlungsarbeit. Jede Information war wie das Stück eines Puzzles, das man überprüfen musste, ob es zu den anderen passte. Erst dann ergab sich Schritt für Schritt ein Bild. Und man wusste nie, ob das, was daraus entstand, eine Rolle für das Hauptmotiv spielte – oder nur einen Teil des Hintergrundes darstellte. In jedem Fall war Rache ein starkes Motiv. Und Denise Daubigny musste nicht selbst ein Gewehr in die Hand genommen haben. Es gab Menschen, die das für Geld taten. Davon abgesehen wusste Albin nur vom Hörensagen, dass Jerome Daubigny tot war. Boux' Aussage war noch lange kein Beleg, auch nicht die von Niemanns.

Tyson hatte einen Platz gefunden, der ihm zusagte, und verrichtete nun sein Geschäft. Albin klemmte sich in der Zwischenzeit die Zigarette in den Mundwinkel, fummelte das Handy aus der Hosentasche, hielt es sich nah vors Gesicht und schattete das Display gegen die Sonne ab. Verdammt, er sollte sich wirklich bald mal eine Brille für die Nahsicht besorgen. Er hoffte, dass er um diese Uhrzeit noch jemanden in der Stadtverwaltung erreichen würde. Vermutlich waren alle schon im Wochenende oder hatten sich freigenommen, um die Tour de France anzusehen. Aber vielleicht hatte er Glück.

Er suchte eine Telefonnummer aus dem Speicher und wählte sie. Während er den Verkehr auf der Autobahn betrachtete, ließ er es einige Male klingeln. Lkw reihte sich an Lkw. Wenn man sich einmal vorstellte, wie viele Tonnen von Gütern tagtäglich hin- und hergefahren wurden. Kürzlich hatte er Clara und ihrer neuen Freundin Josefine beim Spielen mit Claras Barbies und deren rosafarbenen Cabrio dabei zugehört, wie sie sich über Elektroautos unterhielten. Manon und Josefines Mutter Giselle hatten dazu einen Wein getrunken und gelacht, waren aber insgeheim sicherlich beeindruckt gewesen, wie erwachsen sich ihre Töchter bereits verhielten.

Schließlich wurde das Gespräch angenommen. Es meldete sich Anne Obeniche im Einwohnermeldeamt.

»Albin Leclerc«, sagte sie in einem Tonfall, als würde der Mann im Mond anrufen. »Na, das ist ja ein Ding. Wie geht es dir?«

Albin sah Anne regelrecht vor sich sitzen, ein Headset auf dem Kopf, Fingernägel, mit denen man jede Katze beim Hinaufklettern eines Baumes hinter sich lassen würde, und eine Stimme, mit der man Diamanten schmelzen konnte. Die Art von Frau, die immer für einen anzüglichen Witz zu haben war, wobei sie die besten selbst kannte. Anne musste kurz vor dem Ruhestand stehen.

»Mal besser, mal schlechter, aber insgesamt ganz gut«, erwiderte Albin und rauchte. »Habe gerade wieder geheiratet und komme von der Hochzeitsreise zurück.«

»Verdammt, schon wieder einer weg vom Markt.«

Albin lachte. »Na hör mal, du bist doch glücklich verheiratet?«

»Schon. Aber Alain Delon würde ich sicher nicht von der Bettkante stoßen.«

»Du solltest mal sehen, wie der heute aussieht. Außerdem bin ich sicher kein Alain Delon.«

»Ich rede ja auch von dem jungen Delon. Und früher, mein Lieber, als du ebenfalls jünger warst, da warst du ein richtig heißer Feger.«

Albin hustete. »War ich das?«

»Mhm. Das warst du, aber hallo! Doch ernsthaft: Ich freue mich für dich. Kenne ich die Glückliche?«

»Veronique. Sie hat das Blumengeschäft …«

»Oh, *die* Veronique? Wunderbar. Donnerwetter, mit der kann ich eh nicht mithalten.«

»Jetzt verkaufst du dich unter Wert.«

»Du bist ein Charmeur. Aber sag mal: Was verschafft mir die Ehre? Ich habe leider nicht viel Zeit zum Plaudern. Gleich ist Dienstschluss, und ich muss noch einkaufen. Heute wird gegrillt, und morgen kommt die Tour. Mein Mann ist bei der Feuerwehr. Die müssen den ganzen Tag über Gewehr bei Fuß stehen und außerdem bei der Organisation mithelfen. Absperrungen und so weiter.«

»Ich hätte eine Bitte«, sagte Albin. »Ich würde gerne einige Daten über einen Jerome und eine Denise Daubigny erhalten. Es geht um eine laufende Ermittlung.«

»Ich dachte, du bist in Pension?«

»Nun ja … nicht so ganz.«

Anne lachte. »Wohnhaft wo?«

»Vielleicht in Avignon, vielleicht in Carpentras. Vermutlich in der Region Vaucluse.«

Anne seufzte. »Genauso gut kannst du sagen: in Frankreich.«

»Ich weiß. Jerome Daubigny soll sich in den Siebzigern als Jugendlicher das Leben genommen haben. Denise Daubigny ist seine Schwester, müsste zwischen sechzig und siebzig Jahre alt sein. Jerome hat das Institut Sébastian Villain besucht. Vielleicht hilft das weiter.«

»Albin, ich weiß nicht, ob ich das noch schaffe.«

»Es ist sehr dringend.«

»Ihr Kerle wollt immer alles sofort! Dabei ist langsam viel schöner.«

Albin inhalierte den Rauch. Tyson kam zurück und sah

ihn an. »Anne, hast du die Möglichkeit, irgendetwas in Erfahrung zu bringen?«

Albin hörte das Klackern von Fingernägeln auf einer Tastatur. »Pass auf«, sagte Anne schließlich. »ich nehme den Laptop mit nach Hause, und wir sehen, was ich tun kann, okay? Ich melde mich.«

»Danke. Ich schulde dir etwas.«

»Eine Fußmassage wäre nicht schlecht«, scherzte Anne.

»Solange es bei den Füßen bleibt«, erwiderte Albin.

Anne lachte. »Alles gut, mein Lieber. Tatsächlich schulde ich dir etwas, ich habe nicht vergessen, was du damals für uns getan hast.«

Das war vor rund zehn Jahren gewesen, erinnerte sich Albin. Bei den Obeniches war eingebrochen worden. Albin hatte bei den Ermittlungen etwas Dampf gemacht, und die Täter waren schnell gefasst und der größte Teil der Beute gefunden worden, bevor sie an einen Hehler weitergegeben werden konnte.

Schließlich verabschiedeten sie sich.

Albin drückte die Zigarette an einem Mülleimer aus und warf die Kippe hinein. Er entriegelte den SUV mit der Fernbedienung. Die Heckklappe öffnete sich automatisch.

Haben wir eine Spur?, fragte Tyson, als Albin ihn hochhob.

»Mein Gefühl sagt mir: Wir haben eine. Aber ich weiß noch nicht, in welche Richtung sie führen wird.«

Falls der Schütze es auf die damalige Radlergruppe abgesehen hat, dann wird Antoine Boux sein letztes Ziel sein.

»Das sehe ich auch so«, erwiderte Albin und setzte Tyson in den Kofferraum. »Aber es wird sehr viel schwieriger, ihn anzugreifen. Er ist außerdem gewarnt. Und Castel und Theroux kümmern sich darum.«

Sehen wir uns morgen die Tour an?

»Diesem Wahnsinn setzen wir uns lieber nicht aus. Ich hatte es erst vor, aber ich weiß nicht. Abgesehen davon«, sagte Albin und warf die Heckklappe zu, »würdest du sowieso nichts anderes sehen als Fußknöchel.«

35

Die Klinge strich über Cats Fußgelenk. Einen Moment später schoss das Blut aus dem Knöchel.

»Autsch, verdammt«, zischte sie. »So ein Mist.«

Sie ließ den Rasierer fallen und beobachtete, wie sich das Blut mit dem Wasser aus der Dusche vermischte und im Abfluss verschwand. Schon ein paar Sekunden später hatte sich der Schnitt wieder verschlossen.

Sie war gerade damit fertig geworden, sich die Beine zu machen, dann war sie einen Moment lang mit den Gedanken woanders gewesen – und zack. Na ja, wenigstens schien es nicht so schlimm zu sein, dachte sie und untersuchte die Wunde. Es war fast nichts zu sehen. Kein Wunder, dass sie nicht ganz bei der Sache gewesen war. Ihr ging alles Mögliche durch den Kopf. Da waren der laufende Fall, die Vorbereitung auf den Zugriff morgen bei Villefranche und Chopard – und nach wie vor die Tatsache, dass ihre Wohnung überwacht wurde, weswegen sie heute bei Jean in Aix übernachtete und sicherlich noch öfter dort sein würde. Sie konnte es nicht länger ertragen, dass jedes Wort und jedes Geräusch in ihrer Wohnung aufgezeichnet wurde. Mit dem Handy – damit kam sie klar und hatte bereits eine Lösung dafür gefunden. Aber was die Wanzen in der Wohnung anging, hatte sie keine Idee. Es gab Möglichkeiten, den Empfang zu stören. Aber dann würde selbstverständlich auffallen, dass sie die Wanzen bemerkt hatte. Doch künftig immer nach Aix auszuweichen war ebenfalls keine Lösung. Einerseits war es nicht besonders praktisch, denn sie hatte einen Dienstwagen aus dem Fuhrpark genommen, den sie nun privat nutzte. Andererseits musste sie dann jeden Morgen eine deutlich längere Anfahrt in Kauf nehmen. Zudem würden Vollant und seine Bande früher oder später annehmen, dass Cat etwas gemerkt haben könnte – oder, schlimmer noch, auch Jeans Wohnung verwanzen.

Vielleicht, überlegte sie und stellte die Dusche ab, sollte sie Vollant bei nächstbester Gelegenheit einfach damit konfrontieren. Warum eigentlich nicht? Sie könnte sagen, dass sie beim Putzen oder durch einen anderen Zufall ein verstecktes Mikrophon gefunden habe und dass sie sich die Frage stellte, ob er dahinterstecke. Angriff war die beste Verteidigung, sagte man, oder? Dann könnte er darauf reagieren und zum Beispiel veranlassen, dass die Wanze entfernt würde, weil er ihr ja inzwischen etwas Vertrauen entgegenbrachte und immer noch die Handyüberwachung laufen lassen konnte – und damit käme Cat klar.

Sie trocknete sich ab, schlang sich ein Handtuch um den Körper und rubbelte mit einem anderen die Haare trocken. Sie verließ das Bad, in dem man sich gerade eben um die eigene Achse drehen konnte, und betrat das Wohnzimmer. Es war im Verhältnis zum Bad gigantisch, und die Decken waren mit Stuck verziert. Jean wohnte im Zentrum von Aix in einem Altbau. Er konnte von hier aus zu Fuß zur Arbeit ins Museum gehen. Der Boden war mit alten Holzdielen ausgelegt. Die modernen Sofas passten nicht so recht zur übrigen Möblierung, die zum großen

Teil aus Antiquitäten bestand. Das stilistische Durcheinander setzte sich im Schlafzimmer fort.

Grund dafür war Jeans Trennung von seiner Exfrau. Sie hatte die eine Hälfte der Einrichtung genommen, er die andere, und was fehlte, hatte er mit schwedischen Preiswertmöbeln ergänzen müssen, weil ihm das Geld für Besseres fehlte. Fast jedes Mal, wenn Cat hier war, machte Jean eine Bemerkung darüber, dass er sich mal nach einem anderen Möbelstück umsehen müsse, damit hier nicht alles so zusammengewürfelt wirke. Cat war das egal. Jean hatte einige tolle Möbel, und im Vergleich zu Cats Wohnung war Jeans geradezu ein Musterbeispiel für Inneneinrichtung, denn natürlich hatte er als Kunsthistoriker Ahnung von der Materie.

Gerade saß er am Schreibtisch vor dem Laptop und las noch einige Dokumente durch, die mit der neuen Ausstellung zu tun hatten. Cat ging zum Sofa, neben dem ihre Sporttasche stand. Sie enthielt einige Sachen, die sie mitgenommen hatte. Sie suchte nach ihrem Kulturbeutel. Eine Zahnbürste sowie einige Basics hatte sie bei Jean und er bei ihr.

Cat beugte sich nach vorne und kramte in der Tasche herum. Einen Moment später spürte sie Jeans Hände an ihren Hüften.

»Na, na, Herr Kurator«, murmelte sie und wusste natürlich, worauf Jean aus war.

»Was wollen Sie tun, Capitaine Castel – mich verhaften?«

»Wer weiß?«

»Wir sollten uns vielleicht mal nach einer gemeinsamen Wohnung umsehen. Dieses Hin und Her … Dann hätten wir auch Gelegenheit, das Möbeldurcheinander zu bereinigen.«

Cat fand ihren Kulturbeutel und richtete sich wieder auf. Sie spürte Jean dicht hinter sich. Er küsste ihren Nacken, was ein wenig kitzelte.

»Wer weiß?«, sagte sie. »Aber es müsste irgendwo zwischen Carpentras und Aix sein. Und – meinst du das ernst?«

»Der Gedanke geht mir schon länger durch den Kopf.«

Cat drehte sich in Jeans Griff herum und sah ihm ins Gesicht. »Ein Umzug könnte viel Geld kosten. Wir würden eine Küche brauchen und einige andere Dinge.«

»Ich weiß«, seufzte Jean. »Es ist nur ein Gedanke.«

»Ich mag den Gedanken«, erwiderte Cat und stellte sich auf die Zehenspitzen, um Jean zu küssen. Der Kuss wurde intensiver, und Jeans Hände waren auf einmal überall.

Dann klingelte Cats Handy. Jean machte ein genervtes Geräusch, Cat ebenfalls. Sie warf einen Blick zum Wohnzimmertisch, wo das Gerät lag, summte und das Display blinkte. Sie wand sich aus Jeans Griff.

»Da muss ich drangehen«, murmelte sie.

»Okay«, seufzte Jean und trottete zurück zum Schreibtisch, während Cat nach dem Handy griff und das Gespräch annahm.

»Guten Abend, Cat.« Die Stimme von Bertrand Vollant.

»Hi«, sagte Cat und band sich mit der freien Hand das Handtuch wieder fester um den Körper. Sie ging zur Küche und zog die Tür mit dem Fuß hinter sich zu.

»Störe ich?«

»Ja. Aber spielt keine Rolle. Was willst du, Vollant?«

»Ich hatte dir gesagt, dass ich dir ein paar Dinge zeigen werde. Dich ein paar Leuten vorstellen.«

»Das hast du gesagt. Du hättest mir auch eine Mail schicken können.«

»Ich stehe nicht aufs Schreiben. Morgen wäre ein guter Termin.«

»Pff.« Cat ging in der Küche auf und ab. »Das kannst du vergessen.«

»Es ist nicht einfach, Cat, dich da reinzubringen. Es wäre wirklich gut, wenn es klappen würde. Vergiss dein Wochenende.«

»An meinem Wochenende habe ich zu arbeiten, Vollant. Tut mir leid. Aus der Nummer komme ich auf keinen Fall raus. Du weißt, wie es ist.«

»Große Sache?«

»Spielt das eine Rolle?«

»Nein.« Vollant machte eine kurze Pause. »Es klappt verlässlich nicht?«

»Es wird nicht klappen. Ich kann dir nicht sagen, wie lange ich morgen arbeiten muss. Es hat keinen Sinn, einen Termin zu vereinbaren, den ich möglicherweise kurzfristig wieder absagen müsste. Gibt es nicht einen anderen Zeitpunkt?«

Vollant schwieg. »Okay«, sagte er dann. »Ich sehe, was ich machen kann. Ich melde mich.«

Damit beendete er das Gespräch. Cat atmete tief durch. Dann ging sie zurück zum Wohnzimmer, wo Jean am Laptop saß und aufblickte. Cat lehnte sich an den Türrahmen, stellte ein Bein nach vorn auf die Zehenspitze.

»Wo waren wir eben stehengeblieben, Monsieur?«, fragte sie.

36

Die Küche von Martinique war ein Konglomerat aus afrikanischen, französischen und karibischen Traditionen. Sie kannte eine Reihe von für die Insel und die Antillen allgemein typischen Gerichten. Albin und Veronique hatten einige davon in Restaurants ausprobiert und auf die internationalen Büfetts im Hotel verzichtet. In dem Küstenort Saint-Pierre hatten sie zu Füßen des Vulkans Montagne Pelée in einem einfachen Restaurant direkt am Strand unter Palmen gegessen. Die Stühle waren aus weißem Plastik mit verblassten Sitzauflagen und die Tische mit nicht völlig fleckenfreien Decken ausgestattet. Aber das Essen, der Ausblick und die Atmosphäre waren phantastisch gewesen. Die Preise ebenfalls – im positiven Sinne. Beim Kellner hatte sich Veronique über einige Gerichte informiert und zu Albin gesagt, dass sie das natürlich auch alles googeln könne, aber nichts über ein paar Hinweise aus erster Hand ginge.

Deswegen gab es heute Abend im Hause Leclerc *Colombo de Martinique*, und Veronique hatte eben in der Küche betont, dass sie sich dafür die Hacken wundgelaufen habe. Colombo war ein typische martiniquische Gewürzmischung aus Kurkuma, Kreuzkümmel, Senf, Bockshornklee, Koriander, Pfeffer, Nelken und Ingwer. Es wurde für ein Curry verwendet, das in Kokosmilch gekocht wurde – mit Lammfleisch oder Huhn. Veronique hatte Geflügel gewählt und außerdem Knoblauch, Schalotten, Erbsen, Sharonfrucht sowie Gemüsebrühe und Weißwein samt Koriander und etwas Chili. Dazu gab es Reis. Albin war von der Vielzahl der Zutaten überfordert und hatte sie sich nur merken können, weil Veronique jede einzelne besonders betont hatte und Clara und ihre Freundin Josefine sie mit Kreide an eine Tafel geschrieben hatten. Josefine und ihre Mutter Giselle waren samt Manon und den Kindern zum Essen da, für die es statt Colombo Reis mit Ketchup und Pudding zum Nachtisch gab.

»Phantastisch«, sagte Giselle und rieb sich nach dem Essen lachend den Bauch, während Albin allen noch etwas Weißwein nachschenkte. Sie fächelte sich zu. »Aber scharf.«

»Das liegt an dem besonderen Chili«, erklärte Veronique. »Man darf wirklich nicht zu viel davon nehmen. Der aus der Karibik hat es in sich.«

»Das wäre etwas für meinen Vater. Der isst sehr gerne scharf. Er hat immer gesagt, das liege an dem geschmacklosen Essen beim Militär. Er hat sich angewöhnt, alles kräftig zu würzen. Mama hat für ihn immer etwas extra portioniert, damit wir uns nicht die Zunge verbrannten.« Giselles Lächeln legte sich. »Nach Mamas Tod muss er nun für sich allein kochen. Aber er kommt zurecht.«

»Das tut mir sehr leid«, erwiderte Veronique und tupfte sich die Mundwinkel mit einer Serviette ab. »Möchtest du ihm eine Portion mitbringen?«

»Er würde sich bestimmt freuen.«

»Dann packe ich ihm etwas ein.«

»Er ist seit Mamas Tod sehr verbittert. Ich komme kaum noch an ihn heran. Aber er hat eine schöne Aufgabe gefunden, indem er sich um Josefine kümmert.«

»Manche Männer brauchen eine Aufgabe. Sie können nicht ohne. Nicht wahr, Albin? Du hilfst mir sogar manchmal beim Kochen.«

Albin stellte die Weißweinflasche auf den Tisch und trank einen Schluck. »Ich habe schließlich einmal einen Kurs bei einem Meisterkoch besucht.«

»Du hast uns aber noch nie allein bekocht und an deinen Künsten teilhaben lassen«, sagte Manon. »Die Fortbildung war anscheinend völlig umsonst.«

Nicht ganz, überlegte Albin und dachte an den fürchterlichen Fall, der ihn zu dem Kochkurs geführt hatte. Er erinnerte sich daran, wie er den teuren Thunfisch verdorben hatte, indem er ihn anbrennen ließ. »In Japan«, erklärte er und setzte sich, »bezahlen sie für einen bestimmten Thunfisch mehr Geld als manche Leute für einen Lamborghini. Ist das zu fassen?«

Albin wollte noch etwas ergänzen, als er sein Telefon hörte. Genervt stand er auf, ging mit dem Weinglas in der Hand in den Flur und nahm das Handy von der Kommode. Anne Obeniche rief an. Albin nahm das Gespräch entgegen, griff sich seine Gitanes und trat vor die Haustür. Draußen war es längst dunkel.

»Mein Lieber«, sagte Anne, »ich hoffe, ich störe dich nicht um diese Uhrzeit?«

»Du störst mich nie«, erwiderte Albin, stellte das Glas auf dem Fenstersims ab, klemmte sich eine Zigarette zwischen die Lippen und steckte sie mit der freien Hand an.

»Ich habe mich ein wenig in den Datenbanken umgesehen und eine Kollegin angerufen. Die war zwar schon fast im Feierabend, aber sie konnte mich dennoch etwas bei der Recherche unterstützen. Sie hat mir eben erst eine E-Mail geschickt, deswegen rufe ich dich so spät noch an.«

»Ich bringe euch Schokocroissants vorbei, sobald ich kann«, versprach Albin.

»Prima – also, pass auf.«

Anne konnte bestätigen, dass der Junge verstorben war und Selbstmord begangen hatte. Auch Denise Daubigny lebte nicht mehr. Sie war eines natürlichen Todes gestorben. Dann erklärte Anne, was sie in Sachen Jerome und Denise Daubigny noch herausgefunden hatte. Albin hörte zu. Sein Entsetzen wuchs mit jeder Sekunde. Seine Zigarette glühte auf. Er rauchte mit tiefen, starken Zügen und leerte das Weinglas auf ex. Schließlich bedankte er sich bei Anne für die Unterstützung und versprach, dass er die Portion Schokocroissants verdoppeln werde.

Er blickte hinauf in den Sternenhimmel, dachte nach und fragte sich wie schon kürzlich, nachdem auf ihn geschossen worden war, was nach dem Tod passierte. Im Leben hinterließ man Spuren, die nachwirkten – manche mehr, manche weniger. Man war also nicht wirklich tot. Medizinisch natürlich schon. Aber man lebte in den Erinnerungen und Erzählungen anderer fort, zumindest für eine Weile. Damit lebte auch das fort, was einem im Leben widerfahren war – das Gute und manchmal auch das Böse.

Das Böse, dachte Albin. Es konnte wie ein Keim viele Jahre in der Dunkelheit überdauern. Und plötzlich keimte es auf.

Er drehte das Handy in der Hand, dachte nach. Dann wählte er mit der Kurzwahltaste eine Nummer.

37

Jean drängte Cat gegen den Türrahmen und küsste sie innig. Was sie sich gerne gefallen ließ. Endlich konnte sie sich sicher sein, nicht belauscht zu werden, endlich würde sie sich wieder fallen lassen können. Sie spürte, wie sehr sie das vermisst hatte. Sie spürte …

Ein Summen in ihrer Hand. Begleitet von einem Klingelton. Cat nahm das Handy hoch. Mit Jeans Lippen auf ihren las sie den Namen auf dem Display.

Jean linste ebenfalls zum Handy und murmelte in den Kuss hinein: »Geh nicht dran.«

»Aber …«

»Kein Aber …«

Das Handy summte unbeirrt weiter.

»Er wird immer wieder anrufen …«

»Dann lass ihn. Schalte das Telefon aus.« Jeans Hände waren überall.

»Das würde ich normalerweise tun. Aber es könnte wichtig sein.«

»Das hier ist auch wichtig«, flüsterte Jean und umfasste Cats Hintern mit der rechten Hand.

»… aber …«

»… aber du hast Feierabend. Das sollte Leclerc berücksichtigen. Es ist außerdem spät. Es ist unverschämt, dich so zu belästigen …«

Das Telefon klingelte weiter. »… ich könnte ihn später zurückrufen …«

»… oder morgen, wenn du wieder im Dienst bist …«

»… oder …«

»… oder auch nicht …«

Jean hatte recht, verflucht nochmal. Es war tatsächlich spät. Außerdem hatte Cat ein Privatleben – eine Tatsache, die Albin gerne ignorierte. Er rief ständig an, wenn er irgendetwas wollte oder eine Eingebung hatte. Wie oft war er Cat auf die Nerven gegangen, als er im Urlaub gewesen war? Zig Male. Okay, manchmal war es durchaus wichtig, wenn er anrief, aber weiß Gott nicht immer, und hier und jetzt …

»Okay«, keuchte Cat, drückte Albin weg und stellte das Handy auf lautlos. Sie warf es aufs Sofa, packte Jean am Gürtel und zog ihn ins Schlafzimmer.

38

Theroux schreckte aus dem Schlaf auf. Das Handy. Gott im Himmel.

Theroux war vor dem Fernseher eingenickt. Er tastete auf dem Wohnzimmertisch nach dem Telefon und stellte es sofort auf lautlos – noch bevor er auf das Display schaute, um zu sehen, wer da störte.

Denn das *war* eine Störung. Und was für eine. Eben war endlich das Baby eingeschlafen, nachdem Theroux die Kleine etwa eine Stunde lang mit dem Maxi-Cosi hin und her geschaukelt hatte. Sie hatte wieder Probleme mit dem Bauch und den ganzen Nachmittag lang geschrien, was ihre Mutter fast zur Verzweiflung getrieben hatte.

Und dann war Theroux an der Reihe gewesen, sich zu kümmern, nachdem er erst spät nach Hause gekommen war.

Er stand auf, pirschte auf Socken um die Ecke, um in die Babywiege zu schauen. Glück gehabt. Alles schlief noch – ebenso die anderen Kinder. Nicht auszudenken, wenn das bescheuerte Handy die Kleine wieder aufgeweckt hätte.

Das Gerät summte immer noch vor sich hin. Das Display zeigte Leclercs Namen, und – ehrlich gesagt – der war jetzt echt der Letzte, den Theroux brauchte. Er war aus dem Tiefschlaf hochgeschreckt und fühlte sich noch völlig benommen. Er könnte sowieso kein vernünftiges Gespräch führen. Außerdem rief Albin alle Nase lang wegen jedem Mist an. Herrschaftszeiten, es war spät, Theroux hatte Familie und auch ein Privatleben und Feierabend! Schlimm genug, dass er morgen, am heiligen Wochenende, würde arbeiten müssen, weil da die Durchsuchungen bei Villefranche und Chopard angesetzt waren. Das bedeutete Überstunden und außerdem, dass Theroux nichts von der Tour-de-France-Etappe mitbekommen würde.

»Nee, Albin, im Ernst jetzt«, murmelte Theroux und fuhr sich mit beiden Händen schlaftrunken durchs Gesicht.

Was auch immer Albin wollte – das würde jetzt bis morgen warten müssen. So wichtig konnte das schon nicht sein, dachte Theroux, ließ sich wieder aufs Sofa fallen und warf ein paar Zeitschriften über das Telefon, damit er es nicht mehr sehen musste und das Summen des Vibrationsalarms gedämpft wurde.

Er musste schlafen. Echt. Alle anderen auch. Morgen war auch noch ein Tag, und an dem wäre sowieso so viel zu tun, dass er keine Zeit für Albin hätte – der ja selbst die Angewohnheit hatte, einen wegzudrücken, wenn er selbst gerade keine Zeit oder Lust hatte zu telefonieren.

Von daher …

Theroux schloss die Augen, legte die Füße hoch und konzentrierte sich wieder auf seinen Lieblingstraum: Er allein in einem Motorboot auf dem Mittelmeer. Um ihn herum und über ihm nichts als das Blau der See und des Himmels.

39

Albin starrte sein Handy an. Castel ging nicht ans Telefon. Theroux ebenfalls nicht. Na, großartig. Immer dann, wenn man sie erreichen musste, hatten sie etwas Besseres zu tun und ignorierten ihn. Albin überlegte, ob er beide gleich nochmals anrufen sollte. Doch er bezweifelte, dass weitere Versuche erfolgreich wären. Wenn sie sich einmal entschlossen hatten, nicht dranzugehen, dann blieben sie in der Regel dabei. Er erwog, beiden eine Textnachricht zu schicken. Aber der Sachverhalt war zu komplex, als dass er ihn in kurze Worte fassen könnte. Für längere Nachrichten war ihm das Texten viel zu unbequem, die Tasten viel zu klein und seine Finger deutlich zu groß. Außerdem müsste er dann alles zweimal schreiben, denn er wusste nicht, ob man ein und dieselbe Nachricht an zwei Empfänger senden konnte. Wahrscheinlich ging das. Aber wie?

Es gab natürlich Sprachnachrichten. Aber das war Albin zu affig: in ein Mikrophon zu sprechen statt in das Ohr des Gegenübers.

Abgesehen davon würden Castel und Theroux heute Nacht wohl sowieso nicht mehr reagieren können. Denn was Albin ihnen zu berichten hatte, klang zwar recht konkret. Aber es fehlte jeder Beleg und damit Hand und Fuß, um sofort einzuschreiten. Also würde er die beiden morgen noch mal kontaktieren, auch wenn Castel und Theroux nach Albins Wissen beschäftigt sein würden. Er hatte läuten hören, dass Hausdurchsuchungen anstanden. Also sah es so aus, als ob wieder einmal alles an ihm hängenbleiben würde – zumindest so lange, bis er sich sicher sein und wirklich verlässliche Informationen präsentieren konnte.

Albin drehte sich um, ging wieder rein und legte das Handy auf der Kommode ab.

»Wichtiger Anruf?«, fragte Veronique, die mit dem Abräumen begonnen hatte.

»Nicht wirklich«, log Albin.

»Noch ein Weinchen?«, fragte Manon mit der Flasche in der Hand.

Sie hatte sich gerade nachgeschenkt und goss auch Giselle noch etwas ein, die sagte, dass sie nur noch einen kleinen Schluck nehme, weil sie ja noch fahren und morgen einen klaren Kopf haben müsse. Es sei zwar Wochenende, aber sie wolle sich mit Josefine die Tour de France ansehen, da sich ihr Vater absolut nicht dafür interessiere, aber sie selbst für Radsport durchaus etwas übrig habe. Vor allem für diesen hübschen Provenzalen Benny Boux. Sie lachte. Manon lachte mit ihr. Ja, der könne sich durchaus sehen lassen, und vielleicht würde sie sich noch überlegen, ob sie mit Clara auch die Tour ansehen solle.

»Willst du auch mit, Papa?«, fragte Manon.

Albin rang sich ein Lächeln ab und schüttelte leicht mit dem Kopf in Richtung der Frauen am Esstisch. Alles war voller Harmonie, dachte er. Ein angenehmer Abend. Gutes Essen. Amüsante Gespräche.

Nur in seinem Inneren herrschte seit dem Anruf von Anne keine Harmonie mehr, und zwar ganz und gar nicht. Denn Denise Daubigny, die inzwischen selbst verstorbene Schwester des Selbstmörders, hatte nicht immer diesen Namen getragen. Sie hatte nur ein halbes Jahr nach dem Tod ihres Bruders und der Gruppenvergewaltigung einen Mann mit dem Namen Luc Lussac geheiratet und in der Ehe eine Tochter zur Welt gebracht, die auf den Namen Giselle getauft wurde.

In ihrem Ausweis stand folglich der Name Giselle Lussac – der Name der Frau, die Albin gerade mit einem Lächeln zuprostete.

»Wirklich nicht noch ein Schlückchen?«, fragte Manon.

Giselle machte eine abwehrende Geste und stellte das nun leere Glas auf dem Tisch ab. »Nein, wirklich nicht. Wie gesagt, ich muss noch fahren, und ich möchte morgen keinen Kater haben.«

»Ich könnte Sie und Josefine gleich nach Hause bringen und Sie lassen das Auto stehen«, schlug Albin vor.

»Das ist sehr freundlich«, erwiderte Giselle. »Aber das Auto werde ich morgen früh wohl brauchen, wenn ich zur Tour will.«

»Mit einem Motorrad würde man sicherlich besser vorankommen«, meinte Albin beiläufig.

Giselle sah ihn nach wie vor lächelnd an. »Ja, vermutlich«, sagte sie, »aber darauf könnte ich ja schlecht die Kleine mitnehmen.«

»Das wäre gefährlich«, bestätigte Albin. »Sie haben tatsächlich eines?«

»Nein.«

»Es klang so.«

»Nein, ich besitze kein Motorrad.«

Albin nickte.

»Also«, sagte Manon, »ich habe zeitlebens noch auf keinem gesessen. Mir wäre das zu unbequem.«

»Manche Menschen finden es praktisch«, sagte Albin und betrachtete Giselle. »Man ist deutlich wendiger damit als mit einem Auto und kommt auch auf sehr schmalen Wegen voran.«

Giselle zuckte mit den Achseln und musterte Albin. »Ja. Mag sein. Aber wie erwähnt: Ich besitze keines.«

»Wäre vielleicht ein Hobby für Ihren Vater – wo er sich doch so langweilt?«

»Wer weiß«, erwiderte sie und sah dann auf die Uhr. »Ich kann es ihm ja mal vorschlagen. Jetzt muss ich aber wirklich los.«

Es dauerte einen Moment, bis Josefine und Clara sich loseisen konnten. Albin half Veronique in der Zwischenzeit beim Abräumen.

»Was hast du denn nur mit deinem Motorrad, meine Güte«, murmelte Veronique.

»Nichts«, erwiderte Albin und füllte die Spülmaschine.

»Jedenfalls geh dem armen Mädchen damit nicht auf den Geist.«

»Bin schon ruhig.«

Kurz darauf verabschiedete sich Giselle bei allen, bedankte sich für das wunderbare Essen und nahm ihre Tochter auf den Arm, die bereits müde gegen ihre Schulter sackte.

»Viel Spaß morgen bei der Tour«, sagte Albin und winkte. »Wer weiß, vielleicht werde ich auch mal nach dem Rechten sehen.«

»Nach dem Rechten?«, fragte Giselle und ließ sich von Manon die Handtasche geben.

»Vorbeischauen, meinte ich. Mein Freund Matteo führt das Café du Midi. Die Tour führt direkt bei ihm vorbei. Er will einen Stand aufbauen. Vielleicht braucht er Hilfe.«

»Ah.« Sie nickte – und verließ schließlich das Haus.

»Was hast du denn nur mit deinem Gerede über Motorräder, Papa?«, fragte Manon, als sie zurück ins Wohnzimmer kam. Sie wirkte etwas angefressen.

»Gar nichts, warum?«

»Du warst auf einmal so komisch, wirklich.«

»Ich und komisch? Warum das denn?«

»Das frage ich *dich.*«

»Keine Ahnung, was du meinst.«

»Doch, mein Lieber«, ergänzte Veronique und tippte Albin gegen die Brust. »Du warst komisch. Frauen spüren so etwas. Wenn du dich als Polizist früher noch gut tarnen konntest, ist dir das inzwischen abhandengekommen.«

Albin lachte auf. »Mir kommt niemals etwas abhanden.«

»Doch«, sagte Veronique und gähnte. »Die Selbstkontrolle. Und noch etwas: Ich finde es ja schön, aber du hast soeben in aller Öffentlichkeit Matteo als deinen Freund bezeichnet und sogar gesagt, dass du ihm vielleicht helfen möchtest.«

»Ich? Unfug. Dir kommt wohl auch etwas abhanden: dein Gehör.«

Jetzt grinste Veronique, während Manon sich Clara schnappte, um sie ins Bett zu bringen.

»Du hast es gesagt«, wiederholte Veronique, »das weißt

du ganz genau. Es ist dir herausgerutscht. Weil du für einen Moment die Kontrolle verloren hast.«

»Nie im Leben«, sagte Albin, »werde ich dem Nazi beim Ausschank seiner Plörre helfen.«

40

Benny leerte die Flasche mit den Elektrolyten in einem Zug und atmete einige Male tief durch. Er saß neben den anderen auf einem der Trainingsräder, die den Fitnessgeräten ähnelten, die man aus Sportstudios kannte, um sich warmzufahren, inhalierte die noch frische Luft des Morgens und schloss die Augen.

Er sah die Straße vor sich.

Den Berg.

Die vielen Menschen. Es würden Tausende, nein, Zehntausende sein, die sich entlang der Strecke postierten, manche hatten sogar seit Tagen oben auf dem Ventoux gecampt, um sich die besten Plätze zu sichern. Natürlich würde Benny wahrscheinlich nie die Chance haben, das Bergtrikot zu erhalten. Aber, bei Gott, er würde alles geben, um so erfolgreich wie möglich zu sein.

Er öffnete wieder die Augen, betrachtete das große Durcheinander um sich herum.

Fahrzeuge wurden beladen, Räder auf Autos geschnallt, Ersatzteile überprüft. Der Zirkus machte sich zum Aufbruch bereit. Und gleich würden Benny und die anderen Fahrer in die Autos steigen und zum Start gebracht werden. Bis dahin dauerte es nur noch eine halbe Stunde. Ein Teil der Crew war bereits vor Ort, der andere würde gleich aufbrechen.

Die professionelle Hektik um sich herum ließen die anderen Fahrer an sich vorbeiziehen. Sie wussten zwar, genau wie Benny, dass sich alles nur um sie drehte. Aber das musste man ausblenden. Jeder hatte seinen Job, war ein bestimmtes Zahnrad im Getriebe des großen Ganzen. Wenn eines nicht mehr richtig funktionierte, dann wurde es ausgetauscht. So einfach war das.

Und deswegen musste sich Benny am Riemen reißen. Der heutige Tag war eine große Herausforderung. Es wäre ein Spagat zwischen dem Anspruch an sich selbst vor dem Heimpublikum und seiner Rolle im Team. Er durfte nur bis zu einem gewissen Grad glänzen, um keinen Ärger zu bekommen, das war Benny klar. Man würde ein Auge für ihn zudrücken, weil er von hier kam. Vielleicht auch zwei, weil er ein junger, aufstrebender Fahrer war, der noch viel zu lernen hatte. Vielleicht auch noch ein drittes, weil sein Ziehvater das Team sponserte. Aber das war es dann auch.

Erneut schloss Benny die Augen und sah die Straße vor sich. Wie sie sich in Kurven den Berg hinaufschraubte bis zum Gipfel des Ventoux.

2021 war es sogar zweimal auf den Berg gegangen – eine unfassbare Leistung. Damals hatte Benny noch als Zuschauer am Rand gestanden und die Fahrer angefeuert. Er hatte davon geträumt, bald einer von ihnen zu sein. Wer hätte gedacht, wie schnell sich das Blatt für ihn wenden würde? Am Allerletzten wohl er selbst.

Vermassle es nicht, sagte er sich. Vermassle es nicht, und gib gleichzeitig alles.

Er stellte sich Antoine vor dem Fernseher vor, wenn Benny sich plötzlich aus dem Hauptfeld lösen würde, um wenigstens für eine gewisse Zeit ganz vorne mitzufahren.

So lange, wie es seine Ressourcen zuließen und ohne den Teamerfolg zu gefährden. Und wie er dann, wenn es dem Ziel entgegenging, noch einmal alles gab – einfach nur der Show wegen, wegen Antoine und wegen des kleinen Jungen Benny und seinen Träumen …

41

Antoine Boux presste sich die Sauerstoffmaske vors Gesicht und inhalierte. Eben war die Krankenschwester namens Jeanne gekommen, die sich regelmäßig um ihn kümmerte und dafür jeden Monat eine horrende Summe kassierte. Sie hatte heute ihre kleine Tochter dabei – na klar, war ja Wochenende. Sie hatte niemanden zum Aufpassen gefunden. Das Mädchen war drinnen und spielte mit irgendetwas oder sah fern. Boux war das gleichgültig.

Jeanne würde heute jedenfalls eine Weile dableiben, denn der Arzt war mit Antoines Zustand nicht zufrieden gewesen, ganz und gar nicht. Er hatte gemeint, Antoine solle sich unbedingt von jeder Aufregung fernhalten, ob denn gerade etwas Besonderes los sei?

Spaßvogel, hatte Antoine gedacht. Und ob etwas Besonderes los war! Benny fuhr bei der Tour mit! Benny fuhr die Ventoux-Etappe!

Abgesehen davon war da noch dieser Ex-Commissaire gewesen. Außerdem hatte sich die Gendarmerie bei Antoine gemeldet. Die hatte ihm dieselbe Geschichte aufgetischt wie Leclerc: die erschossenen Radfahrer, alte Schulkameraden, der Club und er als letzter noch Lebender. Dazu die Erinnerung an damals, an alles, was geschehen war und was Antoine dem Ex-Commissaire freiheraus erzählt hatte.

Warum auch nicht, verflucht? Es waren seither Jahrzehnte vergangen, und offensichtlich waren alle damals Beteiligten inzwischen tot, er selbst so gut wie. Boux wusste nicht, was mit Jeromes Schwester war. Aber Gott, auch die sollte es in den vergangenen Jahrzehnten verkraftet haben. Ansonsten hätte es irgendwann eine Anzeige gegeben.

Abgesehen davon hatte sie es wahrscheinlich gar nicht richtig mitbekommen, so beduselt, wie sie gewesen war. Und ob ihr Bruder ihr vor seinem Selbstmord überhaupt erzählt hatte, was geschehen war – wer wusste das schon. Der Junge hatte sich den Strick genommen, weil es am Ende alles zu viel für ihn gewesen war. Das Mobbing, der Schulstress, der Druck – und dann hatte er noch seine Schwester den Wölfen vorgeworfen und dabei zuschauen müssen. Na klar, das war sicherlich hart gewesen. Auf der anderen Seite war Jerome stets ein Weichei gewesen. Er hätte es niemals ins Team geschafft.

Außerdem hatte ihn niemand dazu gezwungen, das mit seiner Schwester zu machen. Der Bursche hätte jederzeit dazwischengehen können. Gut, er hätte sich natürlich nicht gegen neun aufgegeilte, betrunkene Halbwüchsige durchsetzen können und ordentlich Dresche bezogen. Aber wenn er ein echter Kerl gewesen wäre, hätte er gehandelt. Doch er hatte bloß heulend in der Ecke gestanden.

An den folgenden Tagen hatten natürlich alle Mitglieder des Radteams ziemliche Angst gehabt, dass irgendetwas herauskommen könnte. Dass Jerome einen Abschiedsbrief hinterlassen hatte, in dem er sie anschwärzte, oder dass seine Schwester auspackte …

Antoine und die anderen hatten bei der Schulleitung

antanzen und erzählen müssen, was los gewesen war. Natürlich hatten sie dichtgehalten, aber es war auch niemandem entgangen, wie Jerome von ihnen behandelt worden war. Außerdem kannte jeder die Aufnahmerituale in den Sportteams.

Von daher …

Die Lehrer und die Direktion hatten nur wissend genickt und erklärt, dass auf keinen Fall Schande über die Schule kommen dürfe und dass jeder alles dafür tun solle, um das zu verhindern – verbunden mit dem Hinweis, dass die Internatsleitung das Ihre dazutun würde. Mit anderen Worten: Man würde ihnen den Rücken frei halten. Das hatte für Sicherheit gesorgt.

Auf der anderen Seite waren die Ereignisse von damals schlimm und prägend und hatten Antoine und die anderen lange verfolgt. Vielleicht hatten sie sich deswegen aus den Augen verloren – damit sie sich nicht mehr daran erinnern mussten, was in jener Nacht vor vielen Jahren geschehen war, wie sie sich in Tiere verwandelt und dann noch Jerome in den Tod getrieben hatten.

Verdammt, natürlich war das alles aufregend und absolut nicht gut für die Pumpe! Trotzdem hatte Antoine nicht vor, das alles dem Doktor zu erklären. Das ging den einen feuchten Kehricht an.

Antoine Boux nahm die Sauerstoffmaske wieder ab. Er griff nach der Fernbedienung, um den Ton lauter zu stellen. Gerade gab es einen Rückblick auf den gestrigen Tag. Dazwischen wurden immer wieder Statistiken und Livebilder von heute eingeblendet: die Streckenführung, Hubschrauberaufnahmen aus der Luft, Experteninterviews …

Boux brauchte das alles nicht. Er hatte den Laptop auf dem Schoß. Darüber wurde er permanent mit aktuellen Statistiken aus erster Hand versorgt, aus dem Backoffice des Teams. Am liebsten hätte er Benny angerufen, um ihm zu sagen, dass er die Daumen für ihn drücke – und ihn außerdem gewarnt, dass er es nicht zu enthusiastisch angehen solle. Aber auf der anderen Seite, dachte Boux: Ich habe Millionen in das Team gesteckt, um Benny hineinzubringen. Der Junge soll tun, was er für richtig hält.

Krankenschwester Jeanne und Nicole Sartre, Boux' persönliche Assistentin, tauchten am Pool auf und kamen herüber zu Antoine. Jeanne hatte ein Tablett dabei, auf dem Früchte und Croissants sowie koffeinfreier Kaffee standen, aber auch zwei Tassen, in denen »echter« Kaffee war. Der war für die beiden gedacht, denn Antoine hatte gesagt, er werde sich heute keinen Millimeter von hier fortbewegen, weswegen die beiden beschlossen hatten, zu ihm zu kommen und mit ihm die Tour anzusehen.

War Boux nur recht. Dann war er wenigstens nicht allein. Zusammen feierte es sich besser. Und zu feiern gab es heute, dass Benny die Ventoux-Etappe fuhr. Ganz egal, wie es ausgehen würde.

42

»Ich werde gleich mal losgehen und überprüfen, ob Matteo alles im Griff hat«, sagte Albin mit der Kaffeetasse in der Hand.

Veronique lachte und gab Albin einen Kuss. »Siehst du? Ich wusste es.«

Sie packte gerade ihre Sachen zusammen, um den Laden zu öffnen. Von dort aus hätte sie ebenfalls einen guten Blick auf die Tour, wenn sie durch den Ort rauschen würde.

»Vorher schaue ich noch mal kurz woanders nach dem Rechten.«

Veronique lupfte eine Augenbraue. Albin winkte ab. »Nichts Wichtiges. Ich möchte nur etwas bestätigen, das mir im Kopf herumgeht.«

»Wie du meinst, mein Lieber. Pass nur auf dich auf.«

»Sowieso«, sagte Albin.

Damit schwirrte Veronique ab. Albin wartete, bis sie verschwunden war. Dann goss er sich eine weitere Tasse Kaffee ein, nahm eine Zigarette und ging auf die Terrasse, wo das Rauchen normalerweise ja verboten war. Aber wenn die Katze aus dem Haus war …

Albin steckte seine Gitanes an und beobachtete Tyson, der im Schatten unter einem Busch lag und an einem Grashalm kaute. Albin entdeckte eine Biene, die von Blüte zu Blüte schwirrte, rollte den Kopf im Nacken und massierte sich die Nasenwurzel.

In der Nacht hatte Albin schlecht geschlafen. Seine Gedanken waren immer wieder um das Telefonat mit Anne gekreist – und welche Schlüsse sich daraus ziehen ließen. Er wusste viel zu wenig über Giselle, als dass er sie als Täterin in Betracht ziehen könnte. Außerdem war sie die Freundin seiner Tochter. Hatte sie sich möglicherweise gezielt mit Manon angefreundet, um nahe an Albin zu sein und damit nahe an der Polizei?

War nicht auszuschließen, aber andererseits klang das etwas paranoid. Außerdem wollte sie heute zusammen mit ihrer Tochter zur Tour de France und nicht nach Cassis, um dort Antoine Boux umzubringen. Oder doch?

Wie auch immer, dachte Albin: Man musste sich Giselle etwas näher ansehen. Und ihren Vater, Luc Lussac.

Allerdings war der Mann an dem Tag, an dem Bonnet erschossen worden war, im Freibad gewesen. Albin hatte Clara dorthin gebracht, und dort hatte er auch Luc Lussac gesehen. Das war ein Alibi – wenigstens teilweise, denn er hätte Bonnet auch ermorden und anschließend ins Freibad fahren können.

Und das wäre eine Sache, die zu überprüfen war: Hätte er ausreichend Zeit für die Tatausführung gehabt?

Abgesehen davon hatte Giselle erwähnt, dass ihr Vater beim Militär gewesen war. Albin wusste nicht, bei welcher Einheit und ob er ein Schreibtischtäter oder mehr gewesen war. Aber grundsätzlich könnte man annehmen, dass sich ein Exsoldat mit Waffen auskannte und sie zu benutzen wüsste. Er wäre außerdem in der Lage, anderen Menschen dieses Wissen zu vermitteln.

Vater und Tochter, überlegte Albin, ein eingespieltes Team – wischte den Gedanken aber sofort wieder zur Seite.

Es klang zu bizarr, und es gab keinerlei Belege. Offen in alle Richtungen zu sein hieß nun wirklich nicht, dass man die Flöhe husten hören sollte. Oder in diesem Fall doch?

Außerdem dachte Albin immer wieder darüber nach, warum der Schütze an dem Tag, als der Antiquitätenhändler Niemanns ermordet worden war, nicht auch auf ihn geschossen hatte. Er nahm ja bereits an, dass der Täter ihn verschont hatte, weil er Albin kannte. Hätte nicht ein anderer Täter dafür gesorgt, dass es keine Augenzeugen gab, solche, die ihn sogar auf einem Motorrad wegfahren sahen? Andererseits hatte er auch die Mitfahrer von Fred Bernard verschont. Ein Zeichen dafür, dass er keine Unschuldigen treffen wollte – und damit nicht zwingend ein Indiz dafür, dass der Täter wusste, wer Albin war.

Es half alles nichts, dachte Albin, paffte und blickte auf das Handy. Keine Rückrufe oder Mitteilungen von Theroux oder Castel. Also probierte er es noch einmal. Rief erst Castel an, die nicht dranging, versuchte es dann bei Theroux, der ebenfalls nicht abnahm.

Tja, überlegte Albin und drückte die Zigarette an der Gartenmauer aus, es half in der Tat nichts. Er musste selbst ran.

»Komm, Tyson«, murmelte er und klatschte sich zur Aufforderung gegen den Oberschenkel, »wir haben was zu tun.«

Und besser, dachte Albin, ich nehme dieses Mal meine Pistole mit.

43

Cat hörte die Glocken der Kathedrale in Avignon. Sie sah in den blauen Himmel, der sich über der Straßenschlucht spannte. Einige Vögel flogen vorbei. Das half ein wenig, den zigsten Anruf von Leclerc zu ignorieren. Er sollte sich endlich angewöhnen, Textmitteilungen oder Sprachnachrichten zu schicken wie jeder andere Mensch auch. Es war wirklich an der Zeit, ihn dazu zu erziehen und ihm außerdem zu verdeutlichen, dass sie nicht seine Marionette war. Abgesehen davon wusste er sehr gut, dass sie heute sehr beschäftigt war. Vermutlich würde sie sich früher oder später dennoch bei ihm melden, aber beim besten Willen nicht jetzt.

Sie senkte den Blick und verfolgte, wie sich die Türen des Polizeiwagens öffneten und vier schwerbewaffnete, mit Helmen und Schutzwesten ausgerüstete Einsatzkräfte der Bri-Bac herauskamen, kurz mit dem Einsatzleiter von der Police Nationale namens Claude Parisot und seiner Kollegin Yvette Sabin sprachen und dann zusammen ins Haus gingen.

Cat dachte kurz zurück an ihre Zeit in Marseille bei der Brigade – und an Bertrand Vollant und die anderen, an Martinet und den Schlamassel, der sie noch Jahre später verfolgen sollte. Dann ging sie hinterher.

Sie war hier in Avignon heute nur Zaungast. Die Kollegen hatten das etwas größere Besteck ausgepackt, weil man nicht wusste, was man bei der Durchsuchung der Wohnung von Chopard zu erwarten hatte. Immerhin musste man ins Kalkül ziehen, dass er bewaffnet und gewaltbereit war. In jedem Fall war er zu Hause, wie die Vierundzwanzig-Stunden-Überwachung ergeben hatte. Über den spontanen Einsatz waren die Kollegen aus Avignon nicht gerade sehr erfreut gewesen. Sie bereiteten gerade eine Reihe von Zugriffen in der kommenden Woche vor. Es ging um Razzien im Zusammenhang mit einer Steuersache. Da konnten sie den Chopard-Fall aktuell nicht gebrauchen – aber nun war es nicht zu ändern.

Cat blieb unten im Treppenhaus stehen, wo sich eine kleine Gruppe weiterer Polizisten aufhielt – zwei Uniformierte und zwei Kollegen von der Spurensicherung. Zwei weitere warteten draußen in einem Transportwagen voller Kartons darauf, dass man sie heraufrufen würde. Cat blickte nach oben, wo sich die Spezialeinheit gerade links und rechts neben der Wohnungstür aufstellte. Parisot und Sabin standen mit ihrem Durchsuchungsbeschluss davor und klingelten.

Es dauerte nicht lange, da wurde die Tür geöffnet. Es folgte ein kurzer Wortwechsel. Dann drangen zunächst die Bewaffneten ein, schließlich Parisot und Sabin. Die übrigen Polizisten setzten sich nun ebenfalls in Bewegung. Cat ließ ihnen den Vortritt, bevor sie selbst die Stufen hinaufging und kurz darauf in Chopards Wohnung stand.

Es war kein großes Appartement, weswegen es mit den vielen Polizisten, die sich frisch ans Werk machten, um Chopards Wohnung auseinanderzunehmen, bereits ziemlich überfüllt wirkte. Es war stickig und heiß, die Vorhänge noch zugezogen. In der Küche stapelten sich Müllsäcke, Pizzakartons und schmutziges Geschirr. Dort standen Parisot und Sabin und sprachen mit Chopard, der so wirkte, als sei er gerade erst aufgestanden. Dennoch war er aufbracht und debattierte mit den beiden Polizisten darüber, was denn dieser Überfall ausgerechnet am Wochenende solle und dass er keine Ahnung habe, was man von ihm wolle. Was Parisot und Sabin ihm nunmehr erläuterten und ihn dabei immer wieder auffordern mussten, die Ruhe zu bewahren und nicht andauernd dazwischenzureden, weil sie ansonsten diese Unterhaltung auf der Wache weiterführen müssten.

Chopard bewegte sich ständig von links nach rechts und streckte sich, um zu sehen, was in der Wohnung vor sich ging. Seine und Cats Blicke trafen sich. Das nahm sie zur Aufforderung, nun auch in die Küche zu gehen und sich in das Gespräch einzuschalten.

»Ich weiß nicht«, keuchte Chopard, »was Sie sich erhoffen und in welchem Zusammenhang das hier alles stehen soll. Ich habe überhaupt nichts mit Gaspard Lacroix' Tod zu tun! Ich habe Ihren Kollegen bereits kürzlich Rede und Antwort gestanden und erklärt, wann ich wo war, und Sie haben es nachgeprüft – also was soll das alles?«

Obwohl er entrüstet klang, schwang Angst in seiner Stimme mit. Das konnte ihm Cat nicht einmal verübeln. Schließlich hatte er schon einmal im Knast gesessen. Außerdem ging es aktuell um Mordermittlungen, in deren Fokus Chopard als potenzieller Tatverdächtiger stand, was er gerade sehr umfassend zu begreifen schien.

»Ihr Vater«, fragte Yvette Sabin, »hat früher für das Institut Sébastian Villain gearbeitet. Ist das richtig?«

Chopard zuckte die Schultern. »Ja. Na und? Er hat für sehr viele gearbeitet. Für Hunderte.«

»Nachdem er starb, haben Sie einen Teil des Nachlasses an Monsieur Niemanns verkauft, ist das korrekt?«

»Ja. An diesen Antiquitätenhändler. Er war sehr interessiert. Ist das verboten? Der Mann wird Tausende Kunden gehabt haben, was spielt das für eine Rolle?«

»Sie sind außerdem ein Exschüler von Justin Bonnet, dem Sie Drohbriefe geschrieben haben sollen. Stimmt das?«

»Er hat mich einige Male durchfallen lassen. Darüber war ich stinksauer. Aber das ist Jahre her.«

Chopard wirkte jetzt recht nervös. Immer wieder blickte er in Richtung Flur.

»Niemanns ist tot«, sagte Cat. »Bonnet ist tot. Lacroix ebenfalls. Alle drei sind Mordopfer. Alle drei waren Schüler am Institut Villain. Sehen Sie da eine Verbindung zu Ihnen, Chopard?«

Man konnte ihm regelrecht ansehen, wie einige Groschen fielen. Sein Adamsapfel hüpfte auf und ab. Es war nicht die Reaktion von jemandem, der sich ertappt fühlte, sondern vielmehr pure Überraschung. Außerdem sprach es dafür, dass Chopard nicht der hellste Stern am Firmament war. Nachdem er bereits wegen Lacroix' Tod und seiner Vergangenheit befragt worden war, hätte er doch annehmen müssen, dass die Polizei nun aus diesem Grund hier war. Schließlich waren die Medien ja voll mit den Anschlägen des Schützen. Das müsste Chopard doch mitbekommen haben. Doch nach Cats Einschätzung war seine Reaktion kein Fake.

»Sie …«, stammelte er, »Sie sind *deswegen* hier? Weil Sie annehmen, dass ich …«

Parisot sagte: »Was denken Sie denn, aus welchem Grund wir sonst hier sind, Chopard? Wenn Sie damit nichts zu tun haben, gibt es doch keinen Grund, so nervös zu sein, wie Sie es jetzt sind. Also, was ist da los?«

Chopard blinzelte und schien immer noch zu versuchen, die Zusammenhänge auf die Reihe zu bekommen.

»Aber … Hunderte oder Tausende Menschen hatten mit den Leuten Kontakt.«

»Trotzdem sind wir nun hier, oder?« Parisot rang sich ein Lächeln ab.

»Parisot? Sabin? Schaut ihr mal bitte?«

Ein Polizist stand im Türrahmen und machte mit dem Kopf eine Geste in Richtung Wohnzimmer. Cat wich zur Seite, um den Kollegen aus Avignon Platz zu machen.

Chopard war kalkweiß. Er schwitzte.

Cat drehte sich um, machte einen Schritt rückwärts, um ebenfalls einen Blick in Richtung Wohnzimmer zu werfen, wo Sabin und Parisot mit den anderen um etwas herumstanden. Parisot blickte auf, sah zu Cat, schürzte die Lippen. Dann nahm er etwas auf und hielt es hoch, damit Cat es sehen konnte. Es war ein kleiner Plastikbeutel voller USB-Sticks. Er zog sich Plastikhandschuhe an, nahm einen Stick heraus und gab ihn einem Forensiker, der dazu ansetzte, den Stick in den USB-Port eines Laptops zu stecken.

»Der war hinter einer Schublade versteckt. An die Rückseite geklebt. Was werden wir wohl darauf finden?«, fragte Parisot über Cat hinweg an Chopard gerichtet.

Cat wendete sich wieder zu Chopard, der den Fund mitbekommen hatte, sichtlich zusammensackte und sich an einer Tischkante festhalten musste.

»Ich weiß nicht«, sagte er mit trockener Stimme, »was das ist und wie es dorthin gekommen sein soll. Ich will meinen Anwalt sprechen.«

»Den können Sie jederzeit sprechen, Chopard«, erwiderte Cat. »Aber es ist so: Die Kollegen werden sich die Sticks ansehen. Sie werden etwas darauf finden. Und was sie finden, wird in unmittelbarem Zusammenhang zu Ihnen stehen, oder?«

Chopard sagte nichts.

Cat nutzte den Moment von Chopards Schwäche. Sie fragte: »Kennen Sie einen Mann namens Villefranche?«

Chopard schüttelte mit dem Kopf.

»Dann helfen Sie mir mal auf die Sprünge, was Ihren Vater, den Antiquitätenhändler Niemanns, den Lehrer Bonnet und Gaspard Lacroix mit Ihnen verbindet.« Cat wusste zwar einiges. Aber sie wollte es von Chopard selbst hören.

»Ich habe doch schon gesagt …«

»Tun Sie doch nicht so, Chopard. Sie verstricken sich nur noch tiefer in die Sache.«

Chopard schwieg einen Moment, schüttelte mit dem Kopf und erklärte: »Mein Vater war ein großer Radsportfan. Er hat viel gesammelt. Autogrammkarten, Plakate, Trikots, Sammelbilder. Er hat als Fahrer gearbeitet und auch das Internat beliefert und immer wieder den Radfahrern zugesehen. Einer von ihnen teilte seine Sammelleidenschaft. Das war Niemanns. Daran habe ich mich erinnert und ihm Papas Nachlass verkauft. Ein anderer aus dem Team war sehr arrogant. Er hat sich über meinen Vater lustig gemacht – so lange, bis mein Vater ihn dann einmal vor versammelter Mannschaft zusammengestaucht hat. Das konnte sein Ego wohl nicht verkraften. Es handelte sich um Bonnet, der später mein Lehrer wurde. Als er erfuhr, wessen Sohn ich bin, hat er mich dafür bluten lassen. Na ja, und Lacroix – Sie wissen vielleicht, was vor einigen Jahren geschah, weswegen ich ins Gefängnis musste.«

»Ich weiß«, bestätigte Cat. »Und schließlich beschlossen Sie, an allen Rache zu nehmen?«

»Nein!«, rief Chopard. »Ich habe damit nichts zu tun! Ich schwöre! Ich habe über Lacroix' Tod gelesen, mehr nicht! Man hat mich dazu befragt, aber ich …«

Cat hörte Parisots Stimme aus dem Wohnzimmer. »Da wird doch der Hund in der Pfanne verrückt!«

Einen Moment später stand Sabin hinter Cat, musterte erst Cat, dann Chopard. »Wie sind Sie an diese Daten gelangt?«, fragte sie Chopard.

»Ich … Ich weiß nicht, was Sie meinen«, stammelte er.

»Blödsinn!«, zischte Sabin. »Sie arbeiten als IT-Techniker in der öffentlichen Verwaltung. Sie arbeiten auch für das Finanzamt, richtig?«

Chopard zuckte nur die Achseln. »Ich will meinen Anwalt sprechen«, sagte er leise.

Cat blickte Sabin fragend an. Sabin erklärte ihr: »Sie wissen, dass wir seit Wochen eine große Razzia vorbereiten. Es geht um Steuerhinterziehung im großen Stil.«

»Ich weiß«, sagte Cat. Deswegen waren die Kollegen aus Avignon so genervt gewesen, dass sie den Zugriff bei Chopard dazwischenschieben mussten, wo sie doch nächste Woche einen großen, flächendeckenden Zugriff planten.

»Wie es aussieht«, meinte Sabin und deutete mit dem Kopf in Richtung Chopard, »hat unser Mann hier relevante Daten von der Finanzbehörde kopiert. Namenslisten, Adressen – jede Menge von dem, was die Steuerfahndung zusammengestellt hat. Was wollten Sie damit, Chopard?«

Chopard schwieg.

»Mit solchen Daten«, meinte Cat, »lässt sich doch leicht Geld verdienen, nicht? Man ruft die Betroffenen an und warnt sie gegen eine gewisse Summe, damit sie alles in Sicherheit bringen können.«

Sabin nickte leicht. »Hat meine Kollegin recht?«

Chopard zuckte nur mit den Schultern.

Sabin leckte sich über die Lippen. »Sie sind verhaftet«, sagte sie und begann, Chopard seine Rechte vorzutragen.

Tja, dachte Cat, Volltreffer für die Kollegen. Allerdings blieb die Frage offen, ob Chopard etwas mit den Snipermorden zu tun hatte.

Ihr Gefühl sagte mittlerweile, dass dem nicht so war und es sich vielmehr wie mit einem Nervengeflecht verhielt: In einem neuronalen System waren viele Stränge miteinander verbunden, und es gab immer wieder Überkreuzungen und Knotenpunkte. Ebenso konnte man es sich im Straßenverkehr vorstellen und in der Gesellschaft. Viele Menschen begegneten sich, hatten miteinander zu tun, liefen sich über den Weg, und es gab Verknüpfungen und Knotenpunkte sowie Menschen, die überdurchschnittlich viel mit anderen Menschen zu tun hatten. Zufälle, Chaostheorie – was auch immer dahintersteckte.

Doch erst mal abwarten, was die Hausdurchsuchung ergeben würde und was sich bei Villefranche tat, wo Theroux im Einsatz war. Und vielleicht, dachte Cat, vielleicht sollte sie Leclerc gleich doch einmal anrufen.

44

Mit einem Anruf in der Zentrale hatte sich Albin die Adresse von Luc Lussac besorgt. Er erinnerte sich daran, wie er ihn am Freibad getroffen hatte. Ein fit wirkender Mann in Albins Alter in Shorts, Polohemd und Sonnenbrille, mit Glatze, aber einer ansonsten kräftigen Körperbehaarung. Auf die Schnelle und unterwegs am Handy hatte Albin nicht mehr herausfinden können, als dass Lussac Unteroffizier im französischen Heer gewesen war und es bis zum Major gebracht hatte. Für einen Moment hatte sich Albin gefragt, ob er und Chopard, der ebenfalls Soldat gewesen war, sich kannten. Auf der anderen Seite gab es jede Menge ehemalige Militärs im Süden. Sogar Castels Vater war einer und lebte mit seiner Frau in einer Einrichtung für Ehemalige, einer Art Pflege- und Altenheim, das von einer Militärstiftung getragen wurde.

Lussacs Haus lag am Stadtrand in einem wenig besiedelten Bereich. Normalerweise wäre Albin schneller dort angekommen, aber natürlich waren wegen der Tour de France überall Straßen gesperrt, weshalb es zahlreiche Umleitungen gab. Es wimmelte nur so von Sperren und Gruppen pilgernder Menschen, die sich an den Straßen postieren wollten beziehungsweise bereits dort standen. Außerdem hatte es den Anschein, als seien sämtliche Polizeieinheiten des Vaucluse und der benachbarten Départements zusammengezogen worden, um die Tour abzusichern sowie allerorten Präsenz zu zeigen. Falls jemand einen Anschlag plante, müsste er hier und heute vollkommen wahnsinnig sein. Und ein Irrer war der Schütze sicherlich nicht, wenngleich seine Motive verrückt sein mochten. Aber das war spekulativ. Niemand hatte bisher eine handfeste Idee davon, worum es hier ging, und Albin allenfalls ein Bauchgefühl – auch wenn ihn eben dieses Gefühl selten trog.

Albin stoppte den Wagen an der Straße, etwas abseits der Zufahrt, die etwa dreißig Meter weit durch ein Obstbaumfeld führte und dann in einen Hof vor dem Gebäude mündete. Es war ein kleines, aus ockerfarbenen Bruchsteinen gebautes Landhaus wie so viele in der Provence. Die Fensterläden waren dunkelrot gestrichen.

Albin hob Tyson aus dem Kofferraum, leinte ihn an, steckte sich die Pistole in den Hosenbund und zupfte den Saum des Poloshirts darüber, um sie zu verdecken. Das kantige Metall fühlte sich ziemlich unbequem an. Vielleicht sollte er sich mal ein Holster kaufen oder schenken lassen – wobei … besser selbst besorgen. Er wollte Veronique lieber nicht mit martialischen Wünschen ängstigen.

Außerdem hatte er die Schlüssel in der Hosentasche, eine Packung Zigaretten, das Handy sowie ein Paar Latexhandschuhe. Vielleicht doch lieber eine Umhängetasche? Es gab dezente, die man tragen konnte, ohne albern auszusehen, und das wäre durchaus ein Wunsch, den man aussprechen könnte.

Albin setzte seine Sonnenbrille auf. Dann schloss er den Wagen mit der Fernbedienung ab und ging mit Tyson los. Seine Schritte knirschten auf dem Schotter der Zufahrt.

Je näher er dem Haus kam, desto überzeugter war er davon, dass Lussac nicht da war. Menschenverlassene Gebäude hatten nach seiner Erfahrung eine gewisse Ausstrahlung. Es gab keine offen stehenden Fenster, keine Türen, nicht das geringste Geräusch. Außerdem war der Carport neben dem Haus leer.

»Niemand da«, murmelte Albin in Richtung Tyson, als sie vor dem Haus standen.

Tyson erwiderte nichts und schien mit seinem Schweigen das Offensichtliche zu bestätigen.

Albin sah sich um, drückte schließlich die Klingel und wartete eine Minute, bevor er nochmals klingelte, was er eine halbe Minute später wiederholte, worauf sich noch immer nichts regte. Schließlich ging er ums Haus herum zum Carport und sah sich dort um. Es war nicht mehr als eine Überdachung auf Pfosten. Ein paar Reifen stapelten sich darunter. Es gab einen alten Schrank mit Werkzeug.

Hinter dem Haus erkannte Albin eine kleine Terrasse mit einem gepflegten Garten, der von einer Hecke und einer niedrigen Mauer eingefasst wurde. Die Schiebetür sah verschlossen aus.

Also ging Albin wieder zurück zum Hauseingang und betrachtete die hölzerne Tür. Sie wirkte robust. Das Schloss schien älteren Semesters zu sein. Albin zog seinen Schlüsselbund hervor, an dem ein Dietrich befestigt war – er war im Grunde wie ein Schweizer Taschenmesser gestaltet und verfügte über verschiedene Lockpicker. Das Werkzeug hatte ihm schon häufiger geholfen, früher hatte Albin damit stets trainiert und kleine Schlösser geknackt. Wie das ging, hatte er sich von einem Profieinbrecher zeigen lassen.

Denn gelegentlich musste die Polizei einfach ein Schloss öffnen, um nach dem Rechten zu sehen – und sei es nur, um einen Verdacht zu bestätigen. Danach verschloss man die Tür wieder, verständigte einen Schlosser und besorgte sich eine Genehmigung, um die vorherige inoffizielle Türöffnung offiziell zu machen, damit es später keine Probleme vor Gericht gab.

Albin brauchte etwa drei Minuten für das Schloss. Dann sprang die Tür mit einem Knacken auf. Er zog die Latexhandschuhe über, steckte den Schlüsselbund wieder ein und betrat das Innere der Wohnung. Dort ging er mit Tyson an der Leine durch den kurzen Flur ins Wohnzimmer, das gemütlich eingerichtet war. Doch man konnte spüren, dass hier die Hand einer Frau fehlte. Schwer zu sagen, woran es lag, aber Albin fühlte sich in seine eigene Zeit als Single zurückversetzt. Alles wirkte ordentlich, aber auf eine andere Art und Weise als im Haushalt einer Frau.

Im Bücherregal standen einige gerahmte Bilder. Sie zeigten die Familie Lussac mit der Tochter Giselle in unterschiedlichem Alter – mal als Kleinkind, mal als Jugendliche bei der Firmung oder nach dem bestandenen Studium mit einem Zeugnis in der Hand. Auf manchen Bildern trug Lussac eine Uniform. Eine glückliche kleine Familie, wenngleich Albin fand, dass Denise Lussac auf jedem Bild eine Aura der Traurigkeit umgab. Aber vielleicht redete er sich das nur ein oder es lag an ihren natürlichen Gesichtszügen, die sie trotz ihres Lächelns so wirken ließen. Bei manchen Menschen war das so. Albin fiel noch ein anderes Foto auf. Es hatte den Farbstich eines alten Polaroids und zeigte zwei lächelnde Teenager. Für Albin stand außer Frage, dass es sich dabei um Denise und ihren verstorbenen Bruder handeln musste. Sie hatte sein Andenken bewahrt, und Lussac bewahrte das Andenken über ihren Tod hinaus, obwohl er den Jungen vermutlich nicht gekannt hatte. Oder doch? Zeitlich, dachte Albin, könnte es ja gepasst haben.

Er blickte sich weiter um, ging dann zur Küche, wo er eine Reihe von Fertiggerichten in Dosen sah und sich wieder an sein eigenes Singledasein erinnerte. Er warf einen Blick in das Schlafzimmer. Das Bett war gemacht. Es lagen zwei Decken darauf, zwei Kopfkissen. Das zeigte, wie wenig Lussac mit dem Tod seiner Frau abgeschlossen hatte. Ein Porträtfoto von ihr stand gerahmt auf dem Nachttisch auf der linken Seite. Albin ging dorthin, öffnete ein paar Schubladen, bemerkte jedoch nichts Auffälliges. Er öffnete den Schrank, sah Herrenkleidung links und Damenkleidung rechts. Lussac hatte offensichtlich noch nichts aussortiert. Alles wirkte, als sei seine Frau nur ein paar Wochen zur Kur gefahren und würde bald zurückkehren.

Albin erinnerte sich, wie es bei ihm gewesen war: alles leer, was seine Exfrau zuvor belegt hatte. Nur Manons Kinderzimmer war fast dasselbe geblieben – natürlich ohne ihr Lieblingsspielzeug und die Kleidung. Aber der Rest war so geblieben. Albin hatte nichts verändern wollen. Manon sollte sich wie früher fühlen, wenn sie ihn besuchte. Allerdings hatte es nur einige wenige Besuche gegeben, weil sie mit ihrer Mutter nach Paris gezogen war und Albin selbst in den Ferien immer viel Arbeit hatte, wofür er sich heute noch Vorwürfe machte. Er hätte viel mehr für Manon da sein müssen, deren Entwicklung zur jungen Frau er nur am Rande mitbekommen hatte.

Na ja, und als Jugendliche hatte sie natürlich vollkommen andere Interessen gehabt, als ihren Vater zu besuchen, und Albin hatte sie nicht dazu zwingen wollen, was vielleicht ebenfalls nicht richtig gewesen war.

Konnte man überhaupt etwas richtig machen in einer solchen Situation – oder einfach nur so wenige Fehler wie möglich? Manon hatte sogar ein Haustier bei Albin gehabt, um das sie sich bei ihren sporadischen Besuchen kümmern konnte. Albin hatte es aus der Wohnung eines Ermordeten mitgenommen. Normalerweise kamen die Tiere von Toten ins Tierheim. Aber Albin hatte sich nicht vorstellen können, dass eine Schildkröte rasch eine neue Heimat und jemanden, der sich um sie kümmerte, finden würde. Also hatte er das Tier mehr oder weniger für Manon adoptiert, das von ihr den Namen Cassiopeia erhielt. Es war eine griechische Landschildkröte, wie sie herausgefunden hatten. Zur Identifikation waren sie extra ins »Village des Tortues de Carnoules« zwischen Marseille und Fréjus gefahren, in dem es jede Menge Schildkröten und außerdem die »Station d'Observation et de Protection des Tortues des Maures« gab. Dort fanden sie zudem heraus, dass Cassiopeia ein männliches Tier war, worauf der Name in Cassiopeius umfirmierte, kurz Cassius.

Du hattest eine Schildkröte?, fragte Tyson.

»Es war Manons Schildkröte, und es ist Jahrzehnte her«, murmelte Albin und ging in das Zimmer nebenan, ein Arbeitsraum.

Die auf den Namen Cassius hörte? Wie Cassius Clay? Muhammad Ali? Ernsthaft?

Albin stockte kurz und rieb sich den Nacken. »Stimmt«,

erwiderte er. »Tyson und Cassius. Darüber habe ich noch nie nachgedacht.« Dann sah er sich weiter um.

Ausgerechnet eine Schildkröte!

»Es war ein Notfall. Das arme Tier war obdachlos. Manon mochte Schildkröten. Sie sind pflegeleicht und haben ein angenehmes, ruhiges Wesen. Man muss nicht mit ihnen Gassi gehen. An Schildkröten ist so wenig auszusetzen wie an Möpsen.«

Was ist aus Cassius geworden?

»Er ist weggelaufen«, erwiderte Albin geistesabwesend und betrachtete den Schreibtisch.

Dort fiel ihm etwas auf.

Neben dem Computer lag ein Jahrbuch des Instituts Sébastian Villain.

Albin nahm es zur Hand, blätterte es durch und gelangte zu dem Abschnitt, in dem alle Absolventen mit kleinen Bildern und Texten vorgestellt wurden, namentlich sowie mit ihren Errungenschaften. Ein Bild zeigte Jerome Daubigny und war mit einem schwarzen Rahmen versehen. Immerhin ein Hinweis auf das Gedenken, das man dem Jungen gewidmet hatte. Albin erinnerte sich daran, dass die Internatsleiterin von mehreren Selbstmorden in der Vergangenheit gesprochen hatte. Offensichtlich hatte es in diesem Jahrgang nur den einen gegeben. Außerdem sah Albin zwei Doppelseiten mit Fotos der Sportteams und ihren Erfolgen. Eines davon war das Foto, das Albin bei allen Ermordeten gesehen hatte.

Albin schürzte die Lippen und dachte nach.

Er hörte Tyson, der sagte: *Es kann etwas bedeuten. Es muss aber nicht.*

»Ich weiß«, erwiderte Albin in Gedanken. »Es wäre nur

nachvollziehbar, wenn die Schule den Eltern von Jerome der Ehre halber ein Jahrbuch vermacht hätte. Seine Schwester hat es behalten, um sich an ihren Bruder zu erinnern.«

Und an die jungen Männer, von denen sie vergewaltigt worden ist.

»Würde man sich daran erinnern wollen?«

Spielt das eine Rolle?

»Nein«, murmelte Albin. »Eigentlich nicht.« Er überlegte, ob er den Computer einschalten sollte. Aber der wäre sowieso mit einem Passwort gesichert. Die Tatsache, dass das Jahrbuch an diesem Arbeitsplatz lag, sagte Albin, dass Lussac es möglicherweise auch zum Arbeiten verwendet hatte – nämlich, um nach den Namen zu googeln, nach Spuren zu suchen.

Albin legte das Buch wieder auf den Tisch, blickte sich weiter um, doch ihm fiel nichts weiter auf. Er ging zurück in die Küche, öffnete die Mülleimer. Auch darin fiel ihm nichts weiter auf. Er schloss sie wieder und ging mit Tyson zurück zum Flur, dachte weiter nach, drehte sich dann noch einmal um, weil ihm einfiel, dass er etwas vergessen hatte, und ging zurück in die Küche. Er zog einen Vorhang neben den Mülleimern zur Seite, hinter dem sich ein Staubsauger, Besen und Kehrblech befanden sowie ein Karton, in dem Lussac Altpapier sammelte.

Albin sah einige Werbung, Rechnungen und zerrissene Quittungen. Nichts Besonderes. Dennoch fiel ihm der Briefkopf einer Rechnung auf. Er suchte die dazugehörigen Teile und puzzelte sie auf der Arbeitsplatte zusammen. Es war eine Rechnung vom Moto Service 24 aus Carpentras. Albin kannte die Garage. Dort wurden

Motorräder verkauft und repariert. Albin hatte hier nirgends ein Motorrad gesehen. Aber er wusste, dass er eines gesehen hatte, nachdem auf ihn geschossen worden war. Die Rechnung war auf Lussac ausgestellt. Sie betraf die Wartung mit Ölwechsel und neuen Bremsen für eine Kawasaki, Baujahr 2005. Die Arbeiten hatten vor etwa zwei Wochen stattgefunden.

»Bingo«, sagte Albin.

Es kann immer noch alles und nichts bedeuten, sagte Tyson.

»Mhm, du glaubst wohl noch an den Weihnachtsmann. Ich denke mir, er hat ein gebrauchtes Motorrad gekauft und es wieder herrichten lassen. Die Frage ist, wo sich das Motorrad befindet, da es nicht hier ist und Lussacs Auto ebenfalls nicht – und wer das Motorrad fährt.«

Falls, meinte Tyson, *es sich tatsächlich um das Motorrad handeln sollte, das bei den Taten eingesetzt wurde, würde man es doch nicht im Carport zu Hause parken.*

»Nein«, dachte Albin, »das würde man nicht.«

Er zog das Handy aus der Tasche und suchte die zentrale Nummer vom Hôtel de Police heraus. Er rief an und fragte nach dem Bereitschaftsdienst am Wochenende. Er hörte, dass Castel und Theroux im Dienst, aber im Einsatz waren. Das war Albin bereits klar, und deswegen ignorierten ihn die beiden am Telefon. Aber Zahir wäre da.

»Bestens«, sagte Albin, »stellen Sie durch.«

Wenige Sekunden später meldete sich Zahir und klang genervt. Kein Wunder – wer hatte schon gerne Innendienst und Bereitschaft, wenn draußen die Tour de France vorbeifuhr?

»Zahir«, sagte Albin. »Ich hoffe, Sie sind der Aufgabe

gewachsen, die sich Ihnen jetzt stellt. Ich habe einen Autodiebstahl gesehen, kenne das Fahrzeug nicht, aber den Besitzer. Sie müssen den Wagen anpeilen und den Standort sofort ermitteln. Es ist möglicherweise höchste Gefahr in Verzug. Jetzt kommt es auf Sie an.«

»Wie … Wie können Sie wissen, dass das Auto gestohlen wurde, wenn Sie nicht einmal wissen, um was für ein Auto es sich handelt? Und außerdem, aus datenschutzrechtlichen Gründen …«

»Zahir. Deswegen habe ich eben gefragt, ob Sie der Aufgabe gewachsen sind. Offenbar nicht, weil Sie ein Paragraphenhengst sind!«

»Ich? Also bitte …«

»Vergessen Sie das Fragenstellen. Liefern Sie Antworten.«

»Das … Ich … Ich habe nicht mal eine Anzeige des Besitzers …«

»Ich kenne Sie als Mann der Tat, Zahir. Nicht als eine Zauderliese wie Castel. Meine Güte, dann eben so: Ich zeige hiermit den Diebstahl des Fahrzeugs von Luc Lussac an, das gestohlen wurde, um es eventuell für eine Straftat einzusetzen. Wahrscheinlich im Zusammenhang mit den Snipermorden. Da haben Sie es.«

»Aber … die Morde? Sind Sie ganz sicher?«

»Wäre ich vollends sicher, müssten wir uns keine Brücke bauen, um nach dem Wagen zu suchen, oder?«

»Okay. Gut. Ich verstehe.«

»Wurde aber auch Zeit, Mann!«

»Sie müssen bitte verstehen, dass ich nicht einfach so …«

»Ja, ja …«

»Außerdem ist Wochenende, und wir haben die Tour, und es …«

»Himmel! Lassen Sie die Finger fliegen und stellen fest, welcher Typ Wagen Lussac gehört, welches Kennzeichen er hat, peilen Sie den Standort an und teilen ihn mir mit! Auch den von seinem Handy, denn er könnte … Was weiß ich! Er könnte einen Unfall gehabt haben. Doppelte Gefahr in Verzug! Kommen Sie in die Hufe, Zahir! *Tout de suite!*«

45

»Dann mal los«, sagte Theroux.

Er stand vor dem Tor, das das Grundstück von Villefranche absicherte, und war sich sicher, dass der Mann das Polizeiaufgebot längst auf seiner Videoüberwachungsanlage bemerkt hatte und sie fortlaufend beobachtete. Zwei weitere Kollegen in Zivil flankierten Theroux, außerdem waren vier Polizisten von einem Sondereinsatzkommando der Bri-Bac dabei, denn es war bekannt, dass Villefranche Waffen besaß. Vier weitere Kollegen standen neben zwei Kastenwagen von der Spurensicherung.

Theroux fuhr sich mit beiden Händen durchs Gesicht. Er hatte wegen des Babys kaum geschlafen. Außerdem tat ihm der Rücken weh, weil er die Zeit, die er geschlafen hatte, im Sessel verbracht hatte. Dann hatte er sich noch wegen Albin und seines Telefonterrors aufgeregt. Er müsste wirklich mal ein ernstes Wort mit ihm reden. So ging das nicht weiter. Andererseits hatte er Albin das schon einige Male gesagt, ohne irgendeinen Erfolg damit zu haben. Ihm blieb nichts anderes übrig, als ihn ebenfalls geflissentlich zu ignorieren, damit er merkte, was er mit seiner Nerverei anrichtete – obwohl Theroux bezweifelte, dass die Botschaft bei Albin ankam.

Schließlich streckte Theroux die Hand aus, um den Klingelknopf zu drücken. Noch bevor sein Daumen das

Metall berührt hatte, meldete sich schon Villefranches krächzende Stimme auf der Gegensprechanlage.

»Verschwinden Sie! Was soll diese Armee vor meiner Haustür? Ich habe bereits meinen Anwalt verständigt! Wagen Sie es nicht, auch nur einen Fuß auf meinen Besitz zu setzen!«

»Monsieur Villefranche«, erwiderte Theroux, entfaltete das behördliche Schreiben und hielt es vor die Kamera, »das hier ist ein Durchsuchungsbeschluss für Ihr Haus und Ihr Grundstück, und wenn Sie mir nicht öffnen, dann sind wir autorisiert, uns auf anderem Wege Zutritt zu verschaffen.«

»Einen Teufel werden Sie tun!«

Hörte der nicht richtig? Oder hatte er was an der Birne? Theroux mahlte mit den Zähnen.

Er wiederholte: »Wenn Sie uns nicht hereinlassen, werden wir das Tor selbst öffnen, und Ihnen blüht im besten Fall ein saftiges Ordnungsgeld, weil Sie Widerstand leisten, und den Schaden an Ihrem Tor müssen Sie auch selbst bezahlen, und …«

»Sie werden meinen Widerstand gleich erleben, mein Freund! Sie bekommen allesamt eine Klage an den Hals, sobald mein Anwalt angerückt ist! Er ist bereits auf dem Weg und freut sich!«

Jetzt hatte Theroux genug. Er reagierte sowieso allergisch darauf, wenn Idioten wie dieser Villefranche die Polizei nicht ernst nahmen, sie respektlos behandelten oder ignorierten. Was glaubten die denn, mit wem sie es zu tun hatten? Mit einem Karnevalsverein? Hier standen elf Polizisten an der Pforte und hatten einen Beschluss dabei – und der Kerl tat so, als sei er der Kaiser von China.

Seine Erfahrung hatte ihm außerdem mehr als einmal gezeigt, dass man mit solchen Leuten keine Diskussionen zu führen brauchte – denn darauf legten sie es ja nur an: alles zu zerreden in der überheblichen Annahme, sie könnten die Polizei überzeugen, dass die Behörden im Unrecht und sie im Recht waren.

»Okay, Sie wollen es ja nicht anders«, sagte Theroux. Er trat einen Schritt zur Seite und bedeutete dem Einsatzteam, dass es an der Reihe war. Einer der schwerbewaffneten Polizisten nickte und schnappte sich eine Ramme, ging damit vor das Tor und betrachtete das Schloss.

»Könnte funktionieren«, sagte er, »vielleicht müssen wir aber auch die Flex holen. Na, probieren wir es erst mal so.«

»Wagen Sie es nicht!«, schimpfe Villefranches Stimme blechern. »Ich werde Sie alle und Ihre Familien und Ihre Kinder und Kindeskinder verklagen! Sie werden Ihres Lebens nicht mehr froh, ich …«

Der Rest seiner Tiraden ging im lauten, metallischen Krachen unter, als der Polizist die Ramme schwang und sie zweimal gegen das Schloss krachen ließ, worauf das Tor schließlich scheppernd aufsprang.

Das Einsatzteam drang vorwärts. Dann folgten Theroux und die anderen beiden Kollegen in Zivil. Nur wenige Sekunden später öffnete sich die Haustür – und da stand Villefranche in Bademantel und Gummischlappen mit einer Schrotflinte in der Hand. Der Lauf war geknickt. Er lud gerade zwei Patronen in die Röhrenmagazine.

»Das ist Hausfriedensbruch!«, brüllte er. »Polizeigewalt! Verzieht euch von meinem Grundstück!«

Theroux duckte sich, griff nach seiner Dienstwaffe. Die Spezialkräfte nahmen ihre in Anschlag und riefen Villefranche zu, dass er die Flinte sofort fallen lassen solle. Was er aber nicht tat, sondern weiterschimpfte und drohte. Dabei fiel eine seiner Patronen auf den Boden. Er bückte sich, um sie aufzuheben. Das war der Moment, in dem die Bri-Bac die Gunst des Augenblicks nutzte, vorwärts lief und Villefranche im Nullkommanichts überwältigte und entwaffnete.

Er lag auf dem Boden, zwei Mann knieten ihm im Rücken und befestigten seine Hände mit Kabelbinder, während Villefranche schrie und jammerte und sich wand wie ein Aal. Der dritte Polizist kümmerte sich um die Waffe, während der vierte das gesamte Geschehen absicherte.

Theroux atmete auf, seine beiden zivilen Kollegen ebenfalls. Sie steckten die Waffen wieder ein. Theroux ging zu Villefranche, die anderen nach drinnen. Die Kollegen von der Spurensicherung folgten ihnen.

»Himmel«, sagte Theroux, »sind Sie von allen guten Geistern verlassen? Jetzt muss ich Sie verhaften, Menschenskind!«

»Ich habe niemandem etwas getan!«, rief Villefranche, der gerade von den Bri-Bac-Leuten wieder auf die Füße gestellt wurde. Sein Bademantel war verrutscht. Er trug nichts darunter. Theroux wünschte sich, dass er nicht hätte sehen müssen, was er gesehen hatte. Einer der Sondereinsatzkräfte zupfte das Kleidungsstück zurecht und knotete Villefranche den Gürtel zu.

»Sie«, schnauzte Theroux, »haben sich der Polizei mit einer Waffe in den Weg gestellt! Wie viele Waffen werden wir noch bei Ihnen finden, hm?«

»Nur die, von denen ich Ihnen schon erzählt habe, Junge«, erwiderte Villefranche.

»Vielleicht haben Sie eine vergessen? Eine Bergara mit Zielfernrohr?«

Villefranche glotzte Theroux fragend an.

Theroux sagte: »Sie haben nicht nur einen Rechtsstreit mit Lacroix geführt. Sie hatten außerdem Auseinandersetzungen mit dem Antiquitätenhändler Fred Niemanns und dem Apotheker Bernard. Alle drei sind jetzt tot.«

Villefranche zuckte mit den Schultern, so gut es ging – zwei Polizisten hatten ihn weiterhin fest im Griff. »Ich habe Ihnen doch gesagt, dass ich zu Hause war, als mein Nachbar ermordet wurde. Damit habe ich nichts zu tun. Mit den anderen auch nicht, sind Sie irre? Was wollen Sie mir da in die Schuhe schieben?«

»Was waren denn das für Streits genau? So heftige, dass Sie irgendwann gesagt haben: Jetzt reicht es mir, die lege ich um?«

»Dummes Zeug!«, blaffte Villefranche. »Der Antiquitätenhändler hat mich über den Tisch gezogen und betrogen! Der Apotheker hat mir ein falsches Medikament gegeben und mich fast umgebracht! Darf man sich nicht mehr mit Rechtsmitteln wehren?«

»Und wo waren Sie an den Tagen, als Niemanns und Bernard starben?« Theroux nannte die Daten und die fraglichen Uhrzeiten. »Aber das können wir auf der Wache klären. Abführen.«

Das ließen sich die Polizisten nicht zweimal sagen und bugsierten Villefranche vom Grundstück. Vor dem Tor fuhr gerade ein Mercedes vor und kam mit einem scharfen Bremsen zum Stillstand.

»Da ist mein Anwalt!«, rief Villefranche. »Jetzt könnt ihr euch alle warm anziehen! Und ich war an allen Tagen zu Hause, Junge, und weißt du, was? Ich habe es dir schon mal erklärt: Musst dir nur die Videoaufnahmen meiner Überwachungskameras aus den Innenräumen und die Zeitstempel ansehen!«

»Ja.« Theroux winkte bloß ab und ging nun ebenfalls ins Haus, um sich dort umzusehen. Aber er nahm an, dass Villefranche – auch wenn er noch so ein Nervtöter sein mochte – das mit den Videoaufnahmen nicht einfach so gesagt hatte. Und dann, dachte Theroux, hätte er in jedem Fall astreine Alibis.

Er überlegte, ob er Albin nicht doch zurückrufen sollte. Vielleicht ging es tatsächlich um etwas Wichtiges.

46

Albin ging vor dem Haus auf und ab, rauchte und blickte immer wieder auf das Handy.

Eben hatte er nach dem Stand der Tour de France gegoogelt, die gerade voll auf Carpentras zuhielt, von dort aus ging es dann direkt weiter zum Ventoux. Lange würde es nicht mehr dauern. Die Radfahrer waren schnell unterwegs, die Straßen von Tausenden Fans gesäumt. Matteo würde sicherlich das Geschäft seines Lebens machen. Veronique würde durch das Schaufenster vermutlich nicht viel von den Radlern sehen können. Aber vielleicht stellte sie sich ja an die Straße, und Manon …

Albin klemmte sich die Zigarette in den Mundwinkel, ging mit Tyson in den Schatten des Carports und rief seine Tochter an.

Sie ging sofort ans Telefon. Es gab jede Menge Hintergrundgeräusche.

»Ja? Papa?«, meldete sich Manon.

»Wo steckst du?«

»Clara und ich sehen uns die Tour an und wollen Benny Boux anfeuern!« Manon sprach sehr laut. Im Hintergrund hörte man Rufen und Tröten – es klang fast, als wäre Manon in einem Fußballstadion. »Meine Güte«, sagte sie, »hier ist vielleicht was los.«

»Wo seid ihr genau?«

»In der Stadt! Wo bist du denn? Du solltest das sehen, wirklich! Ich interessiere mich nun echt nicht dafür, aber dieses Spektakel!«

»Bist du allein?«

»Clara ist hier, warum? Schräg gegenüber sehe ich Matteos Stand – der ist dicht umlagert. Bist du da?«

»Ich? Warum das denn?«

»Veronique hatte gemailt, du wolltest bei ihm nach dem Rechten sehen.«

»Ist Giselle bei dir?«

»Nein. Warum denn das?«

»Sie wollte sich auch die Tour ansehen. Mit der Kleinen.«

»Ja, aber nicht hier. Da kommt kein Mensch mehr durch bei diesem Verkehr.«

»Wo ist sie denn, weißt du das?«

»Ähm, warum? Was interessierst du dich für Giselle?«

»Zu umständlich zu erklären. Wo ist sie?«

»Wir haben vorhin gemailt. Sie hat ein paar Fotos geschickt.«

»Handyfotos?«

»Ja, sicher, was denn sonst für welche?«

»Kannst du mir eines senden?«

»Papa.« Manons Tonfall änderte sich. »Kannst du mir bitte erklären, was das soll? Natürlich kann ich dir die Fotos weiterleiten, aber …«

»Tu es einfach. Ich erkläre dir alles später. Wann hat sie die geschickt?«

»Vor einer knappen halben Stunde, Moment …«

Albins Handy gab zwei Plinggeräusche von sich.

»Habe sie dir geschickt!«

»Wo finde ich die?«

»Auf WhatsApp!«

»Damit kann man Fotos senden?«

»Natürlich! Lebst du auf dem Mond? Papa, jetzt gleich kommt Benny hier vorbei und …«

»Habt ihr auch telefoniert?«

»Nein, nur geschrieben. Papa, was soll das alles mit Giselle?«

»Später, Manon – viel Spaß bei der Tour. Passt auf euch auf!«

»Warum?«

»Tut es einfach.«

Dann beendete Albin das Gespräch und öffnete die App. Er sah die beiden Fotos, die Manon geschickt hatte. Sie zeigten einige Radfahrer auf der Straße. Albin vergrößerte die Aufnahmen mit Wischbewegungen und versuchte, anhand der Umgebung zu verorten, wo sie ungefähr gemacht worden waren. Er kam zu dem Schluss, dass im Hintergrund Avignon zu sehen war und die Tour also noch vor Carpentras gewesen und längst an ihr vorbeigerauscht war. Die junge Frau könnte folglich schon wieder unterwegs sein. Abgesehen davon – ja, abgesehen davon waren die Fotos mit ihrem Handy gemacht worden. Das hieß aber nicht, dass Giselle sie auch selbst aufgenommen hatte.

Albin blendete die App wieder aus und suchte eine Telefonnummer aus dem Speicher.

Chef?, fragte Tyson.

»Hm?«

Wirst du nicht etwas paranoid? Wegen Giselle? Ich meine …

»Kein Stück. Wir müssen in alle Richtungen denken. Und ich hoffe, dass Zahir endlich in die Hufe kommt.«

Mit einem Fingerdruck rief Albin die aufgerufene Nummer an. Die von Zahir war es nicht.

Es dauerte einen Moment, bis sich Nicole Sartre meldete, die persönliche Assistentin von Antoine Boux. Albin fragte sie, ob alles in Ordnung war und er Boux kurz sprechen könne. Im Hintergrund hörte er Geräusche.

»Monsieur Boux hat gerade abgewunken, weil er die Tour verfolgen will. Er ist nicht zu sprechen, sagte er, Monsieur le Commissaire.«

»Ist das Sicherheitspersonal heute ebenfalls im Haus?«

»Zwei Sicherheitskräfte, ja. Die sind immer hier.«

»Sind Sie gerade bei Monsieur Boux?

»Ja, ich und Madame Jeanne.«

»Jeanne?«

»Seine private Krankenschwester und ihre kleine Tochter.«

Albin stockte. Er dachte kurz nach. »Seit wann ist die da?«

»Seit etwa einer halben Stunde, warum?«

»Sicherlich ist sie häufiger da, nicht?«

»Ähm. Ja? Warum?«

»Könnte ich sie kurz sprechen?«

»Augenblick.«

Er hörte, wie Nicole Sartre etwas murmelte. Außerdem hörte er den Sportkommentator reden. Dann vernahm er eine andere Stimme am Telefon.

»Ja?«

»Madame Jeanne?«

»Ja. Was ich kann ich für Sie tun?«

Es war nicht die Stimme von Giselle. Sie klang tiefer. Aber man konnte seine Stimme verstellen.

»Ist Monsieur Boux' Gesundheitszustand zufriedenstellend?«, fragte Albin.

»Natürlich ist er das nicht. Aber im Moment scheint er recht gut aufgelegt zu sein, warum?«

»Sie sind vor einer halben Stunde gekommen?«

»Ja?«

»Mit Ihrer Tochter?«

»Mit meiner Tochter. Ich konnte keine Betreuung für das Wochenende bekommen, und Monsieur Boux hatte nichts dagegen, dass ich sie mitbringe.«

»Wie alt ist sie denn?«

»Fünf Jahre.«

»Als Sie eben gekommen sind – haben Sie einen Polizeiwagen vor dem Haus gesehen?«

»Ja, habe ich. Ein Wagen der Gendarmerie. Ich weiß nicht genau, warum Sie mich das alles fragen, Monsieur.«

Albin ging darüber hinweg. Immer noch klang die Stimme nicht nach Giselle.

»Gut«, sagte Albin. Er verlangte, noch einmal mit Boux zu sprechen. Er hörte, wie die Krankenschwester Boux etwas fragte und der nur »Nein!« rief.

47

»**Nein!**«, **wiederholte Boux.** »Zum Teufel – ich will in Ruhe gelassen werden und bin nicht zu sprechen für diesen Leclerc!«

Erneut machte er eine Geste mit der linken Hand, als wolle er eine lästige Fliege verscheuchen, und konzentrierte sich wieder auf die Liveübertragung. Er verfolgte mit einem Ohr, wie Jeanne mit dem Kerl sprach und dann wieder Nicole und das Telefonat schließlich beendet wurde, worauf die beiden Frauen einige Worte miteinander wechselten – leise, weil sie Boux nicht stören wollten.

Sein Blick haftete am Fernseher, zwischendurch am Laptop, dann wieder an der Mattscheibe. Eben war Benny im Bild zu sehen gewesen, und – verdammt – Boux' Herz hatte einen Sprung gemacht.

Sprichwörtlich.

Ihm war der kalte Schweiß ausgebrochen. Für einen Moment hatte er keine Luft bekommen und Schmerzen im linken Oberarm verspürt. Dann war der Moment wieder verflogen. Also keine Panik. So etwas konnte schon mal passieren, wenn er sich aufregte – was er im Moment natürlich tat. Himmel – Benny radelte die Tour und hielt auf den Ventoux zu! Wenn nicht allein das schon ein Triumph war!

Boux spürte einen Knoten im Hals und dass seine Augen für einen Moment feucht wurden. Erneut hatte er das Gefühl, als würde sein Herz aus dem Takt geraten. Aber dann lief alles wieder wie am Schnürchen. Besser, er sagte Jeanne und Nicole nichts davon. Sonst würden die anfangen, das dämliche EKG anzuschließen und weiß Gott was anstellen, das ihn ablenkte.

Er spürte eine Hand auf seiner. »Alles in Ordnung, Monsieur?«

»Alles bestens.«

»Sie sind blass und schwitzen. Ich würde gerne …«

»Mit mir ist alles in Ordnung.«

Jeanne musterte Boux besorgt. Er sah wieder fort und blickte auf den Fernseher, spürte dann Jeannes Finger am Handgelenk, die nach seinem Puls fühlten. Er ließ sie gewähren. Sie würde sich sowieso nicht davon abhalten lassen, und letztlich bezahlte er sie ja dafür, und zwar nicht zu knapp, dass sie sich um ihn kümmerte. Aus den Augenwinkeln nahm er wahr, wie sie sich kurz zu Nicole wandte und Nicole dann irgendetwas machte.

Kurz darauf hielt ihm Nicole ein Glas Wasser hin, in dem sie eben etwas aufgelöst hatte. Wieder irgendein verfluchtes Medikament. Jeanne nahm das Glas, weil Boux es nicht tat.

»Bitte«, sagte sie dann mit etwas Nachdruck in der Stimme.

Boux brummelte und nahm dann das Glas, weil die zwei ja sonst keine Ruhe geben würden.

»Trinken Sie das«, sagte Jeanne und schenkte ihm ein Lächeln. »Ihr Puls und der Blutdruck sind nicht gut, wir sollten es messen und…«

»Bleibt mir jetzt mit dem bescheuerten EKG vom Leib.

Ich will das nicht. Ich will mir in aller Ruhe die Tour ansehen«, schimpfte Boux.

Jeanne lächelte immer noch. Eher mitleidig. »Trinken Sie das bitte«, wiederholte sie. »Es wird Ihnen guttun.«

Boux trank. Was konnte er sonst machen.

48

Albin löschte gerade die Zigarette, als sich Zahir zurückmeldete.

»Geht doch«, sagte Albin statt einer Begrüßung.

»Dies ist ein höchst inoffizielles Gespräch«, erwiderte Zahir.

»Wir haben niemals miteinander gesprochen. Ich weiß nicht einmal, wer Sie überhaupt sind.«

Zahir wirkte nicht vollends zufrieden. »Ich habe mich wirklich ins Zeug gelegt, denn ich setzte voraus: Wenn Sie so etwas Dringendes wissen wollen, das mich in Teufels Küche bringen könnte, dann muss es wirklich wichtig sein.«

»Das ist der Fall.«

»Ich möchte nur noch einmal betonen, dass es aus datenschutzrechtlichen Gründen bedenklich ist …«

»Natürlich.«

»… und nur im äußersten Notfall …«

»Klar.«

»… derlei Informationen …«

»Zahir. Kommen Sie zum Punkt.«

Zahir seufzte. »Okay. Ich werde mich etwas vage ausdrücken, weil ich mich nicht konkret ausdrücken kann.«

»Solange Sie sich irgendwie ausdrücken, ist mir das schnuppe. Und ich habe verstanden, Menschenskind.«

»Gut. Falls Sie sich also nach einem weißen Renault Captur umsehen wollten, dann könnte es möglich sein, dass Sie an der Chapelle Notre-Dame la Brune bei Mazan fündig werden.«

»An einer Kapelle? Wo soll die denn da sein?«

»Geben Sie es einfach in Ihr Navigationssystem ein.«

»Habe ich noch nie gemacht. Wie geht das denn?«

»Dann sagen Sie es Siri.«

»Wer ist das und wie soll die mir weiterhelfen?«

»Das ist die Sprach-App Ihres Handys. Sie können so mit Ihrem Telefon eine Navigations-App starten.«

»Ah«, machte Albin. Clara tat das manchmal aus Blödsinn: Nahm sich ein Telefon, stellte dieser Sprach-App merkwürdige Fragen und amüsierte sich köstlich über die Antworten. »Gut. Dann probiere ich das mal aus. Zahir, Sie müssen außerdem einen Anruf tätigen. Fragen Sie bei der Gendarmerie in Cassis nach, ob sie einen Wagen vor dem Haus von Antoine Boux haben. Falls das so ist, sollen die Kollegen mal aussteigen und klingeln und nachsehen, ob im Haus alles in Ordnung ist.«

»Gut, werde ich machen.«

»Und die Peilung von Lussacs Handy?«

»So weit bin ich noch nicht. Das dauert etwas länger – falls ich heute überhaupt ein Ergebnis bekomme.«

»Werden Sie schon schaffen. Wie lange brauchen Sie?«

»Ich habe doch gerade gesagt …«

»Kennen Sie Raumschiff Enterprise? Wenn der Maschinist Scotty sagt: Ich brauche zwei Tage – und Captain Kirk erwidert: Sie haben zwanzig Minuten! Das ist jetzt genau so ein Moment.«

»Ich tue, was ich kann.«

»Tun Sie das Doppelte«, sagte Albin und beendete das Gespräch. Er schnappte sich Tyson, stieg ins Auto und fuhr los. Eine Kapelle, dachte er. Was zum Teufel hatte das nun wieder zu bedeuten?

49

Die Chapelle Notre-Dame la Brune war kein besonderes Gotteshaus. Nur eine kleine Kapelle auf dem Land, mehr nicht. Sie lag an der Kreuzung Chemin de Notre-Dame la Brune, Chemin du Mercadier und Chemin de la Genestière, mehr oder weniger im Nirgendwo. Einige Meter hinter der Kapelle befand sich ein leerstehendes Gebäude, zu dem eine Garage gehörte. Vor dieser Garage parkte ein weißer Renault Captur, und Albin stoppte genau dort.

»Also doch kein frommer Mann«, murmelte Albin zu Tyson. »Ich wette, es geht um die Garage.«

Noch bevor Tyson irgendetwas erwidern konnte, war Albin bereits ausgestiegen.

Alles wirkte verlassen. Keine Menschenseele weit und breit. Er betrachtete den Renault und ruckelte an der Fahrertür, um festzustellen, ob er abgeschlossen war, was der Fall war. Der Wagen stand in ausreichendem Abstand zu dem mit Rost besprenkelten Garagentor, damit man es problemlos öffnen konnte. Albin bemerkte ein neues Schloss und einen neuen Griff, den er nun benutzte, um das Tor aufzuziehen. Glück gehabt, sonst hätte er wieder den Dietrich benutzen müssen.

Die Scharniere quietschten. Dann öffnete sich der Raum hinter dem Tor. Er war mit Werkzeug vollgepackt, einigen alten Möbeln und allerlei anderem Krimskrams, den man in einer Garage vermuten würde. Dazu zählten auch ein neu aussehender Behälter mit Motoröl sowie drei große Benzinkanister. Was eher nicht dazu zählte, war die Bekleidung: Turnschuhe, eine Jeans, ein leichter Blouson. Es sah aus, als habe Lussac seine Kleidung gewechselt. Möglicherweise war er in eine Motorradkombi geschlüpft, wofür ein Nierengurt aus Leder sprach, der neben der Kleidung auf einem alten Tisch lag, sowie ein Karton, in dem sich dem Aufdruck nach ein Schutzhelm befunden hatte.

»Verflucht«, murmelte Albin und sah sich weiter um.

Ihm fiel eine Plane auf, die an Haken unter der Decke befestigt war – vielleicht die Art von Plane, die man über ein Motorrad ziehen würde, um es zu schützen? Denkbar. Albin blickte hinter die Folie, die den Raum wie ein Vorhang in zwei Hälften unterteilte, und zog sie zur Seite. Dahinter sah er einen weiteren Tisch. Eine Lampe stand darauf sowie ein alter Laptop. Landkarten waren ausgebreitet.

Albin ging zum Tisch, betrachtete einige Kartons, die sich darunter befanden. Einer davon trug das Etikett eines Versandhandels. Darin befand sich ein weiterer Karton mit dem Aufdruck eines Zielfernrohrs. Außerdem sah Albin einige Plastikschalen, in die in regelmäßigen Abständen Löcher vom Durchmesser eines Kugelschreibers eingestanzt waren. Albin kannte solche Behälter. Sie wurden für Patronen verwendet. Unter den Kartons sah er eine Art Tasche. Bei genauerem Hinsehen wurde ihm klar, dass das abgenutzte Textilgewebe zu einem länglichen Futteral gehörte. Eines, in dem man ein Gewehr aufbewahren konnte.

Albin hatte einen metallischen Geschmack im Mund, zog sein Handy hervor und machte von allem Fotos. Dann betrachtete er die Karten auf dem Tisch genauer. Ihm war auf den ersten Blick klar, dass sie das Département Vaucluse abbildeten. Er sah Striche, Linien, Kreuze, die mit rotem Edding gesetzt und wiederum durchgestrichen worden waren. Andere hingegen waren umkreist, manche Straßen mit Filzstift in anderen Rottönen oder Grün nachgezogen worden. Alles bildete ein verwirrendes Geflecht. Doch Albin verstand, dass Straßen nachgezeichnet worden waren, Routen, und bei einigen musste es sich um die handeln, die die erschossenen Radfahrer genutzt hatten. Auf einer war Albin zum Teil selbst geradelt. Ein rotes, umkreistes Kreuz fand sich in der Nähe dieser Strecke. Albin kannte die Örtlichkeiten, rief sich die Geographie in Erinnerung. Das umkreiste Kreuz markierte den Standort des Schützen. Keine Frage.

Albin betrachtete eine weitere Route. Sie war mit hellgrünem Stift eingezeichnet worden und führte von Nîmes über Carpentras bis zum Mont Ventoux.

»Gott«, murmelte Albin.

Er verstand, dass das die Strecke sein musste, auf der gerade die Tour de France unterwegs war. Er sah einige Kreuze entlang der Strecke den Berg hinauf. Einige waren durchgestrichen. Zwei waren Rot umkreist.

Die Ventoux-Etappe, dachte Albin. Lussac.

Ihm wurde schlagartig alles klar.

50

Der Mont Ventoux war ein einsamer Gigant. Mit seinen knapp zweitausend Metern Höhe überragte er die Provence. Vom Gipfel aus konnte man bei klarem Wetter in hundert Kilometern Entfernung das Mittelmeer sehen, manchmal sogar die Pyrenäen. Auf der anderen Seite sah man die schneebedeckten Alpen, zu denen der Ventoux gewissermaßen noch zählte, denn in der Provence lief das Gebirge in einer hügeligen Landschaft aus, erreichte im Vaucluse jedoch einen letzten Gipfel. Topographisch gehörte der Berg zu den Provenzalischen Voralpen und stellte den höchsten Teil eines zerklüfteten Felsplateaus dar, das weithin sichtbar war.

Und genau das könnte wohl der Ursprung seines Namens sein: »Ventoux« mochte zwar auf das Lateinische *mons ventosus*, windiger Berg, zurückzuführen sein, mittlerweile gibt es aber eine etymologisch andere Erklärung, die das Offensichtliche bezeichnet: »Von weitem sichtbarer Berg.«

Das war er schon immer gewesen, weswegen er den Kelten als heilig galt. Heute sprang sofort das riesige, helle Schotterfeld im Gipfelbereich ins Auge, das den Betrachter glauben lassen konnte, es handle sich um Schnee. Die Karstzone war von Menschenhand verursacht worden. Im 18. Jahrhundert war der Berg abgeholzt worden – zur Brennholzgewinnung, Holzkohleherstellung und für den

Flottenbau. Weil nicht wieder aufgeforstet wurde, hatten Erosionen und der pfeifende Mistral dann ihr Übriges geleistet.

Der berühmte italienische Dichter Francesco Petrarca erklomm im Jahr 1336 den Gipfel und stellte fest: »Auf dem Gipfel ist das Ende aller Dinge und des Weges Ziel.« Es wollten zwar alle dorthin gelangen, aber – dann zitierte er Ovid: »Wollen, das reicht nicht aus, Verlangen erst führt dich zum Ziele.«

Und genau das spürte Benny Boux jetzt.

Das Verlangen.

Der Ventoux war nicht mehr weit und lag längst im Blickfeld. Sie hielten genau darauf zu.

Eben fuhren sie mitten durch Saint-Didier, und hier war es wie überall: Die Straßen waren gesäumt von Menschen, die den Fahrern zujubelten – insbesondere Benny, und es war großartig. Auf anderen Etappen hatte er das Publikum gar nicht wahrgenommen. Aber hier war das vollkommen anders. Er fühlte sich wie ein Rockstar auf der Bühne eines großen Stadions. Manchmal lächelte er den Fans sogar zu oder winkte, was zwar ganz und gar unprofessionell war – aber wer wollte es ihm verdenken, ein bisschen von dem Ruhm zu genießen.

Er hätte sich längst schon einmal aus der Hauptgruppe absetzen könne, aber dafür war es viel zu früh. Er würde abwarten, bis sie Bédoin hinter sich hatten und es dann den Berg hinaufging, bis sich die Spitzenfahrer gelöst hatten. Erst dann würde er durchstarten, und niemand würde ihm später Vorwürfe darüber machen können, dass er seine Eitelkeit über den Teamerfolg gestellt hätte, weil ja kein Schaden entstanden war.

Ja, das Verlangen, dachte Benny. Das Verlangen zu zeigen, dass er da war und was in ihm steckte. Aber noch mehr war es das Verlangen, sich selbst zu überwinden und den Berg zu bezwingen sowie seine eigenen Grenzen auszuloten und neu zu definieren.

Das war sein Ziel, nichts anderes. Nur darum ging es – und darum, seiner Heimat und seinen Leuten etwas zu geben, das viele von ihnen verdienten und bei manchen vielleicht in Vergessenheit geraten war: den Stolz darauf, ein Provenzale zu sein.

Verflucht, wenn nun er als Provenzale hier Geschichte schreiben und dem Ventoux seinen Stempel aufdrücken konnte, dann sollte er diese Chance auf keinen Fall verstreichen lassen.

Nicht mehr lange, dachte Benny, nicht mehr lange.

51

Albin trat auf die Bremse, als er die abgesperrte Straße und die vielen Menschen in Mazan sah. Natürlich, wie dumm von ihm. Hier kam er nicht weiter, denn das war ja der Weg, den die Tour de France nahm. Und wie es den Anschein hatte, würde sie hier bald vorbeirauschen. Also musste er einen anderen Weg wählen. Er führte sich die Route der Tour vor Augen, setzte dann zurück, wendete und nahm eine andere Straße in Richtung Bédoin.

Kurz hielt er an einer Kreuzung, glich seinen Standort auf dem Navigationssystem mit den Markierungen auf der Landkarte ab. Er griff nach seinem Handy und tat, was er bereits an der Kapelle hätte erledigen sollen: Er schickte die Fotos aus der Garage an Castel und Theroux, was einen Augenblick beanspruchte, denn seine Fingerkuppen waren sehr groß, die Tasten auf dem Display allerdings sehr klein. Er musste sich das Gerät ganz dicht vors Gesicht halten, um sie überhaupt erkennen zu können, zudem im Gegenlicht der gleißenden Sonne.

Als er sich sicher war, dass die Fotos auf dem Weg waren, gab er wieder Gas und beschleunigte.

Mit einem Blick in den Rückspiegel versicherte er sich, dass bei Tyson alles in Ordnung war – eher ein Reflex, denn hinter der Rückenlehne der Sitzbank konnte er Tyson im Kofferraum sowieso nicht sehen.

»Was machst du«, murmelte Albin, »wenn du beim Billard eine Kugel nicht mit geradem Schuss in die Tasche spielen kannst?«

Du spielst sie über Bande, erwiderte Tyson.

»Exakt. Du spielst sie über Bande. Und ich glaube, genau das ist der Plan.«

Inwiefern?

»Boux ist in Cassis sehr gut geschützt. Man kommt schlecht oder gar nicht an ihn heran. Dennoch ist er ein sensibles Ziel, und zwar wegen seiner Krankheit. Also setzt du darauf, dass ihn ein Querschläger erwischt. Du spielst über Bande. Du tötest den Sohn, um den Vater zu treffen. An Benny Boux ist allerdings auch nicht heranzukommen, weil er ein Topfahrer bei der Tour de France und ständig umgeben von Menschen ist. Eine Chance hast du nur, wenn er in der freien Wildbahn auf dem Rad unterwegs ist. Also legst du vorher ein paar Radler um, trainierst das Schießen auf mobile Ziele und bewahrst dir das schwierigste bis zum Schluss auf. Dabei schlägst du zwei Fliegen mit einer Klappe, denn du trainierst deine Fähigkeiten für das Finale und übst gleichzeitig Rache.«

Aber Benny Boux fährt doch sicherlich inmitten einer großen Gruppe?

»Richtig. Aber vielleicht nicht immer. Ich habe kürzlich das Interview im Radio mit ihm gehört. Der Reporter hat damit kokettiert, dass der Ventoux für Benny etwas Besonderes bedeutet, ob er da etwas Besonderes leisten wolle, und Benny hat gelacht und gesagt: ›Mal sehen.‹ Der Reporter wollte darauf hinaus, dass Benny als Provenzale am Ventoux zeigen wird, was er auf dem Kasten hat.

Das würde bedeuten, dass er ordentlich in die Pedale tritt und sich vom Hauptfeld absetzt und isoliert.«

Und dann …

»Peng«, machte Albin. »Unser Schütze ist mit allen Wassern gewaschen, sage ich dir. Genau deswegen hat er die Positionen bei Bédoin auf der Karte rot markiert. Eine von beiden will er zum Schießen nutzen – und zwar dort, wo er noch freies Schussfeld hat. Denn das hätte er auf der Straße den Berg hinauf nicht. Dort ist alles bewaldet. Er müsste bis zum Geröllfeld am Gipfel, aber dort kommt er aktuell natürlich nicht hinauf. Er hätte den Standort schon vor Tagen beziehen und dort oben campen müssen. Das war ihm nicht möglich. Daher hat er lieber einen anderen Ort gewählt – und setzt darauf, dass er Benny von dort aus erschießen kann, woraufhin Antoine Boux früher oder später entweder einen Herzinfarkt bekommt oder auf jeden Fall sein Leben zerstört ist, weil er sich natürlich für Bennys Tod verantwortlich fühlen wird.«

Das ist perfide.

»Sehr perfide. Und unser Problem ist, dass uns das zum gegenwärtigen Zeitpunkt niemand schnell genug abkaufen und die Tour stoppen wird. Also müssen wir schneller sein – sowie auf Theroux und Castel setzen. Ich hoffe, sie werden eine Fahndung nach dem Motorrad herausgeben. Lussac wird es sich gebraucht gekauft und wieder in Schuss gesetzt haben. Er nutzt es, weil er damit wendiger ist als mit seinem Renault. Er kann sogar querfeldein fahren. Genau das wird er tun, denn überall sonst ist Polizei, die er meiden will. Die Kreuze auf der Landkarte markieren Areale mitten im Grünen – ein Standort ist links, einer rechts von der Route der Tour.«

Und die Frage ist: Welchen von beiden wird Lussac wählen? Eine Fünfzig-zu-fünfzig-Chance.

»Die Chancen werden besser, sobald es Zahir gelingt, Lussacs Handy zu peilen – falls es überhaupt eingeschaltet ist. Aber auch dann könnte man es orten, lediglich das Verfahren wäre ein anderes.«

Und jetzt?

»Fahren wir nach Bédoin und halten in der Nähe der Markierungen auf der Landkarte – dann sehen wir weiter. Bis dahin sollten sich hoffentlich Theroux und Castel die Fotos angesehen haben und aus ihrem ignoranten Koma erwacht sein – und vielleicht hat bis dahin auch Zahir geliefert.«

52

Boux fasste zur Seite und griff nach dem Sauerstoffgerät. Er blickte abwechselnd auf den Laptop, auf sein Tablet und den Fernseher. Dann schnappte er sich das Handy und sah sich die Aufnahmen der Kamera an, die im Begleitfahrzeug montiert war. Kolonnen von Daten und Statistiken waren auf den Displays des Computers und des iPads zu sehen. Er hatte angenommen, dass er sie alle aufsaugen würde wie ein Schwamm. Aber im Moment waren ihm die Details eher gleichgültig. Im Augenblick wollte er ausschließlich Bilder sehen, die ihn mitten ins Geschehen transportierten. Gott, er wünschte sich, er könnte dabei sein. Aber eben dieser Gott hatte ein anderes Schicksal für Antoine Boux vorgesehen.

Er pumpte sich noch etwas Sauerstoff in die Lungen und bekam beiläufig mit, wie Nicole aufstand, weil wohl irgendjemand an der Tür war. Jeanne war ebenfalls aufgestanden, befasste sich mit ihrem Handy, schien eine Nachricht zu lesen und eine Antwort zu senden. Dann kam sie zu Boux, nahm ihm das Glas aus der Hand und stellte es auf den Tisch. Die Sauerstoffmaske legte er selbst ab.

»Monsieur Boux«, sagte Jeanne und fasste erneut nach seinem Handgelenk, um den Puls zu fühlen. »Sind Sie sicher, dass es Ihnen gutgeht?«

»Ging mir nie besser«, knurrte er. Was gelogen war. Es

war ihm sogar noch vor fünf Minuten besser gegangen als jetzt. Dabei hatte er doch eben noch ein zusätzliches Medikament genommen. Okay, das wirkte natürlich nicht innerhalb von so kurzer Zeit. Jedenfalls ließ er Jeanne machen, wofür sie bezahlt wurde, und hielt ihr auch den Arm noch hin, als sie den Blutdruck messen wollte.

»Sie sollten sich lieber hinlegen und ausruhen«, sagte sie. »Ihr Puls ist viel zu hoch.«

»Den Teufel werde ich tun. Die nächsten dreißig Minuten werde ich mir auf keinen Fall entgehen lassen. Ich rühre mich keinen Zentimeter vom Fleck! Ich will wissen, wie diese Etappe endet und wie sich Benny schlagen wird.«

»Das möchte ich natürlich ebenfalls sehen«, sagte Jeanne. Sie rang sich ein Lächeln ab, blickte Boux kurz an und drehte sich dann um, als Nicole mit einem Polizisten in Uniform ankam. Was sollte das denn nun werden?, fragte sich Boux, blickte aber nur kurz hin und dann wieder zum Fernseher und zum Handy. So ein Mist, er hatte Benny zwar schon ein paarmal gesehen, aber es war eine Schande, dass sie keine Extrakamera für ihn hatten und die Kamera aus dem Begleitfahrzeug eigentlich zu nichts nütze war. Boux hätte jemanden bezahlen sollen, der auf einem Motorrad sitzt und die ganze Zeit über …

»Bonjour«, sagte der Polizist.

»Das ist Gendarme Perault, Monsieur Boux.«

Boux machte lediglich eine Geste zur Begrüßung.

»Ich wollte nur kurz nach dem Rechten sehen und mich erkundigen, ob alles in Ordnung ist.«

»Alles wunderbar«, erwiderte Boux.

»Mhm«, machte der Polizist. »Geht es Ihnen gut? Sie sehen …«

»… blass aus. Aber das ist er immer«, ergänzte Jeanne.

»Und Sie sind?«

»Das«, knurrte Boux, »ist meine Krankenschwester. Und jetzt will ich meine verfluchte Ruhe haben. Was soll der Mist – nach dem Rechten sehen … Ich habe hier einen verdammten Sicherheitsdienst!«

»Ist eine Anweisung, Monsieur«, sagte der Gendarme, nickte und ergänzte: »Aber wenn alles in Ordnung ist …«

»Alles ist bestens, wie wir gehört haben«, erwiderte Jeanne und nahm das Blutdruckmessgerät ab.

»Ja, alles bestens«, ergänzte Nicole.

Na endlich, dachte Boux, denn langsam wurde es wirklich spannend: Die Fahrer waren kurz vor Bédoin.

53

Bédoin war ein Dorf am Fuße des Mont Ventoux und lebte, wie Malaucène oder Sault, im Wesentlichen vom Bergtourismus und Weinanbau. Ansonsten geschah hier nicht viel – was heute anders war.

Von Bédoin aus führt die D974 hinauf zum Mont Ventoux zunächst durch eine winzige Ortschaft namens Saint-Estève, in der es eine scharfe, ansteigende Haarnadelkurve gibt. Ab hier wird es mit dem Aufstieg zum Gipfel ernst und die Vegetation verändert sich sichtlich. Kurz vor Saint-Estève ist das noch anders. Dort verläuft die Straße weitgehend gerade, die Landschaft ist einigermaßen flach, und die Straße ist links und rechts von Agrarflächen gesäumt.

Freies Schussfeld, dachte Albin.

Er war kreuz und quer über jede Menge schlecht asphaltierte, schmale Nebenstraßen und geschotterte Wirtschaftswege gefahren, und einmal mehr hatte sich ausgezahlt, dass er sich damals einen SUV gekauft hatte, den er nun stoppte, um auszusteigen und sich umzusehen. Er befand sich an einer Weggabelung unterhalb der Straße, wo sich einige Weinfelder erstreckten und von wo aus man sehen konnte, dass einige hundert Meter weiter an der D974 eine Menge Betrieb herrschte. Dort standen zahllose Zuschauer und warteten darauf, dass die Fahrer der Tour de

France vorbeikamen. Aber nach Albins Meinung war es ganz und gar unmöglich, von hier aus auf jemanden zu schießen, denn zur Straße hin stieg das Gelände auf, und die Sicht auf das Radlerfeld würde durch die Zuschauer und am Fahrbahnrand parkende Fahrzeuge versperrt.

Der Schusswinkel war ziemlich schlecht. Eine bessere Sicht hätte man von der anderen Straßenseite aus. Es sei denn, man würde hier unten eine erhöhte Schussposition einnehmen.

Albins Handy klingelte. Er zuckte zusammen, zog es aus der Tasche seiner Jeans und hoffte, dass es Zahir sein würde. Aber es war Theroux.

»Albin! Was, zum Teufel, ist da los? Was machst du, wo bist du, was sind das für Bilder und …«

Während Theroux noch mehr Kaskaden abfeuerte, ging ein weiteres Gespräch ein. Albin blickte aufs Display. Das war Castel.

Er war sich nicht sicher, was er jetzt tun sollte – abwechselnd mit den beiden telefonieren? Oder zusammen? Ging das denn? Und wie? Er drückte auf Castels Namen, um das Telefonat anzunehmen. Es erschien ein Symbol mit der Bezeichnung »Konferenz«. Klingt doch wie das, was ich will, dachte Albin, und tippte auf das Zeichen. Dann nahm er das Telefon wieder ans Ohr, wobei er Theroux immer noch schimpfen hörte und Castels Stimme, die verwirrt fragte, warum sie denn nun mit Theroux spreche statt mit Leclerc.

»Konferenzschaltung«, sagte Albin. »Hören mich alle? Ich höre euch gut.«

»Albin«, begann nun Castel, »was hat es mit den Fotos auf sich?«

»Das würde ich auch gerne wissen«, meinte Theroux.

Albin schilderte es ihnen in kurzen Worten. Und erklärte außerdem, was sein Verdacht war.

»Wo sind Sie?«, fragte Castel.

Albin sagte es ihnen.

»Verdammt«, zischte Castel, »machen Sie, dass Sie da wegkommen. Ich … Wir werden umgehend die Sicherheitskräfte alarmieren, und …«

»Die Tour rollt heran«, sagte Albin. »Ich schätze, in den nächsten fünf bis zehn Minuten dürften die hier auftauchen. Es bleibt nicht mehr viel Zeit.«

»Machen Sie keine Dummheiten.«

»Wenn ihr beide eher reagiert hättet, stünden wir nun anders da.«

»Wir waren beschäftigt«, sagten Castel und Theroux fast gleichzeitig.

»Villefranche ist verhaftet«, sagte Theroux.

»Chopard ebenfalls«, ergänzte Castel.

»Und damit«, sagte Albin, »fallen aktuell beide aus – und übrig bleibt Lussac.«

»In fünf bis zehn Minuten«, sagte Castel, »schaffen wir es niemals nach Bédoin. Und Zahir wird so schnell keine Handypeilung hinbekommen.«

»Dann«, sagte Albin, »besorgt euch einen Helikopter. Von oben habt ihr den besseren Überblick. Und schickt mir einen Streifenwagen.« Albin überlegte. »Nein, besser nicht. Das wäre zu auffällig. Schickt mir Verstärkung in einem zivilen Fahrzeug. Außerdem solltet ihr einen Wagen zu Lussacs Wohnhaus schicken und es sichern. Einen weiteren zu der Garage an der Kapelle in Mazan, wo sein Renault parkt, den ihr dann …«

»Wo genau sind Sie?«, unterbrach Castel.

»Schwer zu beschreiben.«

»Schicken Sie mir Ihren Standort per Google-Maps.«

»Wie, zum Teufel, soll das gehen?«

Castel erklärte es ihm. Dann beendete Albin die Konferenz, bevor Castel oder Theroux noch irgendetwas sagen konnten. Er folgte Castels Anleitung und schickte ihr seinen Standort – ob das funktionieren würde, wusste er nicht. Aber falls es funktionierte: Was für ein hervorragendes Werkzeug!

Albin holte Tyson aus dem Kofferraum, den er wegen der Hitze und der grellen Sonne nicht im Wagen lassen wollte. Anschließend betrachtete er ein weiteres Mal die Gegend und versuchte, die beiden auf der Landkarte eingezeichneten Standorte zu verorten. Der eine wäre auf der anderen Seite der Straße, hangaufwärts. Dort lag ein Feld mit kleinen Bäumen, vielleicht Kirschen, das sich bis zur Nadelbaumgrenze erstreckte, an der Albin einige graue Felsen ausmachte. Auf seiner Seite hingegen sah er nichts weiter – bis auf ein Gebäude in einigen hundert Metern Entfernung. Das mochte eine alte Scheune sein oder ein verlassenes Wohnhaus. Es war hoch genug, um vom Dach aus eine gute Schussposition zu haben. Und es stimmte in etwa mit dem anderen Kreuz auf der Landkarte überein.

Welchen Standort würde Lussac wählen? Verdammt, wenn sich doch endlich Zahir mit den Ergebnissen der Peilung melden würde!

Weißt du was, Chef?, hörte Albin hinter sich.

»Was denn?«, murmelte der, ohne sich zu Tyson herumzudrehen.

Wenn du von den Felsen auf der anderen Seite aus schie-

ßen würdest, sagte Tyson, *wie wäre dann wohl dein Fluchtweg? Du müsstest nördlich der Hauptstraße entkommen. Dort geht es entweder nur auf Wirtschaftswegen den Ventoux hinauf – oder du müsstest dich westlich orientieren und würdest in jedem Fall an Bédoin vorbeifahren müssen. Wählst du hingegen den Standort südlich der Hauptstraße, musst du das nicht und auch nicht an Bédoin vorbei. Du entkommst auf deinem Motorrad. Also …*

»… würdest du den einfacheren Weg wählen«, sagte Albin und richtete den Blick wieder auf das Gebäude. »Den sicheren Weg.«

In dieser Hinsicht ist das Gebäude der bessere Standort.

»Ja, sagte Albin.

Nur dass der Weg dorthin auf keinen Fall sicher war, falls jemand mit einem Scharfschützengewehr auf dem Dach hockte und rundherum freies Sichtfeld hatte, dachte Albin. Und daran würde sich nichts ändern, wenn er darauf wartete, dass Verstärkung eintraf. Im Gegenteil – weitere Personen würden noch mehr auffallen. Also ging Albin besser allein in Richtung des Hauses und könnte von dort aus dann noch mal den Trick mit diesem Standortversenden anwenden. Dann wüssten alle Bescheid. Und abgesehen davon lief ihnen die Zeit davon.

Er zog seine Pistole aus dem Hosenbund und lud sie durch. »Du bleibst hinter mir, Tyson«, sagte er.

Und ging los.

54

Das Gebäude, das Albin aus der Ferne gesehen hatte, gehörte zu einem verfallenen Hof, vielleicht ein früheres Weingut, das schon vor Jahrzehnten aufgegeben worden war.

Albin näherte sich mit der Sonne im Rücken aus Richtung der von der Straße abgewandten Seite, wozu er eben im Weinfeld einen großen Bogen gegangen war.

Nun betrat er einen schmalen Weg, der mit Unkraut überwuchert war und früher einmal die Zufahrt zum Hof gewesen sein musste. Die Bruchsteinmauern, die das Areal einfassten, waren mit Efeu, Sträuchern, kleinen Bäumen und wilden Kräutern bewachsen. Ähnlich war es bei den beiden Gebäuden. Links befand sich ein kleineres, dessen Dach eingestürzt war. Es war mit wildem Wein überwuchert. Rechts von Albin lag das frühere Haupthaus. An der Außenwand führte eine Treppe hinauf ins Obergeschoss. Das Dach schien noch weitgehend intakt zu sein. Außerdem erkannte Albin eine Art Schuppen, von dem nur noch die Eckpfeiler übrig waren.

Dort war hinter Büschen ein Motorrad abgestellt.

Bingo.

Albin stoppte kurz, wiederholte die Prozedur mit dem Google-Standort und steckte das Handy wieder ein. Er ging einige Meter weiter und merkte auf, als er aus der

Ferne Geräusche hörte. Sie kamen von der Straße, die von hier aus gut zu sehen war. Die Menschen am Straßenrand schienen zu jubeln. Autos waren zu sehen. Motorräder näherten sich – und außerdem die Spitzenfahrer der Tour. Albin kniff die Augen zusammen, um alles richtig sehen zu können, aber: Er konnte noch nicht einmal Fußballspieler bei einer Übertragung im Fernsehen auseinanderhalten. Wie wollte man dann erkennen, welcher der Fahrer der richtige wäre? Sicher, sie trugen Teamtrikots und hatten Startnummern, aber es gehörten mehrere Fahrer zu einem Team, und die Nummern trugen sie auf dem Rücken und nicht seitlich. Selbst wenn sich Benny Boux absetzen und damit isolieren würde, dürfte es auch durch ein Zielfernrohr schwer sein, ihn eindeutig zu identifizieren. Zudem hätte Lussac nur wenig Zeit, sein Ziel auszumachen – von diesem Standort aus und bei dem Tempo, das die Radler fuhren, dürfte sein Schussfenster maximal eine Minute betragen. Und es mochte sein, dass Benny weiterhin in der Gruppe blieb. Dann würde ein Treffer noch unwahrscheinlicher.

So oder so: Albin blieb nicht mehr viel Zeit. In jedem Fall nicht mehr genug, um darauf zu warten, dass die Kavallerie eintraf. Er musste sofort handeln, um das Schlimmste zu verhindern. Er stockte, als er Kirchenglocken läuten hörte. Was auch immer das zu bedeuten hatte, dachte er. Und ging voran.

55

Bédoin war in Festtagslaune. Weil Benny Boux als Sohn des kleinen Ortes heute die Tour de France und die Ventoux-Etappe fuhr, waren bunte Wimpel über den Straßen gespannt, und die Straßenreinigung hatte alle Reste von dem Fest gestern Nacht längst weggekehrt.

Die Vorbereitungen hatten Tage in Anspruch genommen. Der Bürgermeister hatte veranlasst, dass alle Einwohner ihre Gärten und Häuser auf Vordermann bringen sollten. Denn wenn für einen Moment die Augen Frankreichs und der Welt auf Bédoin gerichtet wären, dann sollte sich alles von der besten Seite zeigen. Und das tat es.

Auf dem Parkplatz am Ortseingang standen noch die Zelte von gestern Nacht. Es wimmelte nur so von Menschen, die sich vor der Großbildleinwand zum Public Viewing versammelt hatten. Auf der kleinen Bühne, wo gestern die Band gespielt hatte, stand heute das Musikcorps der Freiwilligen Feuerwehr samt dem Kirchenchor. Als die ersten Fahrzeuge der Tour de France heranrollten, zählte der Dirigent rasch an und schwang den Taktstock.

»Coupo Santo«, der »Heilige Kelch«, erklang mit voller Wucht – die regionale Hymne der Region, die auf Provenzalisch nach einem Text von Frédéric Mistral gesungen und von den Blechbläsern begleitet wurde.

Die Bürgersteige waren voller Menschen mit Transparenten, Fahnen und Tafeln mit großformatigen Bildern, die Benny Boux zeigten, wie er auf dem Fahrrad saß und die Zähne zusammenbiss. Die Cafés und Restaurants waren zum Bersten gefüllt. Auf dem kleinen Platz vor dem Office de Tourisme, kurz bevor es nach rechts in Richtung Ventoux wieder aus dem Ort hinausging, ballte sich eine Menschenmenge aus Offiziellen, den Vorsitzenden der wichtigsten Vereine und Verbände. Hier war ein Podest aufgebaut, auf dem auch der Bürgermeister in vollem Ornat und mit Schärpe stand. Über ihm war ein Banner gespannt, auf das in goldenen Lettern »Allez, Benny!« gedruckt war.

Der Pfarrer war ebenfalls da und hantierte mit seinem Handy. Denn als die ersten Klänge der Musik vom Unterdorf her zu vernehmen waren, rief er den Küster an, damit er die Glocken von Saint Pierre läuten ließ – der Kirche, in der Benny seine Kommunion empfangen hatte.

Und, verdammt, Benny standen die Tränen in den Augen, als er am Haus seiner Eltern vorbeifuhr, die Musik hörte und die Glocken. Er legte einen Zahn zu und setzte sich an die Spitze des Hauptfeldes, fuhr einige Meter vorweg, während die Spitzengruppe den Ort bereits durchquert hatte. Überall wurden Handys und Fotoapparate in die Luft gehalten. Menschen riefen seinen Namen, hielten Bilder mit seinem Konterfei hoch. Was war er früher gewesen? Nichts als der fahrradverrückte Sohn einer tablettensüchtigen und trinkenden Wäscherin.

Nun kehrte er als Held zurück. Er hätte die Menschen verachten können, die ihn früher für einen Taugenichts gehalten hatten. Aber das tat er nicht. Jeder machte einmal Fehler, und schließlich bekam er die Entschuldigung nun doppelt und dreifach zurück. Er löste eine Hand vom Lenker, winkte, konzentrierte sich dann aber wieder voll auf das Fahren, stemmte sich mit aller Kraft in die Pedale und setzte noch einige Meter weiter voran, bis er den kleinen Platz in der Ortsmitte erreichte, wo der Bürgermeister stand, der Pfarrer und viele andere. Benny sah das Banner, das ihn anfeuern sollte – und, bei Gott, das tat es.

Benny winkte ihnen zu, bog dann scharf nach rechts ab in Richtung Mont Ventoux.

Er gab noch etwas mehr Gas, radelte dem Feld voran und sah bereits die Spitzengruppe vor sich. Die würde er auf keinen Fall erreichen, und das war auch nicht der Plan. Bis es zum Anstieg ging, wollte er jedoch versuchen, so weit wie möglich aufzuschließen. Dann würde er sich wieder zurückfallen lassen, den Berg hinauf seiner Rolle wieder gerecht werden – und dann, vor dem Gipfel, noch einmal alles geben.

56

Albin hatte zwei Möglichkeiten: durch eine der unteren Türen das Haus zu betreten oder die gemauerte Außentreppe zu nehmen. Sie würde in einen Raum führen, dessen Fenster den Blick auf die Straße freigaben, weswegen er dort den Schützen vermutete. Also besser den direkten Weg nehmen, statt sich darauf zu verlassen, dass vom Erdgeschoss aus intakte und nicht morsche Stufen nach oben führten.

Albin bewegte sich vorwärts, dicht an der Hauswand entlang. An der ersten Stufe stoppte er, wendete sich Tyson zu.

»Du musst hierbleiben. Sitz. Und keinen Zentimeter bewegen.«

Tyson setzte sich und sah Albin aufmerksam an.

»Schaffst du das? Dich nicht zu bewegen? Dafür wird eine Belohnung fällig werden.«

Tyson blieb sitzen und schien zu nicken.

»Guter Hund«, murmelte Albin.

Er ging die Stufen hinauf, nahm wahr, dass er mit jedem Zentimeter eine bessere Sicht über das Weinfeld und auf die Straße bekam. Sie war inzwischen von jeder Menge Fahrzeugen bevölkert. Er konnte die ersten Radler sehen, die aus Richtung Bédoin kamen – die Spitze des Feldes.

Schließlich war Albin oben angelangt und stand vor einer verwitterten Holztür, an der sich hellblaue Farbreste befanden. Den Scharnieren nach zu urteilen öffnete sie sich nach innen. Der Griff war verrostet, das Schloss ebenfalls. Sie stand einen Spalt weit offen, nicht mehr als einen Daumen breit. Wenn er noch einen Schritt vorwärts machte, würde sein Schatten auf den Spalt fallen. Das würde auf der anderen Seite nicht unbemerkt bleiben.

Albin zog sein Handy, stellte es auf lautlos, schaltete die Kamera ein und benutzte das Gerät dann wie einen Spiegel, hielt es vor den Spalt, so dass er auf dem Display sehen konnte, was sich hinter der Tür befand. Viel erkannte er nicht. Die Sonne blendete zu stark. Er nahm das Telefon wieder runter und spürte, wie es vibrierte. Eine WhatsApp war eingegangen, von Manon. Sie hatte ein Foto von sich, Giselle und den Kindern geschickt – versehen mit der Textzeile: »Jetzt zufrieden???« Offensichtlich hatten sie sich spontan getroffen.

Albin steckte das Handy wieder ein. Er spürte, dass seine Hände schweißnass waren und ihm das Hemd am Leib klebte. Er blickte zu Tyson. Der bewegte sich keinen Zentimeter. Albin sah zur Tür.

Der Schütze würde am Fenster hocken, auf dem Dachboden oder dem Dach. Nein. Eher nicht auf dem Dach. Zu grelle Sonne, zu viel Hitze. Halbdunkel wäre besser, und das Gebäude sah nicht so aus, als würde es über einen Dachboden verfügen. Der Schütze würde außerdem durch sein Zielfernrohr die Straße betrachten und einige Sekunden Reaktionszeit benötigen, wenn jemand plötzlich in das Zimmer kam. Zudem hatte er eine Langwaffe, die umständlicher zu handhaben war als eine Pistole.

Eine Reihe von Vorteilen, die Albin nutzen sollte. Aber er musste schnell handeln. Schnell und entschlossen.

Er holte Luft, umfasste den Griff der Pistole fester, richtete den Lauf auf den Boden. Er machte einen Schritt rückwärts, holte aus wie zum Elfmeterschuss und trat mit der rechten Schuhsohle gegen die Tür.

Mit einem Krachen sprang sie nach innen auf. Albin setzte sofort nach, nahm die Waffe in Anschlag, betrat den Raum, in dem dämmriges Halbdunkel herrschte.

»Da sind Sie ja, Leclerc«, sagte Luc Lussac.

Er saß auf einem Klapphocker am Fenster und blickte scheinbar ungerührt durch das Zielfernrohr. Das Gewehr ruhte auf einem Zweibein auf der Fensterbank. Auf dem Boden standen ein Rucksack, eine Flasche Wasser und ein Laptop, auf dem eine Übertragung der Tour de France lief. Der Ton war stumm geschaltet. Ein Kabel kam aus dem Gerät und führte zu einem Stöpsel in Lussacs rechtem Ohr. Der für das linke baumelte lose an der Strippe.

»Runter mit dem Gewehr«, sagte Albin, »und die Hände über den Kopf.«

»Ich habe Sie kommen sehen. Dachten Sie im Ernst, dass ich das nicht bemerken würde? Sie hätten Ihren Hund ruhig mit nach oben nehmen können.«

»Das Spiel ist aus.«

»Nein«, erwiderte Lussac ruhig.

»Dann muss ich schießen.«

»Das werden Sie nicht tun. Und falls doch, dann allenfalls auf mein Bein oder den Arm. Aber ich werde noch imstande sein, wahllos das Feuer auf die Radfahrer oder die Zuschauer zu eröffnen. Oder ich schieße reflexartig, wenn mich eine Kugel trifft, und ich habe in diesem Augenblick Personen im Fadenkreuz. Das Risiko ist zu hoch für Sie. Sie müssten mich schon töten. Das werden Sie aber nicht tun. Weil Sie das gar nicht wollen und weil ich trotzdem noch einen Schuss abgeben könnte und jemand von den Zuschauern stirbt.«

»Bevor ein Unschuldiger getötet wird, sind Sie an der Reihe.«

»Niemand ist unschuldig, Leclerc.«

»Das sehe ich anders.«

»Ich muss nur einen einzigen Schuss abgeben. In etwa …« Lussac blickte kurz auf das Laptop. »… zwei Minuten.«

»Sie wollen Benny Boux töten, um damit Antoine Boux zu treffen. Benny ist unschuldig.«

»Wer sagt Ihnen, dass ich ihn töten will? Es reicht mir völlig aus, wenn Antoine das annimmt und an einem Herzinfarkt verreckt. Machen wir einen Deal: Ich gebe meinen Schuss ab und verspreche Ihnen, dass er nicht tödlich sein wird. Danach ergebe ich mich widerstandslos.«

»Wenn Sie schießen, sind Sie tot.«

»Sie haben mein Wort – ich werde mich danach ergeben. Ihnen selbst droht sowieso keine Gefahr. Ich hätte Sie längst erschießen können, wenn ich gewollt hätte. Eben oder kürzlich, als Sie zu meiner Überraschung Ihre kleine Tour mit Gerard Niemanns unternommen hatten.«

»Sie glauben im Ernst, ich würde Ihnen vertrauen? Ich vertraue Ihnen keinen Zentimeter weit.«

»Wie Sie meinen«, sagte Lussac und blickte weiter durch das Zielfernrohr. »Dennoch können Sie mir vertrauen. Unsere Töchter sind befreundet. Unsere Enkelkinder spielen zusammen.«

»Genau daran sollten Sie denken: an Ihre Tochter. An Ihre Enkelin. Geben Sie jetzt auf und machen Sie es nicht noch schlimmer.«

»Aber um meine Tochter und meine Enkelin geht es hier doch«, sagte Lussac. »Sie sind ziemlich weit gekommen, Leclerc, dafür haben Sie meinen Respekt. Sie haben Ihre Schlüsse gezogen, ermittelt und haben mich sogar hier gefunden. Aber die Zusammenhänge haben Sie noch nicht begriffen.«

»Was auch immer der Radlerclub vom Institut Sébastian Villain Ihrer Frau und ihrem Bruder damals angetan hat – das alles ist es nicht wert, Lussac. Denken Sie nach, Mann.«

»Das habe ich getan. Sehr ausgiebig sogar. Wissen Sie denn, was damals geschehen ist?«

»Denise wurde von der Gruppe vergewaltigt. Daraufhin hat sich ihr Bruder Jerome das Leben genommen. Das alles ist Jahre her.«

»Manchmal reicht die Vergangenheit in die Gegenwart hinein, Leclerc. Meine Frau hat mir nie von den Vorfällen erzählt. Am Tag, an dem sie gestorben ist, allerdings schon. Als sie von den Scheißkerlen vergewaltigt wurde, waren wir bereits verlobt. Sie hat sich geschämt, davon zu erzählen, hat alles verschwiegen. Nach der Vergewaltigung wurde sie schwanger und ich …« Lussacs Stimme brach. »… ich hatte natürlich angenommen, dass Giselle mein Kind war. Aber auf dem Sterbebett hat meine Frau mir die Wahrheit gebeichtet. Sie war die Einzige, die sie kannte. Einer der Männer, die Denise vergewaltigt hatten, ist der biologische Vater. Nicht ich. Giselle ist nicht das Ergebnis einer Liebe, sondern eines Verbrechens. Mein Leben, meine Familie – alles basiert auf einer Lüge. Wenn Sie also von *meiner* Tochter und *meiner* Enkelin sprechen, dann stimmt das … leider nicht. Ich bin weder Vater noch Opa. Einer dieser Bastarde ist es. Und jetzt wird der Letzte von ihnen dafür bezahlen, indem ich ihm seinen Sohn nehme, so wie mir meine Tochter genommen wurde und meine Enkelin und wie ich den beiden genommen worden bin.«

»Giselle und Josefine wurden Ihnen nicht genommen. Sie leben beide. Und Benny Boux …«

»… ist ein seelenloser Narzisst wie sein Vater. Wie alle diese Sportprofis.«

»Er ist kein seelenloser Narzisst. Er tut viel für den Nachwuchs, engagiert sich sozial. Er ist das Gegenteil eines Narzissten. Und er ist nicht Antoine Boux' leiblicher Sohn. Er ist sein Ziehsohn.«

Lussac schwieg einen Moment. »Das wusste ich nicht«, erwiderte er. »Aber es ändert nichts. Er hat sich soeben vom Hauptfeld gelöst, um seinen Fans eine kleine Show zu geben. Wie ich erwartet habe. Vielleicht noch eine Minute, Leclerc, dann ist alles vorbei. Trinken Sie doch etwas. Es ist sehr heiß und stickig hier oben. Wasser steht auf dem Boden neben dem Laptop.«

»Wissen Sie, was?«, sagte Albin und hielt die Pistole nur noch mit einer Hand, um mit der anderen sein Handy aus der Hosentasche zu ziehen. »Ich verstehe Ihren Schmerz und Ihre Gedanken. Aber das ist alles Blödsinn. Giselle ist weiterhin Ihre Tochter, Josefine Ihre Enkelin.«

Zeit gewinnen, dachte Albin. Du musst Zeit gewinnen und den Mann ablenken.

Albin entsperrte das Telefon mit einer Hand und nahm wahr, wie Lussac kurz zu ihm blickte. »Wenn es Ihnen um

Giselle und Josefine geht«, sagte er, suchte das Feld für einen Videoanruf und wählte mit einem Daumendruck Manons Nummer, »dann sollten die beiden zusehen, was Sie in ihrem Namen tun wollen.«

Nur einen Augenblick später ging Manon ans Telefon. Albin sah ihr Gesicht, auch das von Clara. Sie saßen offenbar draußen in einem Café. Albin schaltete den Modus um, so wie Clara es ihm kürzlich gezeigt hatte, so dass die Kamera nun auf Lussac und nicht auf Albin geschaltet war.

»Papa?«, fragte Manon. »Was …«

»Manon, schalte auf Lautsprecher und gib das Gerät Giselle.«

»Aber was soll das, ich …«

»Gib es Giselle!«

Lussac redete dazwischen. »Was soll der Mist, lassen Sie das, Sie …«

»Meine Güte«, zischte Manon. Dann gab sie das Gerät weiter. Giselles Gesicht erschien.

»Ja?«, fragte sie.

»Leclerc!«, rief Lussac. »Lassen Sie das, oder …«

»Giselle und Manon«, sagte Albin. »Es tut mir leid, aber es ist dringend. Giselle, das hier ist Ihr Vater. Er ist gerade im Begriff, einen weiteren Menschen mit seinem Gewehr zu erschießen.«

»Was?!«

Albin zweifelte nicht daran, dass Lussac und sein Gewehr deutlich zu erkennen wären. Manon hatte außerdem eines dieser übergroßen Handys.

»Lussac«, sagte Albin und streckte seinen Arm aus, um die Kamera noch näher an den Schützen heranzubringen, »möchten Sie Ihrer Tochter erklären, was hier los ist?«

»Papa? Was … was tust du da? Was soll das alles?«

»Verflucht, Leclerc, Sie Dreckskerl«, zischte Lussac.

»Giselle, ich versuche gerade, Ihren Vater davon abzuhalten, auf Benny Boux zu schießen.«

»Was?!«

»Bitte sagen Sie ihm, er soll es nicht tun.«

»Das ist alles ein Missverständnis«, sagte Lussac, der in Richtung des Telefons blickte und auf dem Display das entsetzte Gesicht seiner Tochter sehen musste. Fraglos war sie vollkommen überfordert und geschockt. Manon ebenfalls. Aber es ging nicht anders.

»Papa?! Was tust du da?! Ist das ein Gewehr, um Himmels willen?! Papa?! Was soll das alles, ich verstehe nicht …«

Albin warf einen Blick zum Fenster. Die Tour rollte vorbei. Nun kam das Hauptfeld, dem ein Radler vorausfuhr. Er befand sich auf halber Strecke zwischen der Spitzengruppe und dem Pulk. War das Benny? Lussac hatte das Gewehr nach wie vor im Anschlag. Und nun blickte er wieder durch das Zielfernrohr.

»Du wirst es verstehen, Giselle, irgendwann …«

»Lussac«, sagte Albin, »bevor Sie auf Benny schießen, muss ich auf Sie schießen. Geben Sie auf.«

»Sie haben sich selbst eine Falle gestellt«, zischte Lussac. »Vor den Augen Ihrer Tochter und Ihrer Enkelin werden Sie niemals auf mich schießen.«

»Und was ist mit Ihnen? Es ist eine Sache, wenn Ihre Tochter und Ihre Enkelin nun wissen, dass Sie ein Mörder sind. Aber es ist etwas anderes, vor ihren Augen einen Mord zu begehen.«

»Es geht nicht anders.«

»Boux ist schwer krank. Ihre Rache erledigt sich von selbst.«

»Papa?! Du willst … Was?! Papa, leg das Gewehr weg!« Giselles Stimme überschlug sich. Mit jeder Sekunde schien sie trotz des Schocks den Ernst der Lage besser zu begreifen und zu verstehen, was gerade vor sich ging.

Albin hörte Tyson kläffen. Schwere Schritte auf der Treppe. Rufe. »Polizei!«

Albin rief Lussac zu: »Geben Sie auf!«

Auf der Straße rollte der Pulk vorbei. Der Fahrer, der ihn anführte, wäre jeden Moment aus dem Sichtfeld verschwunden.

»Lussac!«

»Papa!«

Dann kamen zwei Gendarmen mit gezogenen Waffen herein, bauten sich hinter Albin auf. Sie richteten ihre Maschinenpistolen auf Albin und Lussac.

»Weg mit den Waffen!«, rief einer. »Hände hoch! Auf den Boden!«

Albin sah, dass Lussac zitterte. Aus dem Handy flehte ihn weiterhin die Stimme seiner Tochter an.

Schließlich ließ er von dem Gewehr ab. Es wirkte, als sei jede Kraft aus dem Mann gewichen, als habe jemand ein Ventil geöffnet und die Luft herausgelassen. Er schluchzte.

Der Radler an der Spitze des Hauptfelds war inzwischen hinter einer Baumgruppe verschwunden.

57

Die Fahrt den Berg hinauf war brutal. Benny hatte die Strecke unzählige Male bewältigt. Und eines Tages vielleicht, eines Tages wäre er gut genug, um im Spitzenfeld dabei zu sein. Er wusste, dass er das Potenzial dazu hatte. Er spürte es in den Beinen, im Herzen, im Kopf. Vorhin hatte er die Menschenmassen am Straßenrand wahrgenommen. Auch hier standen zahllose jubelnde Radsportfans. Doch Benny sah nichts anderes mehr vor sich als den Gipfel.

Das Geröllfeld hatten sie längst erreicht und schraubten sich Serpentine für Serpentine höher hinauf. Die Spitzengruppe war bereits im Ziel, weswegen Benny die Chance nutzte, sich vom Hauptfeld abzusetzen und jetzt alles zu geben.

Seine Lungen brannten. Seine Beine fühlten sich an, als seien sie mit kochend heißem Beton gefüllt.

Er stieg in die Pedale, hörte nichts als den Wind und das Sirren der Kette. Er sah alles wie durch einen Tunnel, die Ränder verschwommen, unscharf. Fotografen lagen auf dem Boden. Zielten mit ihren Objektiven wie mit Gewehren auf die Fahrer.

Menschen hinter den Sicherheitsbarrikaden. Ein Meer aus gelben Mützen und Werbeschildern, Bannern, Aufdrucken auf der Straße, überall. Zuschauer dicht gesäumt.

Alt und Jung. Familien. Reporter, Fans. Rufend, jubelnd. Die Hände ausgestreckt, als wollten sie nach einem Traum greifen, als wollten sie Benny anschieben.

Er überholte einen Fahrer vor sich, und wenn er es schaffte, wenn er das Tempo hielt und noch steigern könnte im Sprint auf den letzten Metern, dann würde er es unter die ersten zehn schaffen. Dann wäre er ein Top-Ten-Fahrer, und Benny wusste, dass er das Zeug dazu hatte.

Die Anstrengung war übermenschlich, und nun sah er nach der letzten Kurve das Banner vor sich, das Ziel … Er gab alles, fuhr wie in Trance, wie in einem Traum, wuchs über sich hinaus, eine unfassbare Strapaze, die Lungen wollten reißen, ja, doch er konnte noch, Benny konnte noch mehr, er …

Er rollte über die Linie. Er war im Ziel. Er hatte es geschafft, er … riss die Arme hoch. Ließ sich rollen. Strahlte übers ganze Gesicht.

Erst jetzt nahm er es wirklich wahr. Sah die Menschenmengen. Die vielen Fahrzeuge. Die Großbildleinwand. Hörte den Jubel. Rollte auf den Pulk von Fotografen zu, Kameraleute, hörte den Hubschrauber kreisen. Wie im Traum kam er an, wurde sofort umringt, konnte es nicht fassen. Seine Schulter wurde geklopft, er wurde umarmt, stieg ab vom Rad, spürte den festen Boden unter den Füßen. Seine Beine waren wie Gummi. Er streckte das Gesicht in die Sonne und strahlte. Schloss die Augen.

Hier bin ich, dachte er. Der kleine Junge, der von der Tour de France träumte. Hier bin ich, auf dem Gipfel.

Ganz oben.

Seht ihr mich? Seht ihr mich?!

Antoine Boux weinte.

Er schlug die Hände vors Gesicht, heulte und schluchzte wie ein Baby. Benny hatte es geschafft. Hatte es allen gezeigt. Er war vorsichtig vorgegangen, hatte zwischendurch bei Bédoin einmal sein Potenzial aufblitzen lassen und den Menschen gegeben, was sie verdienten und sehen wollten, hatte sich dann wieder eingereiht und am Schluss schließlich alles gegeben. Er hatte mehr erreicht, als Antoine jemals zu träumen gewagt hätte.

Jetzt wusste jeder, wozu Benny das Zeug hatte. Und es hatte sich angefühlt, als hätte Antoine selbst im Sattel gesessen. Er spürte die beruhigenden Hände von Nicole auf der Schulter, die irgendetwas zu ihm sagte, sah Jeanne vor sich knien mit besorgtem Gesicht und nahm wahr, wie sie hektisch mit einer Spritze hantierte. Er sah den Gendarmen, der telefonierte und von Krankenwagen redete.

Aber all das war verschwommen, scharf war nur Benny auf dem großen Fernseher, Benny, wie er die Fäuste in die Luft streckte.

Doch die Faust, die sich in diesem Moment um Antoine Boux' Herz schloss und alles Leben aus ihm herausdrückte, die war unsichtbar.

58

Die Hitzewelle in der Provence dauerte seit inzwischen drei Wochen an. Die Regierung hatte die Bevölkerung längst zur Achtsamkeit im Umgang mit Wasser und zur Solidarität mit Schwächeren aufgerufen. Die Temperaturen pendelten sich bei vierzig Grad ein und tasteten sich an den Rekordsommer von 2019 heran, in dem sechsundvierzig Grad als Spitzenwert gemessen worden waren. Der Boden war trocken wie in der Wüste Gobi.

In den Wäldern reichte ein winziger Funke, manchmal auch nur eine kleine Glasscherbe, um einen Flächenbrand auszulösen, bei dem ganze Bäume innerhalb von wenigen Minuten verglühten. Die allermeisten Flüsse führten Niedrigwasser, was wiederum in manchen Kraftwerken Probleme mit der Kühlung verursachte, weswegen sie die Leistung drosseln mussten. Auf den Straßen hätte man Spiegeleier braten können, auf Motorhauben womöglich sogar Steaks. Bahnschienen verformten sich, und manche Zugverbindungen mussten gestrichen werden. In Parks der großen Städte wurden Nebelgeräte aufgestellt, die die Luft befeuchteten und abkühlten, um die Obdachlosen zu schützen.

Die Medien jammerten tagein, tagaus darüber und gaben sich alle Mühe, sämtliche Klimaexperten Frankreichs mindestens einmal zu interviewen. Jeder erzählte im Grunde dasselbe: Jetzt verstehen hoffentlich alle, dass es ernst ist mit dem Klimawandel und dass jeder Einzelne gefordert ist, etwas dagegen zu tun. Denn es gab zwar immer mal wieder Hitzewellen und außerordentliche Sommer, doch wurden die Temperaturen inzwischen immer höher und die Abstände zwischen den Hitzewellen kürzer.

Schließlich war Regen angekündigt worden, doch der hatte fast eine Woche lang auf sich warten lassen. Als er schließlich kam, entpuppte er sich als ein völlig normaler Regentag mit durchschnittlichem Niederschlag. Doch die ausgetrockneten Böden nahmen kaum Wasser auf. Was dafür sorgte, dass es zu vielen Überschwemmungen kam, teilweise auch zu Erdrutschen. Über manche Felder und Plantagen schoss das Wasser hinweg wie über Beton, was Straßen überflutete und es in Fontänen aus Gullydeckeln sprudeln ließ.

Am nächsten Tag war der Spuk wieder vorbei und der Himmel mit weißen Wolken betupft. Es hatte angenehme sechsundzwanzig Grad, und die Luft roch frisch und würzig. Einige Landstraßen waren noch gesperrt, und die Straßenreinigungen hatten allerorten jede Menge zu tun, um die Spuren des vorherigen Tages zu beseitigen, denn der Regen hatte jede Menge Schmutz in die Orte gespült.

Und genauso war es, dachte Albin und steckte sich eine Gitanes an. Jede Wirkung hatte eine Ursache. In der Physik ließ sie sich berechnen. In der Natur war es allerdings anders. Es gab viele Faktoren, die man nie genau kalkulieren konnte. Wäre Denise Daubigny gesund geblieben, hätte sie ihrem Mann vielleicht niemals erzählt, dass einer ihrer Vergewaltiger der wirkliche Vater von Giselle war.

Hätte sie es ihm früher offenbart, schon vor Jahren, dann wäre das Ergebnis vielleicht ebenfalls ein anderes gewesen – die Lussacs hätten darüber sprechen können und Denise hätte erklärt, warum sie geschwiegen und ihren Mann im Glauben gelassen hatte, dass Giselle seine leibliche Tochter wäre. In beiden Fällen hätte es keine Toten gegeben. Die Sache wäre anders ausgegangen, obwohl sich am Ursprung nichts geändert hatte: Denise Daubigny war das Opfer einer Gruppenvergewaltigung und danach schwanger geworden.

Albin paffte, blickte einer Krähe hinterher, die am Himmel ihre Runde zog und sich dann dafür entschied, in der Krone einer der Pappeln zu landen, mit denen die Straße gesäumt war.

Wie viele Opfer hatte die Tat des Radteams gefordert? Jede Menge. Da waren die Menschen, die Lussac erschossen hatte, und natürlich Antoine Boux, der wegen der Aufregung über die Tour de France an einem Herzinfarkt verstorben war. Es gab aber noch viel mehr Betroffene. Sogar der in Untersuchungshaft sitzende Chopard zählte dazu, dessen Datendiebstahl und Erpressungsversuche vermutlich nicht entdeckt worden wären. Auch Villefranche wäre niemals mit einer Waffe auf Polizisten losgegangen. Dann der Selbstmord des armen Jerome – jede Menge Kollateralschäden, die über Jahre hinweg entstanden waren. Wie bei einer nuklearen Explosion, bei der sich der Schaden nicht nur auf den Krater beschränkte, sondern auch die Umgebung mit einbezog und deren Strahlung noch Jahrzehnte nachwirkte. Deren Schäden mochten erst unbemerkt bleiben, früher oder später aber kamen sie mit voller Wucht.

Und was war die Ursache gewesen? Letztendlich wohl das fragwürdige pädagogische Konzept, mit dem im Internat gearbeitet worden war. Es hatte die Täter geprägt und die Voraussetzungen für das geschaffen, was geschehen war. Wie hieß es noch? Wir werden ernten, was wir säen.

Denise Daubigny war vergewaltigt worden, hatte ein Kind geboren und ihr Leben mit der schrecklichen Erfahrung der Vergewaltigung verbracht, an die sie wohl jeden Tag erinnert worden war, an dem sie ihr Kind sah, sowie mit dem Gefühl der Schuld am Selbstmord ihres Bruders. Das wiederum hatte möglicherweise ihre Gesundheit belastet und später zu ihrer tödlichen Krankheit geführt, wer weiß. Ihr Mann war im Zorn zum Mörder und Racheengel geworden, nachdem sein Leben in Scherben lag – nicht nur, dass ihm die Frau gestorben war. Nein, auch alles andere war zerschmettert worden. Er hatte gesagt, dass ihm die Tochter und die Enkelin genommen worden waren. Biologisch mochte das richtig sein. An seinen Gefühlen und an denen seiner verbleibenden Familie änderte das aber wohl nichts.

Aber Albins eigene Tochter Manon …

Albin beugte sich etwas vor und trank einen großen Schluck Kaffee. Es war der beste, den man zwischen Orange und Marseille bekommen konnte. Albin hatte keine Ahnung, wie Matteo das machte. Schließlich hatte sich Albin schon einmal persönlich mit dem Automaten im Café du Midi befasst und war kläglich daran gescheitert, bis Manon ihm schließlich geholfen hatte. Dennoch schmeckte der von Matteo gebrühte Kaffee noch einmal deutlich besser.

Gerade verließ dieser das Halbdunkel des mit einer Bar Tabac kombinierten Cafés, kam die drei Stufen herab und ging über den Kies, bis er vor Albins Tisch stehen blieb. Er zog den Lappen aus der Hintertasche seiner Jeans und wischte damit einmal stumm über die Lehne eines der Metallstühle.

»Spricht sie wieder mit dir?«, fragte er beiläufig, blickte zur Straße und murmelte etwas Unflätiges in Richtung der lauten Kehrmaschine, die einen Augenblick später aus dem Sichtfeld verschwand.

»Sie spricht wieder mit mir, ja«, bestätigte Albin und stellte die dickwandige Tasse auf dem Unterteller ab. »Das Nötigste. Aber immerhin.«

In den ersten Tagen hatte sich Manon weder blicken lassen noch auf Anrufe reagiert. Mittlerweile sagte sie wenigstens wieder »hallo« und »ja« und »nein« und kam auch mal mit Clara vorbei, allerdings nur zu sehr kurzen Stippvisiten. In Veroniques Blumenhandlung half sie auch wieder aus.

»Ich verstehe nicht«, sagte Matteo und steckte das Tuch zurück in die Hintertasche, »warum sie sich so anstellt. Ein Serienmörder wurde gefasst, der einen Anschlag auf die Tour de France ausüben wollte, was in letzter Sekunde verhindert wurde. Das ist in etwa so, als …«, Matteo suchte nach Worten, »… als ob Notre-Dame in Schutt und Asche gelegt werden soll oder jemand den Eiffelturm absägen will. Ein Angriff auf ein Nationalheiligtum.«

»Na ja«, sagte Albin und rauchte. »Es ist nicht leicht für sie.«

War es auch nicht. Giselle war Manons neue Freundin. Die Kinder spielten miteinander. Clara würde die Schule besuchen, in der Giselle unterrichtete. Und letzte Woche hatte Albin den Vater der besten Freundin seiner Tochter und den Opa der besten Freundin seiner Enkelin nicht nur in den Knast gebracht. Es war außerdem herausgekommen, dass das, was Giselle über ihre Herkunft annahm, falsch war, was sie vollkommen aus der Bahn geworfen hatte.

Auf ihre Verfassung konnte jedoch nur bedingt Rücksicht genommen werden. Es gab verschiedene Vernehmungen. Das war Routine. Außerdem musste man alle Eventualitäten ausschließen, zum Beispiel eine Mitwisserschaft. Genau das traf Giselle zusätzlich bis ins Mark – und Manon fühlte sich benutzt, um den Vater ihrer Freundin in den Knast zu bringen. Das hatte nicht nur das Verhältnis zu Albin beschädigt, sondern auch das zu Castel. Sie und Theroux hatten Giselle in die Mangel genommen, was Manon beiden übelnahm.

»Ich weiß«, hatte Manon zu Albin gesagt, »dass Giselles Vater ein Mörder ist. Aber das ist im Moment alles zu viel für mich. Du hast mich und auch Giselle für deine Zwecke instrumentalisiert, und: Ja, ich weiß, es war nur, um einen weiteren Mord zu verhindern und den Täter zu fassen. Trotzdem. Wie kann ich Giselle jetzt noch ins Gesicht sehen? Wie können die Kinder unbeschwert miteinander spielen? Ja, Luc Lussac hat Menschen getötet. Du hast nichts weiter getan, als ihn zu fassen. Aber, verdammt nochmal, rede dich nicht auf deine Pflicht heraus. Du hättest längst nichts mehr damit zu tun, wenn du dich benehmen würdest wie jeder andere Pensionär auch. Dann hätte ein anderer Polizist getan, was du gemacht hast, und das wäre dann etwas völlig anderes, verstehst du das nicht?

Und Cat und Alain haben ebenfalls nur ihre Pflicht getan, ja. Trotzdem wäre es mir lieber gewesen, es wären ihre Kollegen gewesen. Es fällt alles auf mich zurück, Papa. Giselle kann mich nicht mehr anschauen, ohne daran zu denken – und ich sie nicht.« Zwar nahm Albin an, dass sich das Verhältnis der beiden Frauen wieder zurechtbiegen würde, doch das würde dauern.

Und Veronique saß zwischen den Stühlen.

Einerseits konnte sie Manon verstehen, andererseits Albin, dem sie stets sagte: »Sie braucht etwas Zeit.«

Veronique gab sich alle Mühe, hinter den Kulissen die Wogen zu glätten, ohne dass Albin es mitbekam. Jedenfalls, was Manon anging. Bei Albin musste sie nichts glätten. Anfangs war er zwar noch sauer gewesen, dass Manon ihm zumindest einen Teil der Verantwortung für das ganze Desaster zuschob. Doch schon kurz darauf hatte die Furcht überwogen, Manon zu verlieren. Seither hielt er den Ball flach und ließ Veronique vermitteln, was sie mit wachsendem Erfolg tat.

Albin löschte die Zigarette in einem gelben Aschenbecher mit »Ricard«-Aufdruck.

Matteo fasste sich ins Kreuz und streckte sich ächzend. »Ich habe keine Kinder«, sagte er. »Ich weiß also nicht, wie es ist, und kann dir da keine Tipps geben.«

»Was wirst du bloß einmal mit den Millionen anfangen, die du deinen Kunden aus der Tasche gezogen hast, wenn du keine Erben hast?«

Matteo lachte bellend auf, was Tyson, der unter dem Bistrotisch im Schatten lag, zusammenzucken ließ. »Bei meiner Steuerlast und den laufenden Kosten«, schimpfte Matteo, »kann ich froh sein, wenn ich mir im Alter überhaupt noch etwas zu Essen kaufen kann!« Er blickte zur Straße und schwieg einen Moment, bevor er sagte: »Ich habe mich kürzlich finanziell an einem Weingut beteiligt.«

Albin hustete. »Du hast … was?«

»Wo ist das Problem?«, fragte Matteo. »Die Zinsen sind eine Katastrophe, die Wirtschaft ist im Eimer, den Euro kannst du abhaken. Bringe ich das Geld zur Bank, wollen sie dafür Gebühren haben. Das muss man sich mal vorstellen! Anleihen und Aktien kannst du vergessen. Du hast keine Ahnung, was diese Unternehmen, von denen du Anteile erwirbst, anstellen, nicht einmal bei den französischen. Will ich Firmen fördern, die in Asien investieren oder in Afrika? Nein, Monsieur. Ich will, dass mein Geld im Land bleibt. An Immobilien brauchst du dich ebenfalls nicht zu beteiligen – hinterher pumpen sie dein Geld bloß in Wohnprojekte in den Cités für drogensüchtige Maghrebiner. Ohne mich. Deshalb habe ich mich in ein regionales Weingut eingekauft. Wein wird in Frankreich produziert. Er ist das Blut unseres Landes.«

»Und wird von Marokkanern für dich gelesen?« Albin schmunzelte.

Matteo hob belehrend den Zeigefinger und schüttelte mit dem Kopf. »Nicht dort. Der Patron hat mir versichert, dass bei ihm alles mit rechten Dingen zugeht und er nur Franzosen bei sich arbeiten lässt. Natürlich ist der Wein dann etwas teurer. Ist bei Bioprodukten auch so.«

»Schmeckt man das eigentlich?«

Matteo warf Albin einen vernichtenden Blick zu. »Du bekomm mal lieber deine Familienprobleme auf die Reihe, statt dich lustig zu machen.«

»Ich bin dabei«, erwiderte Albin.

»Manon wird sich schon einkriegen. Wenn sie wieder mit dir redet, ist das ein Schritt in die richtige Richtung. Reden ist wichtig. Schweigen ist falsch, obwohl wir es gerne tun, um den schönen Schein und die Harmonie zu wahren. Manchmal ist das tatsächlich besser so. Aber eben nicht immer.«

Albin leerte die Kaffeetasse. »Erst klingst du wie der Wolf of Wall Street und jetzt wie ein Psychologe.«

»Habe ich in einem Interview gelesen.«

»Also sind wir unter die Intellektuellen gegangen und wälzen auf einmal die Feuilletons?«

Matteo musterte Albin – beinahe auf Augenhöhe, denn Albin war selbst im Sitzen noch ein Riese und Matteo nicht besonders groß. »Das war ein politisches Interview. Unsere Abgeordnete Marine Le Pen hat das den Journalisten gesagt.«

»Oh«, machte Albin und stand auf.

»Siehst du, du unterschätzt sie nach wie vor.«

Albin klopfte Matteo auf die Schulter. »Ganz ehrlich«, sagte er, »es ist mir vollkommen gleich. Es spielt keine Rolle, ob die Rechten, die Linken, die Grünen, Gelben oder wer auch immer am Drücker sitzen, ob wir wieder einen König haben oder einen Pharao: Kriminelle und Verbrechen, Mord und Totschlag hat es immer gegeben und wird es immer geben. Aber ganz ehrlich sind mir alle anderen lieber als deine Wölfe im Schafspelz.«

»Wenn wir am Drücker wären, würden wir gründlich aufräumen, und du würdest dich wundern, wie es sich auf die Kriminalitätsraten auswirkt.«

»Die meisten meiner Mordfälle wurden von Franzosen begangen.«

»Wir sind keine Rassisten, wenn du darauf hinauswillst. Wir sind sogar Antirassisten.«

»Weil ihr denkt, dass sich das Problem löst, wenn ihr keine Zuwanderer mehr hereinlasst und es dann niemanden mehr gibt, auf den ihr schimpfen könnt.«

»Es gibt genug andere Gefahren. Es wundert mich überhaupt, dass dieser Luc Lussac offenbar auf eigene Kappe gehandelt hat. Ein geplanter Anschlag auf die Tour de France. Das ist doch hochpolitisch! Sicher ist er ein Linker. Habt ihr das überprüft?«

Albin hob die Hand, um Matteo zu bedeuten, besser die Klappe zu halten, was er dann auch tat. Und Albin selbst sollte ebenfalls besser die Klappe halten. Mit Matteo über Politik zu reden war, wie einen Föhn vor einen Staubsauger zu halten. Es verbrauchte nur Energie und führte zu nichts.

»Ich gehe dann mal besser«, sagte Albin, »bevor der feine Herr Weingutbesitzer auch noch meine politische Einstellung überprüfen will.«

»Du hast doch gar keine.«

»Zum Glück. Denn hätte ich eine, wäre ich nicht mehr dein Kunde«, sagte Albin und setzte sich in Bewegung.

Tyson war bereits aufgestanden und folgte ihm. Schweigend gingen sie durch die Gassen der Stadt und drehten ihre Runde in der Morgensonne. Etwas außerhalb des Zentrums stoppten sie an einer Weggabelung, wo sich ein großer Findling unter einer Pinie befand. Tyson kannte die Stelle bereits und lief voran, um sich unter dem Baum in den Schatten zu legen. Es war die Stelle, an der sie meistens eine Pause einlegten und Albin sich auf den Stein setzte und eine rauchte.

Der Blick auf den Mont Ventoux war frei, und Albin fragte sich, was dieser Berg schon alles gesehen haben musste. Eine rhetorische Frage – natürlich hatte der imposante Felsen schon jede Menge gesehen.

Weißt du, schien Tyson zu murmeln, *vielleicht hat Manon nicht ganz unrecht damit: Du kümmerst dich ständig um Dinge, die dich nichts angehen. Sogar im Urlaub auf der Hochzeitsreise stehst du am Strand herum und hast laufende Fälle im Kopf. Dabei sind das gar nicht deine Fälle, denn du bist längst Pensionär.*

»Ich weiß«, erwiderte Albin und steckte sich die Gitanes an.

Ist nicht das erste Mal, dass wir darüber sprechen, hm?

»Sicherlich auch nicht das letzte Mal.«

Nein, sicherlich nicht. Aber irgendwer muss dich immer wieder daran erinnern – und das scheint mein Job zu sein.

»Jeder erinnert mich laufend daran«, sagte Albin und paffte eine weiße Wolke in den Himmel. »Sogar ich selbst.«

Du ignorierst es aber stets.

»Weil ich bin, was ich bin. Weil ich nichts anderes gelernt habe und nichts anderes kann.«

Du bezahlst stets einen Preis dafür. Irgendwann wird vielleicht auch Veronique die Nase voll haben. Dann stehst du allein da. Du bist mehr als einmal wegen dem, was du tust, verlassen worden.

»Das ist wahr.«

Du warst mehrfach in Lebensgefahr und wurdest angeschossen. Wenn Lussac gewollt hätte, würdest du nicht mehr leben.

»Auch das stimmt.«

Vielleicht, sagte Tyson, *solltest du wenigstens etwas kürzertreten.*

»Sozusagen nur noch die Hälfte der Zigaretten rauchen?«

Sozusagen. Und auch das solltest du dir abgewöhnen.

Mein Hund, der Lebensberater und Philosoph, dachte Albin, rauchte und sah dem weißen Qualm hinterher, der sich im großen Blau verlor. Irgendwann, dachte Albin, verblassen wir alle. Und vielleicht war es für ihn nun wirklich an der Zeit, dass er hinsichtlich seiner Polizeiarbeit genau das tat: verblassen, ohne zu verschwinden. Wie Tyson schon gesagt hatte. Ein paar Gänge zurückschalten.

»Mal sehen«, sagte er schließlich, stand auf und klopfte sich gegen den Oberschenkel. »Komm, wir haben noch einen langen Weg vor uns.«

Dann ging er los, und Tyson folgte ihm.

Ihre Umrisse verloren sich in der flirrenden Hitze über dem Asphalt.

Epilog

Der Luberon bildete die südliche Grenze des Département Vaucluse. Der Gebirgszug war dicht bewaldet, erstreckte sich zwischen Cavaillon und Manosque von West nach Ost über fast fünfzig Kilometer und erreichte an seiner höchsten Stelle über tausend Meter. Wenn man ihn aus der Ferne betrachtete, wirkte er wie ein grünes Bollwerk in Richtung Aix-en-Provence.

Der Nationalpark war ein Paradies für Wanderer. Es gab an seinen Hängen viele pittoreske Dörfer sowie jede Menge vollkommen menschenverlassene Gegenden zwischen schroffen grauen Felsen und Wäldern. An seinem Fuß lagen viele Rebenfelder, wo ein süffiger, eleganter Wein gewonnen wurde. Das Klima war dafür sehr günstig. Einerseits stellte der Luberon eine Art Wetterscheide dar, andererseits wurden die kühlen Mistralwinde entlang des Massivs gelenkt, und es gab mehr als dreihundert Sonnentage im Jahr sowie fruchtbare Böden.

Kurz hinter Ménerbes lag La Peyrière – nicht mehr als die Ansammlung einer Handvoll Häuser. Von dort aus führte eine sehr schmale und sehr schlechte Straße den Luberon hinauf. Je weiter man fuhr, desto dichter wurde der Wald und desto mieser die Straße, bis sie nur noch eine Art Wirtschaftsweg darstellte. Dennoch musste man sie nutzen, um zum Château de Peyrière zu gelangen.

Wenn man mit dem Wagen den mehr als zwanzig Hektar großen Privatbesitz erreichte, öffnete sich der dichte Wald plötzlich zu einem weitläufig wirkenden Areal mit einigen Wiesen, in dessen Zentrum das Château lag – ein ehemaliges Schloss, das zum Teil verfallen, zum Teil aber wieder hergerichtet und umgebaut worden war. Von außen glich es eher einer Abtei, wenngleich es über zwei wehrhaft wirkende Türmchen mit Zinnen verfügte. Vor der dreigeschossigen Fassade erstreckte sich ein mit hellem Kies bestreuter Parkplatz. Wenn man dort stand und das Château betrachtete, sah man rechts leere Fenster und Baugerüste an dem nicht genutzten und noch verfallen wirkenden Teil des Gebäudes, während der andere Teil auf der linken Seite aufwendig modernisiert worden war.

Der Beschreibung nach boten die Besitzer das Gebäude für Seminare und Workshops von Unternehmen an, für Schulklassen oder ähnliche Gruppen. Allerdings würde man annehmen, dass dann die Zufahrt deutlich repräsentativer sein sollte und nicht derartig verwahrlost. Außerdem sollte es wenigstens Hinweisschilder unten im Ort geben, die auf das Château hindeuteten. Es sei denn, man wollte sowieso nur von Insidern gefunden werden, die den Weg kannten.

Cat hätte jedenfalls nie im Leben ohne eine präzise Ortsbeschreibung hergefunden. Als sie aus dem Auto stieg, das sie sich von Jean geliehen hatte, dachte sie zudem, dass es eine Sache war, ein Gebäude für öffentliche oder private Seminare oder Gruppenfreizeiten anzubieten, und eine ganz andere, es auch umzusetzen. Sie hatte jedenfalls den Eindruck, dass das Château vorwiegend und exklusiv von einer ganz bestimmten Gruppe genutzt wurde und alles andere eher dem schönen Schein diente. Besser gesagt: der Tarnung.

Jean hatte Cat den Passat zur Verfügung gestellt, weil er ihn gerade sowieso nicht brauchte und im Museum zu tun hatte. Mila war bei ihm. Ein paar ihrer Dinge lagen noch im Kofferraum. Jean hatte sie eingepackt und vergessen, sie wieder herauszunehmen. Er hatte geplant, mit ihr zum Tierarzt zu fahren, weil er meinte, dass sie sich in den letzten Tagen komisch verhielt. Er hatte sich außerdem gefragt, ob sie zu viel fresse und zugenommen habe. Cat war eingeschritten und hatte Jean vorgehalten, dass man doch nicht wegen jedes kleinen unklaren Verdachts zum Tierarzt fahren müsste. Er hatte auf sie gehört und eingestanden, dass es vielleicht übertrieben war. Cat hatte aufgeatmet – nicht auszudenken, wenn Leclerc davon Wind bekommen und Lunte riechen würde.

Abgesehen davon hatte Albin im Moment ganz andere Sorgen. Manon war ziemlich auf der Palme wegen Giselle Lussac und fühlte sich instrumentalisiert. Sie war auch auf Cat und Theroux sauer, weil sie in einer Befragung offenbar den Anschein erweckt hatten, es gäbe Verdachtsmomente, dass Giselle eine Mitwisserin sein könnte. Die gab es zwar nicht, aber dennoch mussten sie ausgeschlossen werden, weswegen Cat eine entsprechende Frage gestellt hatte, die Giselle schockierte. Na ja, und das hatte sie dann an Manon weitergetragen. Dumm gelaufen, aber irgendwie auch Cats Schuld: Sie hatte gedacht, dass es vielleicht schonender für Giselle wäre, wenn sie selbst die Vernehmung durchführen würde, denn man kannte sich ja, hatte sich miteinander schon gut unterhalten und das eine oder andere Glas Wein getrunken.

Der Plan war nach hinten losgegangen. Cat würde ein paar Tage ins Land ziehen lassen und dann noch mal versuchen, mit Manon über alles zu sprechen und vielleicht auch mit Giselle, sobald sie bereit dafür war.

Bertrand Vollant stand bereits draußen, rauchte und lehnte an seinem BMW-Sportwagen, der nicht das einzige Auto an diesem Morgen war. Cat sah weitere Fahrzeuge, darunter einen Jaguar SUV, noch einen BMW und zwei Limousinen von Mercedes – ein elitärer Fuhrpark, in dem Jeans Passat wie ein Fremdkörper wirkte.

»Cat.« Vollant grüßte sie mit einem Nicken, stieß sich mit der Hüfte vom BMW ab und kam auf sie zu. Er machte eine Geste mit der Hand, die die Zigarette hielt. »Willkommen auf Château Peyrière.«

»Danke«, sagte sie und zupfte das T-Shirt zurecht.

»Die anderen sind ebenfalls hier«, erklärte Vollant.

Er meinte damit wohl Tarek Calvar, Tanguy Martin und Leon Dombois, die wie Vollant früher zur Bri-Bac gehört hatten und denen Martinet wegen ihrer verdächtigen Umtriebe auf den Fersen war. Er behauptete, dass sie einer Gruppierung aus Rechten, Fanatikern, Royalisten, Reichsbürgern und Neonazis angehörten, die Anschläge planen könnte, und dass weitere Polizisten und Expolizisten zu der Gruppe zählten, die bis in höchste Kreise vernetzt sein könnte. Vollant, Dombois, Martin und Calvar waren nach Martinets Meinung außerdem im Handel mit illegalen Waffen tätig – aber Beweise hatte er keine.

»Klasse«, sagte Cat, »sollte mich das beeindrucken?«

Vollant schmunzelte. »Ich habe dir gesagt, dass ich dir alles zeigen und dich einigen Leuten vorstellen werde. Das ist ein enormer Vertrauensvorschuss, Cat.«

»Was versprichst du dir überhaupt davon?«

»Ich glaube, du könntest dich für unsere Sache interessieren. Wir kennen uns, und wir könnten jemanden wie dich gebrauchen. Es wäre lukrativ für dich. Das ist eigentlich alles.«

»Lukrativ?«

»Wirtschaftlich gesehen.«

»Verstehe«, sagte Cat. »Aber wenn du schon von Vertrauen sprichst, dann erklär mir mal die Sache mit den Wanzen in meiner Wohnung und die mit meinem Handy.«

Vollant zuckte mit den Achseln.

»Leck mich, Vollant«, sagte Cat und stieß ihn gegen die Brust. »Hältst du mich für bescheuert oder für eine Amateurin? Ich halte dich und die anderen jedenfalls nicht für Amateure. Seit damals in Marseille bin ich außerdem sehr sensibel, was Mikrophone und Trojaner angeht. Also bin ich kürzlich mit einem Messgerät durch meine Wohnung gegangen, und was glaubst du, habe ich da gefunden? Zudem habe ich gelegentlich ein Fahrzeug wahrgenommen, das mich mal hierhin, mal dorthin verfolgt hat oder an der Straße geparkt war. Woher weiß man nur, wo ich gerade bin, wenn man nicht mein Handy angezapft hat?«

Vollant schwieg weiter, schnippte die Zigarette fort.

»Wie gesagt«, wiederholte Cat. »Halt mich nicht für dämlich. Und wenn du mein Vertrauen willst, dann musst du auch mir vertrauen. Ich habe nichts zu verheimlichen, das sollte dir inzwischen klar sein. Ich will, dass mein Handy und meine Wohnung wieder sauber sind. Ansonsten drehe ich mich sofort um und verschwinde.«

Vollant zuckte erneut die Achseln. »Deal«, sagte er. »Du nimmst mir das nicht krumm?«

»Ich würde dasselbe tun. Und es zeigt mir, dass es hier nicht um Kasperletheater geht.«

»Nein, geht es nicht«, erwiderte Vollant.

»Um was dann?«

Vollant nickte in Richtung Eingang.

»Komm«, sagte er. »Und gib mir bitte dein Handy. Du weißt, die Sicherheit.«

Cat gab Vollant das Telefon und folgte ihm. Sie betraten ein eindrucksvolles Treppenhaus, gingen die Stufen hinauf und blieben vor einer wuchtigen Holztür stehen, die Vollant öffnete. Dahinter befand sich ein mit dunklem Holz als Bibliothek eingerichteter Raum mit großen Fenstern, die bis zum Boden reichten und einen antik wirkenden Schreibtisch einrahmten, auf dem ein Beamer stand. Vor dem Kamin, an dessen Abzug eine kleine Leinwand für den Beamer befestigt war, standen wuchtige Ledersessel, in denen sich Tanguy Martin und Leon Dombois lümmelten. Neben dem Eingang wartete Calvar, der eine Sonde in der Hand hielt – die Art von Gerät, mit denen man an Flughäfen in der Sicherheitskontrolle nach Metall abgesucht wurde.

Am Schreibtisch lehnte ein Mann, der Castel freundlich zunickte. Grauer Anzug, rabenschwarzes Haar, aalglattes Lächeln.

»Herzlich willkommen, Capitaine Castel«, sagte er mit der natürlichen Autorität eines Mannes, der zwar Widerspruch gewohnt war, diesen aber selten gelten ließ. »Ich bin Vincent Jaubert«, stellte er sich vor.

»Sehr erfreut«, erwiderte Castel, während Calvar auf sie zukam und sie mit der Sonde abtastete. Sie breitete die Arme aus und ließ die Prozedur über sich ergehen.

Vincent Jaubert – Cat kannte den Namen natürlich und war sich sicher, dass Martinet und die *Direction générale de la sécurité intérieure* DGSI den Mann im Blick hatte. Jaubert war Vorstandsmitglied und Abgeordneter der rechtsradikalen Splitterpartei »Grande Nation« und Führer der nationalen Bewegung »La Provence«, die für eine Abspaltung der Region vom Rest Frankreichs und deren Eigenständigkeit eintrat. Eine sehr umstrittene Figur. Außerdem gehörte ihm »Jaubert Technics« – ein mittelständisches Elektrotechnik-Familienunternehmen aus Avignon, das sehr spezielle Bauteile herstellte. Sie wurden zum Beispiel im Kernforschungszentrum Cadarache und dem dortigen Fusionsreaktor ITER verwendet, der bei Saint-Paul-lès-Durance etwa vierzig Kilometer entfernt von Aix-en-Provence direkt an der Grenze des Département Vaucluse und Bouches-du-Rhône lag.

Calvars Sonde piepste. Alle blickten zu Cat.

»Autoschlüssel«, sagte sie und zog den Schlüssel hervor.

Calvar nickte. Castel stopfte ihn zurück. Die Sonde piepste noch einmal.

»Piercing im Bauchnabel, Gürtelschnalle«, erklärte Cat, zupfte das T-Shirt kurz hoch, zeigte den Metallverschluss vor und das Schmuckstück, das aus zwei silbernen Kugeln bestand, von denen die größere ein Brillant-Imitat zierte. »Zufrieden?«, fragte sie. Calvar nickte und machte an den Beinen weiter.

»Tut mir sehr leid«, sagte Jaubert, »aber Sie verstehen sicherlich, dass wir gewisse Sicherheitsmaßnahmen beachten müssen.«

»Klar«, sagte Castel.

Schließlich war Calvar fertig, und Jaubert dozierte ein

wenig darüber, wie sehr er sich freue, dass sich Cat für die nationale Sache interessiere. Er redete ein wenig über »die Provence den Provenzalen« und davon, wie sehr man von Paris vernachlässigt und gegängelt und von der EU versklavt werde. Er stellte fest, wie sehr kriminelle ausländische Banden das Land im Griff hätten und man mal gründlich aufräumen müsse – auch in der linksverseuchten Politik. Cat spielte das Spiel mit, nickte hier und da, damit Jaubert und Co. sie für verlässlich hielten und davon überzeugt waren, dass sie die politischen Ziele der Gruppe teilte.

Schließlich fragte Cat: »Worauf läuft das alles hinaus?«

»Wir werden das Land von unten neu aufbauen«, erklärte Jaubert. »Man müsste zwar eigentlich die Köpfe der Hydra abschlagen, aber wir haben uns entschieden, es anders zu machen. Sagen wir so: Wenn man einen neuen Rasen haben möchte, muss man zunächst viele kleine Samenkörner flächendeckend verteilen und abwarten, bis sie aufgehen.«

»Wir sind Gärtner?« Cat schmunzelte.

»Gewissermaßen.«

»Dann her mit der Harke und dem Spaten.«

Vollant grinste, die anderen ebenfalls. Vollant sagte: »Siehst du, deswegen passt du gut zu uns. Du redest nicht viel herum und fackelst nicht lange.«

Jaubert wendete sich zum Beamer, der an ein Laptop angeschlossen war, und schaltete ihn ein. Auf der Leinwand über dem Kamin erschienen einige Bilder wie in einer Diashow. Cat konnte nicht viel damit anfangen. Es waren Fotos von Landschaften, Schienensträngen, kleinen Gebäuden, Masten, Umspannwerken, Feldern, Fotos vom Meer …

»Wir sind abhängig von unserer Infrastruktur. Von Strom, Datennetzen, Pipelines für Gas oder Öl, von Wasser«, referierte Jaubert. »Gleichzeitig ist unsere kritische Infrastruktur äußerst anfällig. Was Sie auf den Bildern sehen, Castel, sind Knotenpunkte, und sie haben Auswirkungen auf das gesamte Land, wenn einer von ihnen ausfällt. Es ist wie bei Dominosteinen. Schnippst man einen um, erfolgt eine Kettenreaktion. Mit sehr einfachen Mitteln lässt sich sehr viel bewirken.«

Cat wurde schlecht. »Woher kennen Sie diese Knotenpunkte?«

»Unser Interessennetzwerk ist sehr verzweigt«, erwiderte Jaubert. »Wir haben Zugriff auf sehr viele Informationen.«

Cat fragte nicht nach, sondern hörte weiter zu.

»Stellen Sie sich vor: Das Internet fällt aus, Züge fahren nicht mehr, Telefonnetze, die Stromzufuhr und das öffentliche und private Leben brechen immer wieder zusammen, es gibt Lecks in den Pipelines. Stellen Sie sich vor, das geschieht nicht auf einen Schlag, sondern ununterbrochen. Stellen Sie sich außerdem vor, zwischen den kriminellen Banden in unserem Land würde permanent massive Zwietracht gesät und dass radikale Kleingruppen aller Couleur Zugriff auf moderne Waffen hätten. Was würde geschehen?«

»Krieg«, sagte Cat. Ihre Speiseröhre brannte. »Wir hätten einen Krieg im Land. Die Banden würden sich gegenseitig bekämpfen. Die Radikalen würden Anschläge verüben. Ausfälle von Strom und Datennetzen würden immensen wirtschaftlichen und sozialen Schaden verursachen.«

»Wem würde man die Schuld am Zusammenbrechen der Infrastruktur geben? An der wachsenden Kriminalität?«

»Der Regierung natürlich. An allem würde man der Regierung die Schuld geben.«

»Das würde man«, bestätigte Jaubert, der schließlich ein Bild von ITER zeigte. »Und man würde ihr sicherlich auch die Schuld daran geben, wenn ein Unglück geschähe, das radioaktive Strahlung freisetzt.«

Cat wollte schlucken, doch ihre Kehle war trocken. Sie dachte an die Bauteile, die Jaubert für das Kernforschungszentrum lieferte. Er hätte … Möglichkeiten.

»Oder schlimmer noch«, sagte Jaubert und nickte in Richtung Leinwand. Ein weiteres Foto. Lkws verließen das Zentrum. »Es könnten Menschen an radioaktive Abfälle gelangen, die daraus schmutzige Bomben bauen. Wer wäre verantwortlich?«

»Ich verstehe, worauf Sie hinauswollen«, erwiderte Cat.

»Sie haben nach Geräten für den Garten gefragt«, erklärte Jaubert und stellte den Beamer wieder aus. »Das sind die Geräte, mit denen wir unseren Garten bestellen wollen, um die Früchte auf dem politischen Parkett zu ernten. Calvar, Martin, Dombois und Vollant sind die Gärtner. Und Sie, Castel, sind unsere neue Gärtnerin. Eigentlich viel mehr als das. Sie sind Soldaten. Was tun Soldaten?«, fragte Jaubert mit Blick zu den anderen.

»Gehorchen«, sagte Vollant.

»Gehorchen«, antworteten auch Calvar, Martin und Dombois.

Jaubert sah wieder zu Cat.

»Soldaten gehorchen«, bestätigte sie.

Jaubert lächelte zufrieden. »Und Sie, Castel, haben eine

spezielle Aufgabe. Sie werden unser Draht zur DGSI. Uns ist natürlich bekannt, dass Monsieur Gabriel Martinet Ihnen wie Dreck an den Hacken klebt – uns ebenfalls. Wir möchten diesen Umstand gerne nutzen. Über Sie werden wir erfahren, auf welchem Stand sich Monsieur Martinet jeweils befindet. Über Sie werden wir außerdem die DGSI mit Informationen versorgen, die Martinet auf andere Schauplätze führen, ihn ablenken und ins Aus befördern werden. Und wer weiß – früher oder später wird Martinet vielleicht bei einem Einsatz getötet werden oder einen bedauerlichen Verkehrsunfall haben.«

»Verstehe«, sagte Castel.

»Bestens«, erwiderte Jaubert. »Sie werden von uns hören, Capitaine Castel. Schon bald.«

Schließlich verabschiedeten sie sich, nachdem Vollant Castel das Handy zurückgegeben hatte.

Cat schwitzte am ganzen Leib. Im Treppenhaus stockte sie einen Moment, weil sie das Gefühl hatte, sich übergeben zu müssen. Dann trat sie ins Freie, atmete einige Male tief durch und ging zum Auto. Sie öffnete die Tür, lupfte das T-Shirt und entfernte das gestern erst gestochene Piercing aus dem Bauchnabel. Sie hielt es in der Hand und fragte: »Zufrieden? Ich bin mir sicher, du bist sehr zufrieden.«

Wie zur Antwort preschte ein BMW mit Kennzeichen aus Marseille auf den Hof und kam mit einer scharfen Bremsung zum Stillstand. Einige Streifenwagen von der Gendarmerie folgten ihm. Cat hörte Rotorengeräusche und blickte zum Himmel. Ein Hubschrauber tauchte dort auf. Am Fenster sah sie Vollant und Jaubert stehen. Sie blickten fassungslos nach draußen.

Türen klappten. Polizisten zogen ihre Waffen, drangen in das Gebäude ein. Gabriel Martinet stieg aus dem BMW. Er trug eine Schutzweste und zog ebenfalls seine Waffe.

»Bin ich!«, rief er Cat zu. »Sehr zufrieden!« Dann lief auch er ins Haus.

Na dann, dachte Cat und steckte das Piercing in die Hosentasche. In der oberen Kugel, die als Schraubverschluss diente, steckte ein kleiner GPS-Sender aus Keramik und einem Metall, das von herkömmlichen Detektoren nicht erfasst wurde. In der größeren, mit dem Brillant-Imitat dekorierten Kugel waren ein Mini-Mikro aus Kunststoff und Neodymium sowie ein Sender samt Akku untergebracht. Beeindruckend, dachte Cat und setzte sich ans Steuer, was mit der heutigen Technik alles möglich war.

Sie startete den Motor und spürte, dass sie am ganzen Leib zitterte. Martinet hatte ihr versichert, dass die Abhöreinrichtung um ein Vielfaches besser sei als die Verkabelungen, die Cat von der Polizei her kannte. Der Geheimdienst besitze Zugriff auf ganz andere Technologien, und es habe in den vergangenen Jahren immense Fortschritte gegeben. Außerdem hatte er ihr versprochen, dass niemand auf die Idee kommen werde, ihr das Piercing abzunehmen, um es zu untersuchen. Am Ende bliebe natürlich ein Risiko. Aber falls etwas schiefgehen würde, wäre er mit der Kavallerie innerhalb kurzer Zeit vor Ort.

Dennoch hatte Cat eben Blut und Wasser geschwitzt. Nicht auszudenken, was passiert wäre, wenn Vollant und Co. herausgefunden hätten, dass sie ein Mikro im Piercing trug und Martinet das Gespräch verfolgte.

Cat legte den ersten Gang ein, fuhr vom Hof und sah im

Rückspiegel die vielen Polizeiwagen. Ihr Magen krampfte sich zusammen. Sie keuchte laut auf.

Du hast das Richtige getan, dachte sie. So oder so hast du das Richtige getan. Für dich selbst, für Jean – und ganz grundsätzlich. Denn was Jaubert, Vollant und Co. planten, ging weit über das hinaus, was sich Cat vorgestellt hatte.

»Gärtner«, murmelte sie spöttelnd zu sich selbst, »Soldaten. Ich sag euch, was ihr seid: Knastis. Das seid ihr jetzt.«

Schließlich gab sie mehr Gas, verließ das Areal und überlegte, dass es jetzt nur noch ein Problem zu lösen gab. Denn sie hatte das Gefühl, dass doch etwas passiert war, als sie Tyson und Mila kürzlich in der Küche erwischt hatte. Falls sie damit richtiglag, wäre es besser, die Bestätigung solange wie möglich hinauszuzögern. Cat hatte keine Ahnung, wie sie das Albin beibringen sollte. Jean würde noch damit klarkommen. Aber Leclerc? Er hatte Cat zigmal das Versprechen abgerungen, gut auf das Tier zu achten, damit sie nicht plötzlich dumm dastanden.

Aber genau das, dachte Cat, würde wahrscheinlich mit voller Wucht auf sie zukommen: ein Albin Leclerc, der außer sich wäre – und ein Rudel kleiner Babymöpse …

Pierre Lagrange

Unheilvolle Provence

Weinernte in der herbstlichen Provence – und zwischen den Reben brennt ein Feuer, in dem ein Mensch zu Tode kommt. Die Kommissare Castel und Theroux sind ratlos. Auch Ex-Commissaire Albin Leclerc steht vor einem Rätsel, das mysteriöser wird, als weitere Menschen nach mittelalterlichen Methoden ermordet werden. Die Spur führt erst zu einer Ausstellung mit apokryphen Schriften im Papstpalast von Avignon, und später zu einem geheimnisvollen Buch, das seit Jahrhunderten als verschollen gilt. Je näher Albin der Antwort kommt, desto größer ist die Gefahr, selbst zum Opfer einer mysteriösen Jagd zu werden …

336 Seiten, Klappenbroschur

978-3-651-00123-7

Weitere Informationen finden Sie auf

www.fischerverlage.de

Pierre Lagrange

Bedrohliche Provence

Dunkle Wolken drohen am blauen Himmel der Provence

Ex-Commissaire Albin Leclerc ist Vater geworden – sein Mops Tyson hat Nachwuchs bekommen. In all dem Alltagswahn kommt es ihm gerade recht, dass sein alter Bekannter Arnault Langlois anruft und um Hilfe bittet: Seine Nichte Sandrine und ihr Lebensgefährte sind verschwunden. Albin will helfen, doch es ist zu spät – das Pärchen wird erschossen aufgefunden. Vermutlich planten die beiden die Entführung der Ehefrau eines reichen Rotlichtbosses. Wurden sie deshalb getötet? Aber es bleibt nicht bei einem Mord. Die Polizei ermittelt auf Hochtouren. Und Albin trifft schließlich auf eine Person, die zu allem bereit ist ...

320 Seiten, Klappenbroschur

978-3-651-00124-4

Weitere Informationen finden Sie auf
www.fischerverlage.de